KB074033

선조들의 삶 I

세시풍속 이야기

한호철

지식과교양

책 / 을 / 열 / 면 / 서

　많은 사람들은 농악과 사물놀이를 명확하게 구분하지 못합니다. 굳이 따진다면 이 둘을 구분할 수 있겠으나, 보통 사람들에게는 그럴 필요가 없다는 생각도 해봅니다. 힘든 일을 하면서 피로를 풀고 흥을 돋우는 방법으로 활용된 것과, 어떤 목적을 달성하기 위하여 하나의 과정으로 활용된 것의 차이 정도로 생각하기 때문입니다. 이는 특정 종교에서도 마찬가지입니다. 분위기를 조성하면서 집중시키는 과정에만 적용하는 것과, 처음부터 마칠 때까지 전 과정의 주요 행사로 등장하는 것 모두가 오랜 역사를 가지고 있습니다.

　다시 말씀드리면 어느 특정인 혹은 특정 종교에 비추어 시시비비를 가리지 말고, 조상들의 생활을 들여다보는 것으로 이해해주시기를 부탁드리는 것입니다.

유구한 역사를 가진 우리 선조들은 많고 많은 생활의 편리성과, 환경의 변화에 따라 적응하면서 고착화된 일상을 반복하게 되었습니다. 우리는 이렇게 오랜 세월 속에서 습관화된 것을 전통이라고 불러왔습니다. 그리고 매년 그때가 되면 같은 일을 반복적으로 행해 왔던 일을 일반적으로 세시풍속이라고 말합니다. 여기에는 봄이 되면 밭을 갈고 씨앗을 뿌렸으며, 여름내 가꾸고 가을에 거두어들이는 일을 반복하였던 것도 포함됩니다. 이것이 북반구 온대지방에 속해 있는 우리나라의 환경이었기 때문입니다. 또한 그 계절 혹은 그 날짜마다 어떤 특정한 일이 정례화되어 떠올려지도록 적어 놓은 것이 바로 책력입니다.

나는 이 책이 우리나라에 전해오는 전통의 모습을 담고 있다고 생각합니다. 물론 선조들의 삶을 빠트리지 않고 모두 적었다거나, 하나도 변형되지 않고 그대로 전해오고 있다는 말은 아닙니다. 반대로 해석하면, 지금은 이런 일들조차 일상에서 멀어졌기에 이처럼 책으로 만들어서라도 기억해두자고 하는 것입니다.

우리는 살다가 다치면 상처가 아물어 예전과 같이 되는 경우도 있지만, 그렇지 못하여 심한 자국이 남거나 부작용이 생기는 경우도 있습니다. 하지만 그런 내용 역시 선조들이 오랫동안 살아온 생활이었습니다. 어떤 사람에게는 상처가 아물어 좋은 기억으로 남을 수도 있고 어떤 사람에게는 아직 아물지 않은 상처로 건드리면 건드릴수록 아픈 과거로 남아 있을 수도 있습니다. 그리고 상처는 아물었지만 슬픈 기억 속에 장애가 남아 있는 것조차 우리의 과거인 것은 분명합니다. '더도 말고 덜도 말고 한가위만 같아라.'는 말처럼, 이 책에 실린 많은 내용들이 종교적인 차원을 떠나 옛 선조들의 생활방식이었다는 데

인식을 같이하였으면 좋겠습니다.

예전에 여러 사람들이 따랐던 신앙, 특별히 말하지 않아도 그냥 일상 속에 들어와 있었던 일들, 그리고 부모로부터 일정한 법도를 따라 배워온 많은 것들이 우리의 풍속으로 녹아 이 책 속에 들어 있습니다. 젊은 세대들은 지금의 40대 이상의 장년층 혹은 노인들이 겪어왔던 일 속에서 삶의 지혜와 슬기를 엿보는 것도 필요할 것입니다. 과거를 알아야 그보다 더 발전적인 미래를 설계할 수 있기 때문입니다.

이 책이 나오기까지 수고해주신 관계자 여러분께 진심으로 감사의 말씀을 드립니다. 아직도 미흡하기 짝이 없지만, 훌륭한 책자를 만들어달라고 격려하면서 귀중한 자료를 보내주신 각계의 많은 분들께도 감사의 인사를 올립니다. 끝으로 더 많은 자료를 검증하지 못하고 명확한 근거를 제시하지 못한 점이나, 해당 사진을 게재하지 못한 점 등 미비한 사항에 대하여 개인의 한계라는 핑계를 대면서 넓은 마음으로 이해해주시기 바랍니다. 감사합니다.

2016년 단오

추 / 천 / 사

김 승 환 | 전라북도교육감

세시풍속은 우리 민족의 삶을 통해서 연면히 이어져 온 정신세계입니다. 시절에 따라 그에 맞는 풍속을 만들어 놓고, 그것을 공동체 구성원들의 불문의 약속처럼 지켜온 것은 우리에게 크나큰 문화적 자산이 아닐 수 없습니다. 때문에 이 세시풍속이야말로 그 어느 것 하나 가볍게 버리거나 잊을 수 없는 우리 민족의 정신적 가치라 할 것입니다.

이토록 소중하고 가치충족적인 우리의 세시풍속마저도 세월이 흐르면서 점차 우리의 기억에서 멀어지고 있고, 우리의 삶에서 그 흔적들이 사라져가고 있습니다. 그것은 곧 오랜 세월 동안 전해 내려온 우리의 정신적·문화적 가치들이 우리 삶의 현장에서 떠나고 있다는 것을 의미하기도 합니다.

이런 시기에 우리가 주목할 만한 책이 나왔습니다. 바로 작가 한호철의 『선조들의 삶, 세시풍속 이야기』입니다. 기존의 세시풍속에 관한 책들은 대체로 잘 알려진 세시풍속 몇 가지만 소개하는 데 그쳤습니다. 그것도 그에 대한 설명이 짧아 아쉬움이 컸습니다. 하지만 이 책은 우리의 세시풍속에 관한 거의 모든 내용을 담고 있고, 그것도 단순한 사실 전달의 수준을 넘어 전체의 세시풍속을 체계적으로 실어 놓아 우리의 안목을 열어 주고 있어서 그 의미가 남다릅니다.

이 책에서 소개하는 세시풍속을 들여다보면 우리는 거기에서 우리 민족의 의식, 가치관, 삶의 양식, 놀이, 비원 등을 발견할 수 있습니다. 견우와 직녀가 만나는 날이라는 '칠월 칠석'을 예로 들어보겠습니다. 이날이 되면 처녀들은 직녀성에 바느질 솜씨가 좋아지기를 빌기도 하고, 별이 뜨는 방향을 향해서 칠성제를 지내기도 했는데, 여인네들이 목욕재계를 하고 칠성제를 올리는 것은 아들을 낳기 위한 치성이었다고 합니다.

우리가 잘 아는 것처럼 이 칠월칠석은 '견우와 직녀 이야기'를 그 배경 설화로 두고 있습니다. 견우와 직녀는 서로 애타게 사랑하면서도 은하수를 사이에 두고 떨어져 있어서 만날 수가 없었지요. 이들의 애절한 모습을 본 까마귀와 까치가 일 년에 한 차례 하늘로 올라가서 서로 머리와 머리를 맞대고 은하수에 다리를 놓아주어 만날 수 있게 해 준다는 이야기입니다. 오랜 세월 구전된 이 '견우와 직녀 이야기'는 오늘날 동양적인 사랑의 상징이 되기도 했습니다.

이 칠석날뿐 아니라 우리의 세시풍속 하나하나에는 이렇게 우리네 삶의 다양한 모습들이 녹아 있습니다. 이때문에 독자들은 이 책을 읽으면서 세시풍속에 스며들어 있는 우리 선조들의 정신세계를 마치 눈앞의 현상처럼 바라볼 수 있을 것입니다. 거기에 더하여 저자의 세시풍속에 관한 박학다식, 그리고 그 방대한 양을 풀어내는 수려한 문체를 통해 이 책을 읽는 또 하나의 즐거움을 맛보게 될 것이라고 생각합니다.

• • • • •

박 양 우 | 중앙대 교수, 전 문화관광부차관

흔히 말하기를 역사를 부정하면 미래가 없고, 언어를 잊어버리면 국가를 잃어버린다고 합니다. 이때의 역사와 언어를 더하여 문화라 말한다면, 결국은 문화가 삶의 전부가 된다고 할 것입니다. 우리 대한민국은 유구한 역사를 자랑하는 나라입니다. 우리의 역사 속에는 지나간 세월마다의 문화가 녹아 있는데 이것이 바로 전통이며 풍습 그리고 생활의 실상이기도 합니다.

요즈음 시대가 변하면서 달라지는 사회 구조와 더불어 생활 형태가 바뀌고, 산업의 변화로 인한 사고의 방향이 바뀌는 등 옛 풍속은 많은 변화를 가져오고 있습니다. 예를 들어 국제화 또는 지구촌이라는 이름으로 국가 간의 구분이 없어지고 민족 간의 특성도 사라지는 환경입니다. 이러다가는 자칫 우리의 정체성마저 잃어버릴 위기에 처할 수도 있는 현실입니다.

이런 때일수록 우리의 전통을 바탕으로 주체성을 상기하면서, 민족의 자긍심을 되찾는 노력이 절실하다고 생각합니다.

그런 차원에서 여기 『선조들의 삶, 세시풍속 이야기』를 보면 우리의 전통과 생활 속의 풍습을 이해하는 데 많은 도움이 될 것입니다. 선조들의 삶이 현세를 살아가는 우리들의 삶과 바로 직결되는 것은 아니지만, 그래도 뿌리를 찾고 정통성을 잇는 가교역할은 가능하기 때문입니다.

특히, 기존에 알려진 내용들과 비교하여 좀 더 포괄적이며 세세한 부분까지 엮어 놓은 이 책은 학식과 지식 모두를 습득하기에 충분하다는 생각으로 권장하고 싶은 책이라 할 것입니다. 설날을 위시하여 고유의 의미와 그에 연관된 날들의 설명도 흥미롭지만, 풍습에 따른 행사는 물론 다양한 먹을거리까지 언급한 것은 다른 책에서는 만나기 어려운 내용들입니다. 더하여 적절한 사진을 첨부하여 보는 재미와 함께, 전하는 내용들이 단순한 허구가 아니라 우리네 삶의 일부였다는 것을 증명하는 것은 아주 귀중한 자료가 된다고 봅니다.

게다가 비록 개인의 의견이지만 그냥 서술적인 풍습의 나열이 아니라, 근래의 일들 그리고 현시대에서 바라보는 해석 등 설명을 덧붙인 것은 풍습을 이해하는 데 많은 도움이 될 것입니다.

우리가 가지고 있는 정신적 자산 즉 전통이 단절되기 전에 기억을 상기시키며, 앞으로 살아갈 새로운 정신세계의 방향을 찾는 단초로 이 책을 추천합니다.

작가는 비록 자신이 거주하는 특정 지역에 국한되기는 하였지만, 모든 유무형문화재를 직접 답사하면서 과거와 현재를 이어 놓은 책도

펴낸 바 있습니다. 이런 것들도 기록을 통한 후세에의 전달과 함께 좋은 교육의 기회를 제공한다고 확신합니다.

　나라가 있고 민족이 있는 한, 그리고 역사와 문화가 있는 한 많은 사람들로부터 이 책이 회자되기를 기대합니다.

차/례/

제1부
세시풍속 일반

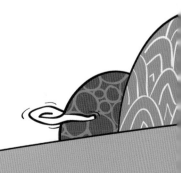

01 세시풍속의 정의

세시풍속(歲時風俗)이란 해마다 일정한 시기가 되면 주기적이고 반복적으로 행해지는 전통(傳統)으로, 관습적(慣習的)이고 의례적(儀禮的)으로 일어나는 생활풍속을 말한다. 이와 같이 해마다 반복적으로 일어나는 행사를 연중행사라 할 수도 있다. 이러한 연중행사는 자연현상에서 영향을 받는 환경의 대처나 공동생활에서 관습적으로 반복되면서 굳어진 것이 있는가 하면, 처음에는 원시종교적인 형태에서 출발한 것들도 있다. 그런데 이런 세시풍속은 오랜 세월 동안 이어져왔기에 쉽게 사라지지 않는 속성(俗性)을 지니고 있다.

연중행사는 한 고장이나 촌락을 중심으로 특정한 지도자나 제관(祭官)이 나서기도 하지만 마을 단위의 생활형식이나 습관에 따라 다양한 행사로 발전하여왔다. 이러한 행사는 입춘, 우수, 경칩과 같이 한 달의 어떤 날짜를 정해 계절의 변화를 알려주는 내용이 있는가 하면, 세월이 흐르면서 그 시기(時期)가 되면 어떠한 행위를 하라고 말하는 점에서 다른 측면을 가진 것도 있다.

▲ 기지시줄다리기(기지시줄다리기박물관 고대영)

따라서 세시풍속은 고사(告祀)와 점복(占卜), 예조(豫兆), 금기(禁忌), 무속(巫俗), 부적(符籍) 등의 민간신앙을 비롯하여 음식(飮食), 복식(服飾), 놀이〔遊戲〕, 예술(藝術) 등 개별적으로 행해지던 모든 사실들이 복합되어 굳어진 종합문화현상이다.

세시(歲時)를 어원적인 면에서 따지면 세월의 흐름 속에서의 어떤 한 시점을 가리킨다. 따라서 요즘의 국경일이나 각종 기념일과 유사하다고 할 수 있으며, 예전에 여러 복잡한 기념일이 없었던 때에는 이런 세시가 기념일이 되었었다. 이렇게 행해지던 풍속이 바로 세시풍속인 것이다. 세시풍속을 달리 세시행사(歲時行事)라고도 하는 데, 여기서의 행사는 위에서 언급한 연중행사의 글자 그대로 행해지는 것을 말한다. 우리나라는 뚜렷한 계절의 변화를 근간으로 하여 농사 혹은 어로를 생활터전으로 삼았었기에, 변화하는 환경 속에서 지켜야 할 많은 세시풍속을 가지고 있었다. 이러한 세시풍속은 각 지역의 처해진 상황이나 생활습관에 따라 다르게 형성되기도 하였으며, 그것이 오랜 세월을 흘러오면서 다듬어져 하나의 예술행위로 자리 잡은 것도 있다. 말하자면 강릉단오제나 밀양백중놀이 등이 바로 그런 예이다.

외국에서는 오래된 포도주를 특정 행사용 고급술로 쳐주는 것에 반해 우리나라에서는 각 풍속에 따라 새로 담근 술을 사용하였는데, 그 첫 번째 이유가 바로 제철에 나는 곡식으로 정성(精誠)을 쏟는 것이었다. 예를 들면 답청놀이에 쓰는 술과 영등신에게 드리는 술은 용도에 맞게 따로 담가야 하는 것이다. 또 차례상 같은 제사에 쓰일 술은 오래 묵은 것이 아니라 그해에 수확한 곡식으로 담그는 것이 가장 합당한 방법이었던 것이다. 이렇게 시기와 방법을 정해 그에 따르던 것이 바로 고유의 세시풍속이다.

02 세시풍속의 태동

    우리 조상들의 세시풍속도 다른 나라의 경우와 마찬가지로 아주 오래전부터 형성되어왔다. 이런 풍속들은 새로운 각오로 희망을 품는 연초나 연말에 집중되어 있고, 자연현상을 중시하는 태음력의 근원(根源)인 달의 순환과 일치시켰으며, 농업이나 어업을 위주로 하던 생활에 적합한 행사들로 이루어졌다. 물론 하늘이 가지고 있는 4가지의 덕(德)을 원형이정(元亨利貞)으로 삼았으며, 이를 봄여름가을겨울로 보았다. 만물이 소생하고 성장하여 완전하게 이루어진 다음 마무리되는 것에 비유한 것이다. 한편, 이것을 사람에 비유하면 인의예지(仁義禮智)가 되니 우주(宇宙)와 사람은 떼어놓을 수 없는 관계였다고 믿어왔다.

    기존에 사용해오던 태음태양력은 조선 고종 32년 1895년 11월 17일에 태양력으로 전환하여 사용하게 되었다. 그러나 농업이나 어업에 종사하던 사람들은 물론이며 일반 백성들도 상당히 긴 세월 동안 기존의 달력인 태음태양력을 계속하여 사용하였다. 이는 현재에 이르러서도 많은 부분 혼용하고 있는 실정이다. 우리가 흔히 혼동하기 쉬운 24절기는 태양력에 기초한 것이며, 예전의 달력이었던 태음태양력 위주의 세시풍속과는 아무런 연관이 없는 별개의 것이다.

그렇다고 넓은 의미로 보아 24절기가 우리의 세시풍속에 전혀 해당하지 않는다는 말은 아니다. 다만 절기는 세시풍속과 달리 어느 한순간에 인위적으로 만들어진 행사로서, 시대적으로도 많은 차이가 있음을 알 수 있다. 처음 출발부터가 계절의 흐름을 파악하기 위한 농사력에 해당한다고 할 것이다.

절기 중에서도 일부는 여러 행사를 포함하며, 때에 따라서는 특별한 음식을 만들어 먹기도 하여 세시풍속에 중복되어 나타나는 것들도 있다. 예를 들면 입춘에 입춘첩(立春帖)을 써서 붙이는 것이라든지, 동지에 팥죽을 끓여 나누어 먹는 것들은 모두 우리의 오랜 전통으로 이어진 세시풍속이라 할 것이다. 그러나 곡우와 상강처럼 별다른 행사는 없고 오로지 계절의 변화를 알려주고 농사의 적절한 시기를 알려주는 것들마저 세시풍속이라고 할 수는 없을 것이다.

우리가 말하는 음력 즉 태음태양력은 달과 태양의 상관관계를 조정한 이상적인 월력(月曆)이며, 이때 나타나는 윤달은 3년에 한 번 또는 8년에 세 번을 두기도 한다. 윤달이 들어가는 1년은 13달이 되지만, 그래도 총 날수로는 1년 365일의 범위에 들기 때문에 별 문제가 없는 것이다. 따라서 윤달에 일어나는 세시(歲時) 역시 고정적으로 되풀이되어 찾아오는 우리의 풍속으로 보아야 하는 것이다.

이렇게 세시풍속으로 전하는 내용에는 당시 제관(祭官)이나 무당들과 얽힌 이야기 많았으니, 그들이 우리 생활의 깊숙한 곳까지 접목되어 있었음을 알 수 있다. 어쩌면 생활의 일부였을 수도 있다.

03 세시풍속의 유래

세시풍속의 근원을 따진다면 고대 부족국가의 제천의식(祭天儀式)으로 거슬러 올라갈 수 있다. 부여가 정월에 실시하던 '영고(迎鼓)', 고구려가 10월에 실시하던 '동맹(東盟)', 예가 10월에 실시하던 '무천(舞天)', 그리고 마한에서 행하던 농사의 시작과 끝인〔農功始畢期〕5월과 10월의 '제천의례' 등이 그것이다.

삼국시대에 와서도 부족국가 시대의 제천의식이 전승되었으며, 그 밖에 시조제(始祖際), 농신제(農神祭), 산천제(山川祭) 등이 추가되었다. 따라서 신라에서는 설날을 비롯해서 정월대보름, 팔월 가배, 오월 수리, 유월 유두 등의 행사도 이어졌다.

이후에 언급되는 모든 날은 특별한 설명이 없으면 음력을 기준으로 한 것이며, 계절 역시 음력으로 풀이된 절기에 의한 것임을 일러둔다.

고려 시대에 들어서는 산천제(山川祭)와 조상제(祖上祭) 등이 거행되었고, 호국불교의 영향으로 변화된 정월대보름의 상원 연등회(燃燈會)와 11월 중동(仲冬)에 있는 팔관회(八關會)는 고려의 2대 법회

이면서 명절이기도 하였다. 팔관회는 궁전이나 사찰에서 행하는 불교 의례였지만, 그 내용에 있어서는 동맹을 계승한 농경의례로서 기복제 (祈福祭), 수호제(守護祭), 위령제(慰靈祭)라고도 할 수 있다. 그래서 팔관회는 설날, 상원(上元), 한식(寒食), 상사(上巳), 단오(端午), 추석 (秋夕), 중구(重九), 동지(冬至)와 함께 고려의 9대 명절에 속했었다. 한편 연등회도 팔관회와 같이 실제 내용상으로는 상고시대의 제천의 례를 닮은 음주와 가무를 즐기는 축제적인 행사였다.

▲ 당산제(고창 조재길)

조선 시대에 와서는 상고(上古)의 제천의식과 맥(脈)을 함께하는 농경의례인 산천제, 기우제, 서낭제 등이 국가적인 차원으로 발전되었 다. 특히 서낭제[城隍祭]는 산신(山神)을 대상으로 하여 제의(祭儀) 를 표하는 것으로, 오늘날 마을 단위로 이루어지는 동제(洞祭)로 이어 지고 있다. 특히 조선 시대의 명절풍속이나 세시풍속은 여러 기록을 통하여 혹은 직접적인 풍속으로 우리에게 상세히 전달되고 있다.

04 세시풍속(歲時風俗)의 변화

　이렇게 오랜 세월 동안 다듬어진 연중행사는 시간이 흐르면서, 예전과 다른 자연환경과 생활양상으로 인하여 조금씩 변화하기도 한다. 그러다가 아예 없어지는 풍속이 있는가 하면 타문화와의 혼합으로 새로운 풍속이 나타나기도 한다. 수렵생활에서 농경사회로 변한 것이나, 씨족사회에서 부족사회로 변한 것, 모계사회에서 부계사회로 변해 온 것처럼, 그 과정을 통하여 생활 양상이 달라졌을 것은 분명하다.

　한편, 이제는 직업의 세분화와 함께 직업군의 이동이 쉬워진 마당에 풍습 또한 달라질 수밖에 없다. 사회 환경이 변하면서 사용하는 주변 물품들이 달라진 이때에는 거기에 맞는 새로운 풍습이 생겨나는 것이다.

　더불어 옛 풍속이 미신(迷信)이라는 관념이 강하여 점차 기피하는 경향이 있다. 옛 풍속을 진정으로 신앙적인 간절함에 기대어 지킨다면 그것은 고려해보아야 하겠지만, 풍속은 그냥 풍속일 뿐 현재 믿어야 할 신앙적 대치(對峙) 대상이 아닌 것이다. 그래서 옛것을 부정하고 최근에 등장하는 크리스마스(Christmas)나 발렌타인데이(Saint Valentine's Day) 등이 현실적 세시풍속인양 여기는 것은 바람직하지 않다.

▲ 1. 기세배 2. 서낭당(고창 조재길) 3. 놋다리밟기(안동문화원) 4. 달집태우기(기지시줄 다리기박물관 고대영)

05 제(祭)의 종류

제(祭)에는 마을 단위의 공동제사가 있는가 하면, 개인이 집에서 지내는 제사가 있다. 마을 단위의 공동제사는 동제(洞祭)라고 하며, 마을의 공동신앙과 마을 단위의 풍년기원 또는 풍어를 기원하는 제사로 실시한다. 물론 이런 작업을 하는 동안 안녕과 평안을 비는 것도 포함된다. 동제는 마을 주민 간의 유대감을 형성하고, 소속감을 고취시키는 주요 수단이었다. 이 행사에 필요한 기금을 준비하는 데도 공동의 노력으로 마련하며, 지켜야 할 규약과 행해야 할 도리를 정해서 서로를 격려하고 단합하는 장으로 만들기도 한다.

그런가 하면 각자가 집에서 지내는 개인 제사를 가내(家內) 제사라 하며, 사당에서 지내는 제향(祭享)과 천신(薦新)이 있다. 또 순수하게 집안의 안녕을 바라는 안택(安宅) 고사(告祀)도 있다. 가내 제사는 현재까지도 사용하는 제사와 고사의 옛말이기도 하다.

이때 개인이 주관하여 지내기 힘든 경우는 무당(巫堂)을 초청하여 제사를 지내기도 하였는데, 나중에는 무당을 찾아가서 귀신을 달래는 수단으로 변하였다. 지금도 특정한 목적으로 드리는 제사에 무당 혹은 승려를 찾아가는 사람들이 많이 있다. 무속(巫俗)은 무속 신앙(巫俗信仰)의 준말이며, 우리나라 고례부터의 신앙을 통틀어 말하고 있다. 그러나 흔히들 무속은 무당이 하는 일에 국한하여 해석하지만, 이는 마을 신앙이나 집안 신앙, 주술, 점복 등 모든 종교적 의미 중에서 한쪽에만 치우친 아주 좁은 의미의 해석이라고 할 수 있다.

예를 들어 무속 신앙의 대상은 서낭당을 비롯하여, 바위 혹은 바다의 용신(龍神) 등 아주 다채롭다. 옛 선조들은 이런 무속 신앙을 아주 중요시하고 거룩하게 여겼던 것이다. 그런데 최근 들어 서양의 종교가 들어오면서 무속이 비과학적이고 혹세무민한다는 이유로 터부시하게 되었다. 이를 따지고 본다면 서양종교가 오기 전까지는 고유의 종교였으니, 굳이 과거의 종교가 나쁘다고는 말할 수 없을 것이다. 어디까지나 종교는 신(神)과의 유대이므로 어떤 종교를 믿느냐는 글자 그대로 종교적인 차원이다. 따라서 종교적인 차원을 떠나 일반적인 우리가 보는 옛 무속(巫俗)은 선조들이 행했던 풍속(風俗)에 속한다.

▲ 차전놀이(안동문화원)

▲ 볏가릿대놀이(태안문화원 정지수)

06 세시음식(歲時飲食)

세시음식이란 1년 중 특별한 시기가 되면 으레 만들어 먹는 음식을 말하며, 명절음식은 물론 세시풍속에 따라 장만하는 음식을 포함한다. 이 중에서도 명절음식은 정해진 명절에 먹는 음식이며, 당시 자연환경에 맞는 음식으로 제철음식이 주류를 이룬다. 또한 세시음식도 각 계절에 맞는 음식을 장만하며, 세시풍속에서 거론되는 유래나 행사에 따른 음식이 준비된다. 세시음식은 시절음식(時節飲食)이라고도 하며, 그 특정기간에 한해 준비되는 특별한 음식이다.

이런 음식들은 농경민족으로서의 자연에 대한 고마움과, 자신들을 돌봐준 조상의 음덕을 기리는 것으로써 제사로 표현되었다. 제사는 어떤 때에는 복을 기원하고 액을 물리치는 기복신앙(祈福信仰)과 연관이 있으며, 자연의 동식물과 함께 더불어 살아가는 사회상에 맞춰서 발전되어오기도 하였다.

07 세시풍속의 분류

    세시풍속은 다른 이름으로 세사(歲事), 월령(月令), 시령(時令) 등
으로 불리는 것처럼 시절(時節)이나 계절성(季節性)과 아주 밀접한
관계가 있다. 잘 알다시피 삼한사온이 뚜렷하고 계절간의 환경변화가
현격한 우리나라는, 각 계절에 닥치는 세시풍속을 잘 지키는 데 아주
적합한 조건을 가지고 있었다. 따라서 때를 놓치지 않고 일정한 시기
에 행하는 주기전승의례(週期傳承儀禮)로 주기성(週期性)과 순환성
(循環性)을 갖추고 있었다. 이런 풍속은 감사와 기원 그리고 액을 물
리치고 복을 비는 마음의 평화에도 커다란 영향을 미쳤다.

    전하는 세시풍속으로는 연말과 연초에 해〔歲〕를 따라 행하는 것이
있는가 하면, 각 달〔月〕에서 시작되는 첫날이나 혹은 달의 위치가 가
장 가까워 우리 생활에 밀접한 연관을 초래할 때 행하는 월령(月令)도
있다. 또 아침이나 저녁 그리고 일정한 시간에 맞춰 행해야만 하는 시
간성 풍속도 있다. 어느 날에 비가 오면 농사에 좋고, 어느 날에 서리
가 내리면 한발(旱魃)이 온다는 등의 생활 속 점괘(占卦)가 그런 것들

이다. 그런데 따지고 보면 이런 점괘는 한 달 내내 이어져서 거의 모든 날에 일기를 보며 환경에 대처하는 자세를 보였다고 할 수 있다.

　해마다 특정집단에서 거행하던 일정한 행사, 계절에 따라서 반복되는 것을 연중행사라고 한다. 이 행사는 공동생활의 실용목적으로 출발한 것이 관습적으로 반복되면서 정신적인 요소가 주(主)를 이루었으며, 애초에는 원시종교적인 색채를 띠고 있는 것이 많이 있었다. 연중행사에는 한 마을 혹은 한 촌락부터 지방이나 사회로 그 범위가 넓어졌고, 또 생활형식이 복잡다양해지는 만큼 행사의 내용이나 종류도 증가했다.

　이런 행사들은 집단으로 힘을 사용하는 농사일이나 뱃일에서 많이 나타나고 있다. 혼자서는 할 수 없는 일을 여럿이서 힘을 합하여 해내는 것이야말로 단합이요 절제였던 것이다. 단, 여기서 말하는 달력은 모두 태음태양력(太陰太陽歷)을 기준으로 말하는 것들이다.

▲ 입석줄다리기

08 월별 세시풍속

1월의 세시풍속

1월은 새로운 한 해의 시작으로 정월(正月)이라고도 한다. 이런 정월은 새해의 시작임을 알리는 각종 행사가 있고, 정월대보름날에 행하는 행사도 있다. 정월에는 새로운 계절인 봄이 온다는 입춘(立春)이 있는가 하면, 드디어 눈이 녹아 비가 온다는 우수(雨水)도 들어 있다.

정초(正初)가 가지는 의미는 곧 만물의 소생이 물리적으로 시작되기 전의 여유기간이다. 이때 신(神)과 함께 자유롭게 소통하고, 소망을 빌면 그것을 얻을 수 있는 기회로 본 것이다. 둥근달을 보면서 풍농(豐農)을 바라고 미리 축하하는가 하면 개인의 복락(福樂)도 비는 행사가 많이 있다.

전하는 풍속으로는 설날과 보름날에는 차례를 지내며, 설빔을 차려 입고 세배도 드린다. 그리고 한 해의 복을 비는 덕담을 나누기도 한다. 각 가정에서는 차례가 끝나면 성묘를 하고, 부엌이나 곡간 등에 복조리를 걸어 복을 비는 풍습이 있다. 한 해의 신수를 보기도 하며, 윷놀이, 윷점, 널뛰기, 연날리기, 승경도놀이, 돈치기, 지신밟기 등을 즐겼다. 이때 새해에 닥칠 액을 막는 액막이로 집 안에서 제를 지내는 안택고사와 삼재막이 혹은 홍수매기도 있다.

　정월의 첫날은 원단(元旦), 세수(歲首), 연수(年首), 신일(愼日)이라고도 하는 데, 1년의 시작이라는 뜻에서는 모두 설날과 같은 뜻이다. 또 1년의 첫날이면서 1월의 첫날, 일자의 첫날이므로 '삼원지일(三元之日)'이라 하여 원조(元朝)라는 단어를 쓰기도 한다.

　설의 뜻에 대해서는 정확한 근거가 없으나, 원래 '삼가하다', '낯설다' 등으로 해석되기도 한다. 지난해에서 분리되어 새로운 해에 속하는 과정으로서, 근신하여 경거망동하지 말기를 바라는 뜻이 포함되어 있다. 고유의 설날은 정월 초하루에 해당하였지만, 설 명절(名節)은 정초부터 대보름까지 이어지는 기간이었다. 승정원(承政院)에서는 설날부터 3일간 각방(各房)에서 공무를 보지 않았으며 출근도 하지 않았다. 시장(市場)도 문을 열지 않았고, 공경대부(公卿大夫)의 집에서는 찾아오는 손님도 지함(紙函)만 받을 뿐 면회를 하지 않아 철저한 근신을 하였다. 지금도 전해오는 설날의 3일간은 친지를 방문하여

▲ 술내리기(안동시청공보실)

▲ 정화수

새배를 드리거나 웃어른을 공경하고 성묘를 하는 데 활용하던 시간이었다.

설날에는 차례상과 세배 손님 대접을 위해 여러 가지 음식을 준비하는 데, 이 음식들을 통틀어 세찬(歲饌)이라 한다. 설날 전에 어른들께 보내는 귀한 음식과, 어른들이 아랫사람들에게 보내는 먹을 것도 세찬이라고 하였다. 따라서 세찬이란 한 해의 시작에 즈음하여 직전인 그믐과 직후인 설날에 관련하여 만드는 음식을 말한다. 이때 마시는 음식 중에 이명주(耳明酒)가 있는데, 이는 귀밝이술이라 하여 한 해 동안 잘 들리라는 의미로 남녀노소를 가리지 않고 데우지 않은 청주(清酒)를 약주(藥酒)로 한 잔씩 마셨다.

세찬으로 보내는 음식의 종류로는 여러 가지가 있었으나 대표적인 것이 쌀, 술, 담배, 어물(魚物), 고기류, 꿩, 달걀, 곶감, 감 등이다. 세배 후에 이루어지는 것은 세찬 외에도 덕담(德談) 주고받기가 있다. 그해 바라는 소망을 이루거나, 힘든 과정을 이기고 성취하라는 의미가 담겨 있는 말을 주고받음으로써 위로가 되고 격려가 되는 것이다.

설날의 시절음식으로는 제상에 밥 대신 놓는 떡국 즉 병탕(餠湯)과, 도소주, 만두, 조랭이떡국, 편육, 떡찜, 육회, 느릅적, 약밥, 겨자채, 잡

▲ 소지

▲ 성묘

▲ 설상(운현궁 김태훈)

채, 나물, 족편, 전유어, 식혜, 약과, 다식, 정과, 엿강정, 산자, 절편, 수정과, 햇김치, 빈대떡, 나박김치, 장김치, 주악, 인절미 등 여러 가지가 있다. 새해에 먹는 가래떡의 희고 긴 것은 순결하면서 수명이 길게 장수하라는 의미를 지닌다. 이는 혼인날에 국수를 먹음으로 인연이 길게 이어지라는 것과 같은 이치다. 떡국을 끓이기 위해 준비한 가래떡은 탕을 끓이기 위한 떡이라 하여 탕병(湯餠), 손처럼 가늘고 둥글게 말았다고 하여 권모(拳模), 겨울에 먹는 만두라는 동혼돈(冬餛飩), 연초에 먹는 수제비라는 뜻으로 연박탁(年餺飥)으로도 불렀다.

또 대보름은 신라 때부터 지켜온 명절의 하나로 재앙과 액(厄)을 막기 위한 제일(祭日)이었다. 이날은 달맞이, 일백 집의 밥을 얻어먹는 백가반(百家飯)먹기, 놋다리밟기, 줄다리기, 풍장치기, 지신밟기, 답교놀이, 석전(石戰), 동채싸움, 가마싸움, 보리뿌리점, 입춘첩, 용알뜨기, 부럼깨기, 여름 무더위를 피하기 위한 더위팔기, 소밥주기, 쥐불놀이 등 다양한 풍속이 있다.

음력 정월대보름은 상원(上元)이라 하였으며, 7월 보름의 중원(中元), 10월 보름의 하원(下元)과 함께 중요한 의미를 지녔다. 이중에서도 정월대보름은 가장 둥글고 꽉 찬 달이 풍성함을 상징하며, 농경사회의 풍년을 기원하는 것이다.

대보름의 시절음식으로는 9차례의 일을 하고 9차례의 밥을 먹는다는 오곡밥, 각종 묵은 나물, 귀밝이술, 약식, 원소병, 밤과 잣을 포함하여 호두와 땅콩을 추가하는 부럼깨기, 복쌈 등이 있다. 원래 약식에 들어가던 밤이나 대추, 잣 등을 구하기 어려운 평민들이, 이를 대신하여 만든 오곡밥은 쌀, 보리, 조, 콩, 기장을 넣어 만드는 영양식이었다. 특히 엄동설한으로 푸성귀가 없는 상원(上元)에 먹던 나물을 상원채(上元菜)라 불렀다. 이런 상원채는 가을에 수확하여 말려 두었던 것들을 사용한다.

▲ 새해에 먹는 떡(떡보의 하루) 1. 가래떡 2. 시루떡 3. 백설기 4. 약밥

▲ 널뛰기(조재길)　　　▲ 공기놀이

　정월 초파일을 곡일(穀日)이라고 하며, 정월 12지일(十二支日)은 그해 들어 처음 맞는 12지지의 날이므로 새로운 의미를 부여하였다. 자축인묘진사오미신유술해의 12가지 동물에 대한 날(日)로 각자의 특성에 맞는 의미를 두었지만, 설날부터 대보름까지 계속하여 이어지는 날들이라서 그렇게 중요하게 여기지는 않았다. 특히 설날에 드는 간지일(干支日)이 털이 있는 동물을 상징하는 날이면 유모일(有毛日)이라 하여 그해에는 풍년이 든다고 하였다. 반대로 정월 들어 처음 상점이 문을 열 때에도 무모일(無毛日)에는 열지 않을 정도로 가렸던 날이다.

　입춘절(立春節)은 24절기의 입춘에 해당하는 것을 말하는 데, 입춘의 농사일과 무관하게 해마다 반복되어 일어나는 풍습을 의미한다. 대문간이나 광문 등에 춘련(春聯) 또는 입춘첩(立春帖)이라는 글귀를 써 붙여 봄기운을 불러들였다. 이때 '입춘대길(立春大吉)' 등을 써 붙이고 '입춘오신반(立春五辛盤)'을 먹었다. 입춘오신반은 다섯 가지의 쓴맛을 내는 채소로 파, 마늘, 자총이, 달래, 평지, 부추, 무릇, 미나리 새순 등을 말한다. 이들의 색이 5가지의 오방색을 뜻하여 임금이 사색당파를 깨트리자는 의미와, 인의예지신의 다섯 가지를 표방하기도 하였다. 여기서의 자총이는 파의 일종으로 일반 파에 비해 매운 맛이 더 강한 식물이다.

2월의 세시풍속

2월은 겨울잠을 자던 동물들이 잠에서 깨어난다는 경칩(驚蟄)과 밤낮의 길이가 같다는 춘분(春分)이 들어 있는 달이다. 이때는 봄을 시샘하는 꽃샘바람이 불고 꽃샘추위가 찾아오는데, 이는 2월에 바람의 신(神)인 영등신이 부리는 조화로 이와 관련된 행사가 있다.

다른 풍속으로는 2월 6일 초저녁에 묘성(昴星) 즉 좀생이별을 보았으며, 궁에서는 2월 초하루를 중화절(中和節)이라 불렀다.

2월 초하루에 행하는 영등일 행사에는 영등신을 달래고, 그해의 날씨를 점치는 풍습이 있다. 이때 굿을 하면서 울긋불긋한 기(旗)를 세우

▲ 금줄(조재길)

기도 하였는데, 지금에 와서는 울긋불긋 펄럭이는 기가 점(占)집을 의미하는 대명사가 되었다. 한편 민가에서는 노비일(奴婢日) 혹은 머슴날이라 하여 농사일을 시작하기 전에 사기를 북돋우는 날로 삼았다.

정월 보름날 마당에 세워 두었던 볏가릿대 즉 화간(禾竿)을 이날 아침에 거두면서 얻은 벼를 빻아 떡을 빚었다. 이 떡은 다른 명절의 송편보다 훨씬 크게 만들어 농사일에 수고할 일꾼에게 나누어 주었으니, 일하는 사람들에게 관심을 쏟고 격려할 줄 아는 아름다운 풍속이었다. 지금이야 먹는 것이 풍성해져 떡의 귀함을 알지 못하지만 예전의 떡은 매일 먹는 음식이 아니었다. 서민들은 특별한 절기나 행사에만 먹는 음식으로 평소에는 비교적 여유가 있는 집 안에서만 맛볼 수 있는 음식에 속했던 것이다. 따라서 어쩌다 한 번 하는 떡은 이웃과 나누어 먹을 정도로 넉넉하게 하는 것이 상례였다. 그리고 잔칫날 떡은 행사에 참여한 사람이나 참여하지 못한 사람을 구분하지 않고 고루 나누어 먹는 정으로 이어왔다. 지금도 이사 온 사람이 새집을 지어 기분이 좋아서 혹은 마음에 드는 집을 장만하여 이사한 것에 대한 자축장의 의미로 떡을 하는 데, 이사 오는데 전혀 도움을 주지 않은 아파트의 이웃에게 떡을 돌리는 것도 잔치의 일종으로 아름다운 풍습으로 전해오고 있다.

볏가릿대는 충청도에서는 노적가리라 불리기도 하였으며, 농사가 많은 전라도에서는 그 이름도 다양하여 노적가리 혹은 농사장원기, 볏가리, 유지기, 낟가리대 등으로도 불렸다. 한자(漢字)로는 화적, 화간, 도간 등이다.

머슴날의 시절음식으로는 노비송편, 약주, 생실과, 포, 절편, 유밀과 등이 있다. 노비송편은 쌀가루를 반죽한 후 그 속에 시래기를 다져 넣

은 것인데, 크기도 추석에 먹는 일반 송편보다 크지만 비타민과 무기
질이 풍부한 시래기를 넣은 송편이 별미로 등장하였던 것이다.

3월의 세시풍속

3월에는 하늘이 맑고 쾌청하다는 청명(淸明)과 찬밥을 먹고 성묘를
하는 한식(寒食)이 있다. 또 모든 곡식들이 잘 자라도록 비가 내린다
는 곡우(穀雨)도 있다. 이때 하루가 다르게 기온이 올라 봄을 느끼니
이른바 여름 철새가 날아온다는 삼월삼짇날을 포함한다.

삼짇날이 되면 화전놀이를 하며, 본격적인 농사가 시작되기 전에
힘을 비축하는 휴식을 취하거나 산천경개를 구경하기도 하였다. 한식
에 성묘를 하고 산(墓地)일을 하는 풍습이 있다.

한식(寒食)은 동지 후 105일째 되는 날로 음력으로 2월 하순이나 3
월 초에 드는데 청명과 겹치거나 하루 늦게 든다. 이날은 종묘(宗廟)
와 능원(陵園)에 제향(祭享)을 지내고, 민간에서도 성묘(省墓)를 한
다. 한식의 유래는 매년 봄에 새로운 불씨(新火)를 받고 지난 불씨(舊
火)를 금지하는 경우, 미처 새 불씨를 받지 못하여서 낡은 불도 혹은

▲ 화전(요초당 안화수)　　　　　▲ 메주띄우기(고스락)

새 불도 사용하지 못한 데서 비롯하였다. 한편 중국에서는 개자추의 충정(忠情)을 기리는 날로 전하기도 한다.

한식의 시절음식으로는 찬 음식과 술, 과일, 포, 식혜, 떡, 국수, 탕, 적 등이 있다.

또 음력 3월 초사흗날을 삼짇날이라고 하는 데, 상사(上巳), 중삼(重三), 또는 상제(上臍)라고도 한다. 이날은 '답청절(踏靑節)'이라 하여 들판에 나가 꽃놀이를 하면서 파랗게 돋아난 새 풀을 밟으며 봄을 즐긴다는 의미가 담겨 있다. 겨우내 웅크렸던 몸을 답청놀이를 통하여 펼치는 것은 요즘의 봄소풍과도 같은 이치다.

삼월삼짇날의 시절음식으로는 약주, 생실과, 포, 절편, 화전, 조기면, 탕평채, 화면, 두견화전, 수면, 진달래화채, 향애단(香艾團) 즉 쑥경단, 쑥떡 등이 있다.

4월의 세시풍속

4월에는 여름에 접어든다는 입하(立夏)가 있고, 점차 더워진다는 소만(小滿)이 있다. 이때부터 농사일이 바빠지지만 4월 초파일을 기리는 행사가 기다린다.

4월에는 초파일을 가장 기념할 만한 날로 들 수 있는데, 이날의 연등행사는 불교적인 행사가 아니더라도 별도의 행사로 치러지던 것이었다. 그러다가 연등행사를 제외한 초파일의 다른 행사가 생략되면서 절에서의 고유 행사만 전해지고 있는 것이다. 주요 행사로는 탑돌이, 관등놀이, 불공드리기 등이 있다.

음력 4월 초8일을 등석(燈夕)이라고 하는 데, 대나무로 엮은 빨랫줄 같은 등간(燈竿)을 세우는 것으로 시작된다. 이날은 석가모니의 탄생일로 욕불일(浴佛日)이라고도 부른다. 신라 때부터 전해오던 유습(遺習)으로 절에 찾아가 제(齋)를 올리고 여러 가지 모양의 등을 만들어 관등을 밝혔으며, 또한 집집마다 연등을 달고 손님을 초대하여 대접하였다.

초파일의 시절음식으로는 느티떡, 콩조림, 쑥떡, 국화전, 각색 주악, 도미찜, 미나리강회, 녹두찰떡, 화전, 석이단자, 비빔국수, 신선로, 도미찜, 양지머리편육 등 채소 반찬 즉 소찬(素饌)이 주를 이룬다.

5월의 세시풍속

5월에는 보리를 베고 모내기를 한다는 망종(芒種)이 있으며, 여름의 한가운데에 섰다는 하지(夏至)가 들어 있다.

이달에는 뭐니뭐니해도 단오를 꼽는다. 단오는 음력 5월 5일을 말하는 데, 이렇게 홀수가 겹친 날은 양기가 충만한 날이라 하여 길일(吉日)로 여겼다. 따라서 이런 날에 각종 행사는 물론이며 심신을 단련하기도 하였다. 씨름, 그네타기, 창포물에 머리감기, 단오부채 등이 전하는 풍습이다. 단오부채는 조정에서 하사받은 것도 있지만, 민가에서는 민초들이 자기들끼리 만들어 주고받기도 하였다.

음력 5월 5일은 다른 말로 수릿날, 중오절(重五節), 천중절(天中節), 단양(端陽)이라고 한다. 모내기를 끝내고 풍년을 기원하는 기풍계절(祈豊季節)이기도 하여 여러 가지 행사가 전국적으로 행해졌다. 한방에서는 단옷날 오전 11시에서 오후 1시까지 즉 오시(午時)에 뜯

▲ 그네(남원문화원)

는 쑥이 약효가 좋다고 하여 쑥과 익모초(益母草)를 뜯어 말리는 풍습이 전해온다. 이 쑥을 엮어 월계관처럼 만든 꽃을 애화(艾花)라 한다.

단오의 시절음식으로는 수리취절편과 제호탕이 유명하며, 생실과와 앵두편, 앵두화채, 준치만두, 알탕, 도미찜, 붕어찜 등이 있다.

6월의 세시풍속

6월에는 본격적인 더위가 시작된다는 소서(小暑)와 한참 극에 달하였다는 대서(大暑)가 있다. 이때는 더위를 피하기 위한 방편으로 유두놀이를 포함한 유두절 행사가 있다.

특별히 음력 6월 15일을 유두날〔流頭日〕이라 하였는데, 이 단어는 '동류두목욕(東流頭沐浴)'에서 유래되었다. 맑은 개울물에 나가 목욕하고 머리를 감는다는 뜻이다. 이날 시원한 그늘에서 청유(淸遊)하면 더위를 막는다고 믿었다. 또 집에서는 새로 나온 과일로 제사를 지내는 '유두천신(流頭薦新)'을 하였다. 여기서의 천신이란 새로운 곡물이나 과일을 조상께 먼저 드린다는 뜻이니, 유두에 천신하면 유두천신이 되는 것이다. 예부터 먹을 것이 부족하여 내 차지가 되지 못한 경우를 두고, '천신도 못했다'는 말을 하였다. 이는 내가 먹을 것은 그만두더라도 조상께 제사 지낼 분량도 되지 못한다는 뜻으로, 어린이보다는 어른을 그리고 현세보다는 조상을 먼저 생각하는 사상이 담겨 있다. 그런가 하면 다가오는 삼복(三伏)의 무더위에 대비하여 몸을 보하는 음식을 먹기도 한다.

유두의 시절음식으로는 수단이나 건단, 유두면, 편수, 임자수탕, 깻국, 어선, 어채, 구절판, 밀쌈, 생실과, 증편, 상화병 등이 있다. 수단은 떡국보다 좀 가늘기는 하지만 이보다 좀 두껍게 잘라 쌀가루를 씌운 후, 살짝 데쳤다가 꿀물에 넣어 얼음을 채워 먹는 음식이다. 이 음식은 중국에서는 단오에 먹었지만 우리는 유두에 먹었다.

궁에서는 각 관서에 나무로 만든 패(牌)를 나누어 줌으로써 얼음을 타가도록 하는 시절행사가 있다.

7월의 세시풍속

7월에는 가을에 접어드는 길목의 입추(立秋)가 있고, 더위다운 더위는 사라져서 어쩌다 군데군데 조금 남아 있으면 처서(處暑)가 된다. 그러나 음력 7월은 양력 8월에 해당하며, 한창 더위가 기승을 부릴 때다. 따라서 더위에 지친 몸을 추스르는 일이 필요한 때이기도 하다.

한편 바쁜 농사가 잠시 멈춘 시기로 농부들도 나름대로 한가한 시

▲ 밀양백중놀이(백중놀이보존회)   ▲ 길쌈놀이(서천문화원 이광재)

간을 맞는 때이다. 7월 7일의 칠석놀이로 지친 심신을 달래는데, 이날
은 견우(牽牛)와 직녀(織女)가 1년에 한 번 만나는 날이라서 서러움
과 애틋함에 흘리는 눈물이 비가 되어 내린다고 한다.

칠석의 시절음식으로는 밀전병과 밀국수, 냉소면(冷素麵), 주악, 규
아상, 영계찜, 어채, 열무김치, 밀설기, 증편, 밀전병, 복숭아화채, 취나
물, 고비나물, 오이소박이 등이 있다.

또 7월 보름날이면 백중(百中)이라 하여 1년 중 바닷물의 높이가
가장 높으며, 혹시 비라도 내리는 날이면 만조(滿潮)로 수해(水害)를
당하는 시기이다. 다른 말로 백종(百種), 백중(白衆), 중원(中元) 또는
망혼일(亡魂日)이라고도 한다. 망혼일은 백중의 시절음식인 각종 채
소와 과일, 술, 밥 등을 차려 놓고, 죽은 어버이의 혼을 부르는 날이다.
혹자는 불교의 우란분절에 백종(百種)의 음식을 장만하여 공양하던
것에서 비롯되었다고 말한다.

한편 여름의 고비에는 삼복더위가 이어지는데, 하지(夏至)가 지난

▲ 호미씻이

▲ 실삼기(서천문화원 이광재)

후 세 번째 경일(庚日)을 초복(初伏), 네 번째 경일을 중복(中伏), 그리고 입추(立秋)가 지난 후 첫 경일을 말복(末伏)이라고 부른다. 이 셋을 통틀어 삼복(三伏)이라 하는 데, 이때가 가장 더운 시기로 개가 혀를 내밀고 땅바닥에 바짝 엎드려 늘어진 모습을 연상시킨다. 조선 이수광의 유작(遺作)으로 자손들이 엮어낸『지봉유설(芝峯類說)』에서도 '복날은 양기(陽氣)에 눌려 음기(陰氣)가 엎드려 있는 날'이라고 하였다. 따라서 모든 사람이 더위에 지쳐 있는 시기로, 허약해진 몸을 보호하기 위한 보양식(保養食)을 먹었다.

이때의 시절음식으로는 육개장, 구장 즉 개장국, 삼계탕, 잉어구이, 오이소박이, 증편, 복죽, 제물닭칼국수, 호박지짐 등이 있다.

8월의 세시풍속

8월에는 벌써 1년 농사의 수확을 예고하는 달이며, 이슬이 내린다는 백로(白露)와 가을의 중턱에서 밤과 낮의 길이가 같다는 추분(秋分)이 들어 있다. 보름이 되면 한가위라 하여 풍년 농사를 도와주신 조상께 감사하며 서로에게 배려하는 중추절이 기다린다. 중추절은 음력 8월 15일로 추석(秋夕), 가배일(嘉俳日), 가위, 한가위라고도 하는 우리나라의 큰 명절에 속한다. 혹 가정적으로 무슨 일이 있어 설날과 동지에 제사를 지내지 못했더라도 추석과 한식에는 반드시 지내는 풍습이 있다.

추석에는 새로 수확한 곡식으로 각종 추석 음식을 차려 조상께 감사하고 성묘를 한다. 또 이에 걸맞는 행사가 있으니, 대표적인 것으로는 1년 중 가장 둥근 추석 달맞이와 강강술래를 들 수 있다.

대표적인 시절음식으로는 햇곡식으로 만든 떡과 술, 그리고 햇과일을 들 수 있다. 이 밖에도 햅쌀밥, 토란탕, 가리찜 즉 닭찜, 송이산적, 잡채, 김구이, 송편, 배숙, 햇과실, 화양적, 지짐누름적, 율란, 조란, 송이찜 등이 있다.

9월의 세시풍속

9월에는 본격적인 수확의 계절로 찬 이슬이 내리니 빨리 서두르라는 한로(寒露)가 있고, 드디어 서리가 내리니 마무리를 하라는 상강(霜降)도 들어 있다. 이때를 놓치면 내년 농사에 쓰일 종자를 얻지 못한다거나, 수확이 줄어드는 등 많은 수고를 감당해야 하니 서둘러 수확하여야 한다. 이제 곧 시들어질 양기(陽氣)를 마지막으로 충전하는 중양절(重陽節) 행사가 있어 다가올 겨울의 음기(陰氣)에 대비하는 때이기도 하다.

특히 9일은 홀수로 양(陽)의 기운이 충만하지만, 9월이라는 숫자와 겹쳐서 극에 달한 때라 이른다. 또 9라는 숫자가 수 중에서 가장 큰 수

▲ 벌초

이므로 양기(陽氣)의 극대를 뜻하여 중구(重九), 중광(重光), 중양(重陽)이라 하고, 가을을 남자의 계절이라 부르는 요인이 되기도 한다.

조선 순조 때 1879년 홍석모가 쓴『동국세시기(東國歲時記)』에서는 가까운 산에 올라 국화주를 마시고 국화전을 먹는 풍습을 보여주는데, 이는 옛 풍습인 등고(登高)가 전해온 것이라 한다. 특히 지금의 가을소풍도 이 등고(登高)에서 비롯되었다고 할 수 있다.

시절음식으로는 감국전, 밤단자, 국화화채, 어란, 유자차, 유자화채, 유자정과, 생실과, 국화주, 국화전, 도루묵찜, 호박고지시루떡 등이 있다.

10월의 세시풍속

10월은 겨울에 접어든다는 입동(立冬)이 있고, 이어 눈이 내린다는 소설(小雪)이 있는 달이다. 겨울에 접어들기 때문에 땔감을 장만하고 김장을 담그는 등 겨우살이 준비를 해야 한다. 이때 한 해 동안의 돌보심에 감사하여 제(祭)를 지내고, 내년 농사도 잘 도와달라는 기복신앙(祈福信仰)이 행해지기도 한다. 이런 10월을 시월상달이라 하여 고사(告祀)와 위로(慰勞)를 겸한다.

10월에는 예전의 고대로부터 내려온 상달고사(上月告祀)가 있다. 이는 1년 농사의 풍년에 감사하며 기복신앙의 표본이 된다. 지금도 새로운 물건을 사거나 집을 늘리는 등 커다란 변화가 있을 때에는 고마움의 표시로 고사(告祀)를 지내는 풍습이 남아 있다. 이와 마찬가지로 힘들여 지은 농사의 가을걷이를 끝내고 겨울준비를 하면서 감사의 고사를 지내는 때이다.

강화지역에서는 10월 20일에 부는 바닷바람은 매섭고 차갑다 하여 이를 피해서 뱃길을 나갔다. 이 바람을 '손돌바람'이라 하며, 추위는 '손돌추위'라고 부른다. 또 각 가정에서는 말날(午日)이나 길일(吉日)을 택해서 햇곡식으로 술과 떡을 하고 갖가지 과일을 준비하여 가내(家內)의 안녕(安寧)을 관장하는 성주신(城主神)에게 제사를 지냈다. 한편 오래된 조상에게는 형편에 따라 택일을 한 후 문밖에서 한꺼번

▲ 용마름

▲ 씨앗말리기(조재길)

에 시제(時祭)를 지냈다. 이는 일가친척 종친들이 한자리에 모여 한꺼번에 시제를 드리는 현재의 모습과는 약간 다르다.

10월의 시절음식으로는 무오병, 감국전, 시루떡, 만둣국, 열구자탕, 변씨만두, 연포탕, 애탕, 애단자, 밀단고, 강정 무시루떡, 생실과, 유자화채 등이 있다.

11월의 세시풍속

▲ 팥죽

11월에는 확실한 겨울에 들어 눈이 많이 온다는 대설(大雪)이 있고, 겨울도 이제 한 고비에 달했다는 동지(冬至)가 있다. 그러나 오히려 이제부터 본격적인 겨울의 차가운 기온을 느끼게 되니 주의하여야 한다. 이때는 넉넉하게 준비한 식량과 땔감을 바탕으로 여유로운 농한기를 맞는다.

동지는 24절기의 한겨울을 의미하지만, 우리의 세시풍속에서 한 해의 중요풍속으로 쳐주기도 한다. 이때는 팥죽을 끓여 장독대나 벽, 대문간에 뿌려 잡귀를 물리친다는 벽사(僻事)의 주술을 행한다. 팥죽은 중국의 풍습으로 동짓날에 죽어 염병을 전파하는 망나니 귀신이 살아 생전에 팥을 싫어하였다는 데서 유래한다.

동짓날은 '아세(亞歲)'라고 하여 민간에서는 '작은 설'로 통했다. 동지를 지나면서부터 점차 낮이 길어지기 때문에 태양이 죽었다가 다시 살아나는 의미를 부여한 것이며, 이를 기리는 축제나 각종 행사가 성행하였다. 따라서 동지(冬至)는 자연(自然)과 밀접한 농사일의 원년(元年)에 해당하므로 일부 국가에서는 동지를 설날로 삼기도 했다.

궁에서는 관상감에서 다음 해의 역세(曆歲)를 진상하면 왕이 사신들에게 나누어 주었는데 이를 동지책력이라 한다. 또 제주의 귤(橘)을 진상받은 기념으로 황감제(黃柑製)라는 고시를 열어 수석한 사람에게는 집을 한 채 하사하였다.

이때 먹는 시절음식으로는 팥죽과 동치미, 경단, 식혜, 냉면(冷麵), 수정과, 전약이 있으며, 청어를 조상께 드리는 청어천신(靑魚薦新)도 있다.

12월의 세시풍속

12월에는 점점 추워진다는 소한(小寒)이 있고, 그 추위가 이제 맹위를 떨친다는 대한(大寒)이 들어 있다. 특히 이달은 1년 중 마지막 달로 섣달이라고 부르며, 마지막 가는 날을 아쉬워하는 그믐날 행사가 있다. 이 날은 뜬눈으로 날을 새는 데 이

▲ 골동반

를 제야(除夜)라 하였으며, 내일 맞을 설날을 위해 이것저것 준비하는 일로 바쁜 가운데 저무는 해의 귀신이 못된 짓을 할까 봐 걱정하는 마음에서 비롯되었다. 이런 일을 수세(守歲)라 하였다.

수세의 방법으로 방이나 마당, 부엌, 대문, 변소 등 집안 구석구석에 불을 밝히고 날을 샜다. 이렇게 함으로써 잡귀의 출입을 막고 복을 받는다는 도교(道教)적 풍속에서 유래한 것이다. 한편 섣달 그믐날까지 먹던 음식과 바느질을 포함한 모든 것들은 해를 넘기지 않는다고 하였는데, 저녁밥도 반찬을 남기지 않고 다 먹기 위하여 섞어서 비벼 먹는가 하면 밤늦도록 바느질을 하는 풍습이 전해졌다.

섣달은 '납월(臘月)'이라 하며, 동지가 지난 후 세 번째 미일(未日)를 납일(臘日)이라 한다. 그믐을 제석(除夕), 세제(歲除), 세진(歲陳), 작은설이라고도 불렀다. 이때의 작은 설은 내일이면 설날이 되니 그믐날은 버금가는 설날이라는 뜻이다. 사당에서 조상의 음덕에 감사하는 제를 지내며 성묘도 하고 부모님의 무병장수를 빌었다. 또 집안 어른들과 일가친척을 찾아뵙고 묵은세배를 하였다. 이는 모두 지난 과거를 잊고 새로운 다짐을 하는 일과 연관이 있는 것들이다. 이런 행사는 궁궐에서도 있었는데, 한 해를 마무리하면서 묵은 잡귀를 쫓아내고 새해를 환영한다는 의미로 연종제(年終祭)라 하였다.

제야에 먹었던 시절음식으로는 비빔밥인 골동반, 만두, 떡국, 완자탕, 전골, 장김치, 적, 병, 주악, 수정과, 식혜 등이 있다.

09 어촌의 세시풍속

어촌에서 이루어지는 세시풍속도 농촌의 세시풍속과 크게 다르지 않으나, 일부 지방에서는 어로(漁撈)에 한정하여 특정한 풍속이 전하기도 한다. 이 역시 계절이나 시기를 두고 반복적으로 일어나는 행사로 오랜 관습에 따라 굳어진 하나의 생활 형태라고 보아도 좋을 것이다. 바다는 거친 풍랑과 깊은 물결로 인하여 위험하기 짝이 없는 환경이므로, 자연신앙이나 조상숭배 그리고 종교적 주술행위에 대하여 일부 다른 면을 보이기도 한다. 따라서 이들 어촌의 세시풍속은 풍어(豊漁)나 기복신앙을 포함하여 뱃일 중에 당할 수 있는 위험을 타파하는 지혜를 전수하는 것까지도 보여주고 있다.

정초 뱃고사

정초가 되면 선주(船主)들은 뱃고사를 지낸다. 정초란 정월의 처음이라는 뜻이니, 어로에 있어서도 새해의 새로운 출발이라고 보아야

▲ 띠뱃고사 (띠뱃놀이 보존회)

한다. 이는 안택고사(安宅告祀) 때처럼 배 안에 있는 성주신에게 술과 과일 그리고 음식을 차려놓고 한 해의 풍어와 안전을 기원한다. 바다에서 고기가 많이 잡히고 안 잡히고는 인력(人力)으로 할 수 없고, 오로지 바다의 조화에 의해 좌지우지되었다. 따라서 뱃사람들은 안전을 위협하는 변덕스러운 바람신을 달래기 위해 서낭당을 찾아 치성을 드렸다.

뱃고사의 순서는 먼저 마을의 성황당에 가서 제사를 올리는 것이 상례이며, 이때 제주(祭主)는 무녀를 대동하여 고사를 치르는 경우도 많았다. 서산시 부석면 창리의 영신제 역시 그런 일종이다. 바다는 거칠고 드넓어 남성에 비유되는데, 바다를 다스리는 신 역시 용왕으로 남성(男性)에 해당한다. 소설 심청전에 나오는 심청이 바다에 장사 지내진 이유도 배의 안전항해를 위한 일종의 제사로 남신(男神)에게 고하는 예에 속했다.

고기를 잡는 일은 '잘되면 북 치고, 안 되면 가슴 친다.'고 할 정도로 기복(起伏)이 심한 일에 속했다. 따라서 반드시 풍어를 이루어야 하는 심정으로 정초에는 배의 성주신에게 고사를 지내며, 가을에는 배의 성주신에게 안택고사를 올린다. 뱃고사를 지낼 무렵 상가(喪家)에 다녀왔다거나, 어린아이라 할지라도 부정(不淨)이 있다면 부정쓸기를 하였다. 이 부정쓸기는 마른 짚에 불을 붙인 후 이물에서부터 휘둘러가다가 고물에 닿으면 내다 버렸다. 이로써 배(船) 안의 부정을 태워 없애는 것이었다. 이물은 뱃머리 즉 선수(船首)를 의미하며, 고물은 배의 후미 즉 선미(船尾)를 의미한다. 이는 고사 후 소지(燒紙)하는 것과 같은 이치였다.

풍선고사(豊船告祀)

뱃사람들은 정초뿐 아니라 매번 어로잡이를 나설 때에도 만선(滿船)의 기쁨을 누릴 수 있도록 기원하는 풍어제를 지낸다. 이것은 지내는 방식이나 그 규모가 지역별로 다르며 부르는 이름도 각기 다르지만, 대체로 고기가 많이 잡히기를 바라는 풍어제로 통칭할 수 있다. 이때는 오방색 기를 세우고 굿을 하는 데, 황청백적흑의 오방색(五方色)이 사계절을 나타내며 목화토금수의 우주만상(宇宙萬象)을 표현하기도 한다. 따라서 어디에 가든지 신의 가호를 받기 원하는 의미와 함께, 그 속에서 하나 되기를 바라는 마음이 담겨 있다.

그리고 만선이 되면 돌아오는 어부들은 신이 나서 오방색 기를 휘날리지만, 만약 풍어가 되지 못한 경우는 어로에 나설 때의 고사에 부응하지 못한 죄스런 마음에 기를 내리고 조용히 귀항(歸港)한다. 그러나 이런 내용들은 명확하게 해석된 공식자료는 존재하지 않으며, 다만 여러 내용을 통하여 종합해 볼 때 그런 연유에 따른 것으로 보는 견해가 많다.

전라북도 부안의 위도에서는 정초가 되면 '띠뱃놀이'를 하는 데, 이 띠뱃놀이는 글자 그대로 띠배를 만들어 하는 놀이다. 그런데 실제로는 놀이라는 이름에 걸맞지 않게 풍어고사 및 정초뱃고사의 의미를 지니고 있다. 우선 띠라는 풀을 엮어 작은 모형 배를 만들고, 색색의 깃발을 단다. 이때 진행되는 과정별로 육지에서 굿을 한 후, 끝무렵에는 어로용 배에 띠배를 매달고 나가서 불을 붙여 태우는 것으로 끝이 난다. 이로써 액운을 물리치고 마을의 안녕과 풍어를 기원하는 형식이다. 띠뱃놀이는 1985년 2월 1일 국가지정 중요무형문화재 제82-3호로 지정되었다. 제82호는 일반 '풍어제'를 말하며 82-1호에 '동해안별신굿', 82-2호에 '서해안배연신굿 및 대동굿'이 있다.

상사일(上巳日)

뱀날〔巳日〕이 새해 들어 첫 번째 맞으면 상사일(上巳日)이 되는데, 이날은 동물의 몸에 털이 없는 무모일(無毛日)이라 하여 출어(出漁)를 하지 않았다. 이는 뱀이 물에서 헤엄치는 것이 마치 미끄러져 나가는 것과 같고, 뱀의 몸에 털이 없어 물 위에서 미끄러진다고 믿었기에 혹시 배가 물에서 미끄러져 파선(破船)될까 봐 걱정하는 마음에서 비롯되었다.

연날리기

  우리의 연날리기는 추운 겨울이 오면 시작되는 계절적 민속놀이다. 특히 설날과 정월대보름을 전후하여 많은 연을 날렸다. 보통은 낮은 야산이나 넓은 들판에서 날렸지만, 바닷가에 사는 사람들은 바다를 바라보면서 연을 날렸다.

  이런 연날리기는 풍어를 빌고 집안의 무탈을 기원하는 송액(送厄)과, 복을 맞는 영복(迎福)을 겸하고 있었다. 그런데 정월대보름이 지나고 나서까지 연을 날리면 혼자서 많은 복을 차지하려고 한다는 뜻에서 '고리백정(高利白丁)'이라고 놀리기도 하였다. 이때의 고리는 사채의 높은 이자를 말하며, 백정은 가축을 잡는 일을 업으로 하는 사람으로 천하게 여겼었다. 따라서 사람의 신분으로 좋지 않은 것을 모두 갖추었다는 말에 빗댄 것이다.

  연을 띄워 보내는 방법으로는 연꼬리에 쑥뜸으로 불을 붙이는 방법도 있고, 연의 균형을 잡아주는 부분과 연실의 연결부에 쑥뜸 등으로 불을 붙여 날리는 방법도 있다. 이렇게 하면 연이 어느 정도 높이 올라갈 때까지 걸리는 시간과, 뜸이 타들어가는 시간의 상호 계산이 적당하여 흔히 이용하는 방법이다. 또 연을 귀양(歸養)보내는 방법으로는, 연과 얼레를 조금 작게 만든 모형 배 안에 놓고 위와 같은 방법을 통하여 연줄이 끊어지게 하였다. 이 역시 영복송액(迎福送厄)의 일종이다.

액매기

  액매기는 액막이와 같은 말이며, 다른 말로는 '어부시(魚鳧施)' 또

▲ 서천마량포구 사당

는 '어부식(魚付食)'이라고 한다. 먼저 생년월일을 적은 한지(韓紙)로 밥을 싸는데, 새로 한 밥에서 자기 나이만큼 움켜쥐어 내거나 이미 퍼 놓은 자기 밥그릇에서 쥐어내기도 한다. 그다음 이런 밥뭉치를 앞바다나 개천 폭이 넓은 쌍천(雙川)에 버리면 자신의 액(厄)이 모두 떠내려간다고 믿었다. 주로 보름날 저녁에 실시하였던 액막이에서 밥 싸는 것을 '봉숭이 밥싼다'고 하며, 밥 뭉치를 버리는 일을 '살풀이 한다'고 하였다. 우리가 산에 가서 음식을 먹을 때 내가 먹기 전에 먼저 산에 흩뿌리며 '고수래'하는 것과 유사하다.

영등날

음력으로 2월 초하루에는 바람이 불어오는 날이라 하여 바람을 다스리는 영등신(靈登神)에게 고사를 지냈다. 농촌에서의 영등일 행사와 별반 다르지 않으나, 바람이 풍어는 물론 생사를 결정짓는 어촌에서는 좀 더 정성을 드리게 되었다. 이날을 영등날, 풍신일(風神日), 바람님날, 영동날 등으로 부른다.

조선 후기 이옥(李鈺)이 쓴 『봉성문여(鳳城文餘)』에 영등

▲ 멸치잡이 어선 깃발 (목포대 최성환)

신에 대한 기록이 있다. 어느 지역에서는 고을 원님이 영등신 모시기에 아주 지극정성을 다하였다. 원님이 복을 비는 동안 방안에 있던 귀신이 나가면서 부인에게 스치는 느낌을 받았는데 몸에 땀이 나서 옷이 젖었다고 한다. 이런 일은 도깨비를 통칭하는 두두리(豆豆里)에 연관된 음사(淫祀)의 귀신 이야기다.

용갈이

용갈이는 한자로 용경(龍耕)이라고 하는 데, 호수의 얼음이 어는 중에 솟아오르거나 깨져서 마치 밭을 갈아 놓은 것처럼 보이는 것을 말한다. 실제로 추운 지방에서는 물의 표면에 얼음이 얼면서 부피가 팽창되어 얼음이 깨지는 경우가 생긴다. 이때 '땅땅'하면서 갈라지는 소리가 들리는데, 얼음이 클수록 소리가 요란하여 온 동네에 울리고도 남는다. 이를 두고 얼음이 운다고도 한다.

동짓달에 바다와 맞닿은 호수에 나타나는 용경을 보고 내년 농사를 점쳤다. 용(龍)은 무한한 재주를 가진 동물로 얼음을 호수의 남쪽이나

중앙부를 갈아놓으면 고기 풍년이 들고, 북쪽 부분을 갈거나 호수 옆면을 갈면 흉년이 든다고 하였다. 또 호수의 동서 좌우로 갈아놓으면 평년작은 된다고 믿었다.

이와 관련된 이야기는 『동국세시기(東國歲時記)』에 전하는 것으로 다음 해의 농사일을 예단(豫斷)하는 것이었다.

짬고사

경북 울진에서는 10월 보름이 되면 미역에게 고사를 지내는 짬고사가 행해진다. 예전의 울진 미역은 춘궁기와 추궁기에 생명을 이어주는 아주 긴요한 식량이 되었었다. 그래서 6월이 되면 자연산 미역인 돌미역의 관리와 채취를 위한 대동추(大同秋)를 열었다. 대동추는 마을 공동자치조직으로 미역짬을 공동으로 수확하고 공동으로 분배하는 공동작업 형식이다. 그리고 10월이 되면 바닷속 1.5m에서 20m에 이르는 바위를 닦아 미역이 잘 달라붙도록 정성을 다하고, 보름달이 뜨면 짬고사를 지냈다.

이때의 제주(祭主)는 자식을 잘 낳은 시어머니와 며느리 중에서 선정(選定)하였으며, 제주는 몸을 정결케 한 후 할당받은 미역짬을 놓고 제를 올렸다. 제물(祭物)로는 정성껏 빚은 막걸리에 좁쌀을 섞어 미역바위에 뿌리는 것이 전부이며, 미역씨받이가 잘 붙어 미역풍년이 들기를 비는 행위였다.

입동(立冬)에 이르러서 다시 한 번 바위를 닦고 살펴보는 짬매기를 하는 데, 이렇게 바위를 닦는 것을 일컬어 '기세닦기'라고 한다. 가을에 뿌려진 씨미역은 겨울내 자라며 따뜻한 해수와 적당한 조류의 이

▲ 황도붕기풍어제(태안문화원 정지수)

동으로 영양분을 흡수하면서 성장하게 된다. 이때 영등일의 바람이
미역에 미치는 영향은 지대하여 바다에서는 영등신(靈登神)을 섬기
는 일이 당연시되었다.

이렇게 하여 수확된 미역은 마을공동의 재산으로 7할을 적립(積立)
하는 데, 미역을 채취하는 해녀들의 몫은 3할이었다. 그런 후 작업이
끝나면 분할한 7할 중의 일부는 공동기금으로 사용하고, 나머지는 마
을 주민들에게 다시 공평한 방법으로 나누어 주었다.

이렇게 완성된 미역은 '바지게'라 불리는 다리가 짧은 지게를 진 상
인들에 의해 전국에 팔려나갔다. 바지게는 비탈길을 오르내릴 때 편
리하며, 조금이라도 무게를 줄이려는 의도에서 제작되었던 특수 운반
도구다. 특히 운반 도중 힘이 들어 쉴 때에도 지게를 진 채 그냥 앉아
서 쉬는 것으로, 공사장에서 사용하는 질통과 비슷하다.

근래에는 짬고사를 지내지는 않지만 미역의 착상 및 성장을 돕는
바위닦기가 이어져 내려오고 있다.

제**2**부
세시풍속

10 설날[元日]

▲ 달력

설날은 일 년의 처음이라는 뜻으로 세수(歲首) 또는 원단(元旦), 연수(年首)라고 부르기도 한다. 따지고 보면 새해 들어 첫날이며, 달에 들어 첫날이고, 날에 있어 첫날이었으니 이를 삼원지일(三元之日)이라 하여 중요시하였던 것이다. 우리말로는 설 또는 설날이라고 하며 한자로는 신일(愼日)이라 하는 데, 이는 경거망동하지 말고 근신(謹愼)하라는 의미다. 그래서 설날은 삼가고, 낯설다는 뜻이 변하여 설날이 되었다는 말도 전한다.

한편 묵은해는 다사다난한가운데 전날을 마지막으로 지나갔으며, 다가오는 새해는 새로운 마음을 가지며 사악한 것을 물리치고 복을 부른다는 벽사초복(辟邪招福)을 하려면 당연히 심신(心身)을 근신하여야 마땅한 일일 것이다.

10.1 음력의 사용

음력으로 한 해가 시작되는 첫 날을 설날이라고 한다. 이때 적용된 음력은 달의 움직임을 기준하여 만든 달력을 말한다. 그러나 엄밀히 따져보면, 지금 우리가 말하고 있는 음력은 모두 태음태양력이다. 순수 음력이 달의 운동만을 기준한 것에 비해, 태음태양력은 달의 운동 주기를 근거로 하고 있지만 여기에 태양의 움직임을 혼합하여 만들어 낸 달력이다.

이 태음태양력은 중국에서 들여온 것이 아니라, 아주 오래전 우리의 선조(先祖)인 희자(羲子)가 만들었다고 한다. 희자는 태양과 달의 움직임을 보고 날짜를 계산하여 연월일(歲月日)의 달력을 만들었고, 여기에 별의 움직임(星辰)을 더하여 천체(天體)를 분석한 후 기후의 변화와 계절의 순서를 나타냈던 인물이다. 고려시대 혹은 조선 초기만 해도 우리나라 사람들의 이름이 외자 즉 성과 이름을 합쳐도 두 자인 경우가 상례였다. 세종은 이도, 정조는 이산, 숙종은 이순이었으며, 선비 황희 등에서도 알 수 있다.

10.2 설날의 변천

예전의 음력은 1895년 11월 16일까지 사용되다가, 11월 17일을 양력으로 1896년 1월 1일이 되도록 강제로 바뀌었다. 말하자면 일본과 같은 달력을 사용하도록 강제로 규정하였던 것으로, 겉으로는 합리성이지만 일면 민족의 전통을 끊는 일과도 연관이 있었다. 이때는 조선 고종 32년으로, 1897년 광무 1년에 국호(國號)를 대한제국(大韓帝國)으로 바꿔 스스로 황제의 나라라는 자부심을 심어주기 2년 전이다. 당시 외세 열강들은 쇄국(鎖國)으로 안주(安住)해 있던 조선을 억압하여 우리의 문화(文化) 대신 자신들과 같은 문화를 사용하도록 요구하였던 것이다.

이후 우리의 설날이 양력 1월 1일에 밀려 구정(舊正)이라는 이름으로 전락된 적도 있었다. 강점기에는 고유의 설날이 되면 학생들의 도시락까지 검사하여, 아직도 고유의 제사를 지내고 있지는 않는지 감시하였었다. 그러나 다행히도 설날은 1985년에 '민속의 날'로 부활하였고, 1999년에는 드디어 '설'이라는 명칭을 다시 사용하게 되었다. 그러나 아직도 설날 대신 '구정'이라는 단어를 사용하는 사람들이 많아 안타깝기는 마찬가지다.

지금도 일본은 양력 1월 1일부터 3일까지를 휴무일로 정하고 축제로 즐긴다. 이때의 방식은 우리의 설날과 별반 다르지 않다.

10.3 설날에 관한 기록

설날을 명절로 삼은 것과 그에 대한 세시풍속을 기록한 것은 우선 3세기 중국의 역사가(歷史家) 진수(陳壽)가 쓴 『삼국지(三國志)』「위서」(魏書) '동이전(東夷傳)'을 꼽을 수 있다. 동이전에는 고대 부족국

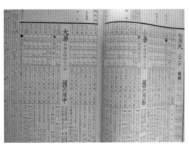

▲ 책력

가의 제천의례(祭天儀禮)에 대한 내용이 있는데 이를 세시풍속의 원류로 보는 것이다. 제천의례는 매년 같은 시기에 행해졌고, 하늘에 제사지내며 음주와 가무를 즐겼다고 한다. 이 행사는 국가 전체에서 이루어지는 국중대회(國中大會)라고도 하였다. 여기서 같은 시기에 반복적으로 일어나며 주기성(週期性)을 띠었다는 부분에서 세시의례라 할 수 있는 것이다.

신년제(新年祭)의 경우는 부여에서 '은(殷) 정월(正月)'에 '영고(迎鼓)'를 했다는 것과 관련지을 수도 있다. 이때 '은 정월'은 태음력의 기준으로 섣달에 해당되며, 이는 당시의 역법에 따른 것으로 풀이된다. 한편 이러한 내용이 중국의 「위서」 '동이전'에 기록된 것으로 보아 당시 중국과 부여가 내왕하였을 것으로 여겨지며, 아마도 같은 역서(曆書)를 사용하였을 것으로 추정되기도 한다. 아니면 부여에서 사용하는 책력은 은의 책력과 다르지만, 특별히 '영고(迎鼓)'를 보면 은(殷)나라가 사용하는 책력의 기준으로 정월(正月)에 해당하는 때에 실시하였다는 해석도 할 수 있다. 다만, 여기서의 동이(東夷)는 조선조의 조선뿐 아니라, 진수(陳壽)가 『삼국지』를 저술할 당시의 주변 여러 나라들을 통틀어 부르는 말이었음을 상기할 필요가 있다.

한편 7세기에 편찬된 중국의 역사서(歷史書) 『수서(隋書)』와 『당서(唐書)』의 '신라조(新羅條)'에 '매년 정월 초하루 아침에 서로 경하하며 왕이 연회를 베풀고 여러 손님과 관원들이 모여서 일월신(日月神)을 배례(拜禮)한다.'는 내용을 적고 있다.

10.4 설날 아침 차례

차례의 유래

예전에는 사당(祠堂)에 신주(神主)를 모시고 제사를 지냈는데, 매월 초하루와 보름, 그리고 정월 초하루, 동지, 돌아가신 날 등에 지냈다. 그러다 보면 매년 30여 회나 되는 제사가 있어 복잡하고 부담이 가는 일이 아닐 수 없었다. 따라서 매달 보름에 지내는 제사를 간소화하여 절차가 복잡한 술잔 대신 찻잔을 올리는 방식으로 대신하였다. 이때 차례(茶禮)가 생겨났으나, 점차 확대되어 간소한 제사의 통칭으로 변한 것이다. 그러나 이제는 모든 명절날 아침에 드리는 제사의 명칭으로 변한 채 굳어졌다.

정조차례(正朝茶禮)

설날 이른 아침 제물(祭物)을 사당(祠堂)에 진설(陳設)하고 제사를 지내는 것을 정조차례(正朝茶禮)라 한다. 요즘은 별도의 사당에서 지내지 않고 각자의 집에서 차례를 지내기 때문에 많이 간소화되어가고 있다. 물론 거기에는 바쁜 일상생활과 다양한 직업, 그리고 가족들이 멀리 떨어져서 사는 바람에 편리성에 따른 면도 많이 있다.

▲ 설상(운현궁 김태훈)

차례가 끝나면 집안 어른들께 인사를 드리는데, 새해의 첫날에 드리는 절이라 하여 세배(歲拜)라 부른다. 이때 아이들은 새 옷이나 신발 등을 설빔으로 준비하기도 한다. 하지만 입던 옷이라도 정성을 들여 손질하여 준비하면 설빔으로 전혀 부족함이 없었다. 세배를 할 때 답례로 내 놓은 음식을 세찬(歲饌)이라 하고, 술은 세주(歲酒)라고 한다. 이때의 세찬과 세주는 새해를 맞이하는 제사상에 올리기 위해 특별히 준비한 것이었기에, 제사를 지내기 전이라 하더라도 세찬이나 세주라고 불렀다.

제사는 보통 큰아들 즉 장자(長子)가 모시고 부모, 조부모, 증조부모, 고조부모까지 4대조(四代祖)의 신주(神主)에게 차례대로 지낸다. 그 윗대의 신주는 집에서 지내지 않고 각 가정별로 집 밖에서 한데 모아 시제(時祭)로 지낸다. 요즘에는 각 성씨 단위의 시제가 정해져 있어 공동으로 지내고 있는 실정이다. 설에 의하면 사람의 기(氣)는 100

년 혹은 길게는 150년까지 미친다고 하여, 4대조의 영혼을 섬기는 것으로 해석된다. 시제는 춘하추동으로 연 4회 지내는 것이 원칙이다.

차례 지내는 법

설날의 차례를 지내는 순서는 강신례(降神禮), 참신례(參神禮), 헌작례(獻酌禮), 사신례(辭神禮)로 구분할 수 있다.

- 설 차례상 차림 -

떡국 술잔 시접 신위 술잔 떡국 초접

국수 육적 소적 어적 꿀 떡

촛불 육탕 소탕 어탕 촛불

포 나물 나물 나물 간장 침채 해 식혜

과일 과일 과일 과일 과일 과일 과일

북 서 동 남

향로 향합

무사그릇 강신잔 퇴줏그릇

▲ 차례상 그림 (성균관전례연구회)

- **강신례** : 제사를 받을 귀신이 내려오는 것을 의미한다. 제주가 향로 앞에 꿇어앉아 향을 세 번 피운 다음, 절을 두 번 하고 조금 뒤로 물러선다. 집사(執事) 한 명은 오른쪽에서 술병을 들고, 다른 한 명은 왼쪽에서 술잔을 들어 건넨다. 제주가 무릎을 꿇고 술잔을 받아들면 술을 따른다. 술잔에 담긴 술을 모사(茅沙) 그릇에 붓기를 3회에 나누어 비운다. 마지막으로 왼쪽의 집사가 빈 술잔을 건네받아 상 위에 올려놓으면, 제주는 절을 두 번 한다. 모사기(茅沙器)는 그릇에 모래를 넣고 선조의 묘에 난 풀 중 깨끗하고 좋은 띠풀을 일부 잘라 세워 놓은 것을 말한다. 이로써 선조를 맞을 준비를 하는 것이다.
- **참신례** : 제주가 먼저 절을 하고 나면 나머지 가족들이 절을 두 번 한다.
- **헌작례** : 이제는 조상이 마실 술잔을 올리는 것으로, 제주가 앞으로 나와 빈 술잔을 들면, 오른쪽의 집사가 술잔을 채운다. 제주는 향불에 술잔을 세 번 돌린 후 상에 올린다. 이때의 세 번 역시 강신례 때와 같은 의미를 지닌다. 우측의 집사가 밥그릇과 국그릇의 뚜껑을 열면 좌측의 집사가 마치 밥을 퍼 먹는 것과 같이 밥을 이리저리 매만지는 동작을 한 후 수저를 밥 위에 꽂는다. 다음에 젓가락은 반찬을 집기 전에 상 위에서 세 번을 간추려 끝을 가지런하게 한 후 반찬을 잘 집을 수 있도록 하는 것과 같이 한 후 반찬 위에 올려놓는다. 제주는 다시 두 번 절을 하고 물러난다.
- **사신례** : 왼쪽의 집사가 숟가락과 젓가락을 내려놓고, 밥그릇의 뚜껑을 다시 덮는다. 이로써 식사를 마친 조상께 길채비를 예고하는 것과 같다. 마지막으로 모든 후손들이 절을 두 번 하면 차례가 끝이 난다. 제주는 지방을 들고 대문 밖에 나가 불사른다. 지방을 들고 들

어오면 혼백이 지방을 따라 안으로 다시 들어오기 때문에 소지하여 보내야 한다. 만약, 헌작하는 도중에 다른 식구들이 술을 올리고 싶을 때에는 제주와 위치를 바꾼 후 같은 순서로 진행한다. 이때 비워야 할 술은 퇴주그릇에 붓는다.

음식을 진설하는 방법

제사를 지내는 음식상에는 여러 가지를 올리는데, 이들을 나열할 때도 일정한 법도가 있다. 예를 들면 밥 대신 떡국을 올리는 것과, 마늘, 파, 고추, 부추, 미나리 등의 오신채(五辛菜)를 놓지 않는 것 등이다. 다른 식재료로는 달래, 파, 마늘, 생강, 부추를 오신채라고도 한다. 이들은 진한 향을 내거나 살아 있는 인체에 생기를 넣는 양념에 속하므로 정력이 좋아져서 남의 집 담을 넘는 월담초 혹은 오줌줄기가 벽을 뚫는다는 파벽초(破壁草)라 불리기도 하며, 귀신에게는 정반대의 역할을 한다는 의미가 포함되어 있다. 또한 예전 불교국가이던 시절부터 전해오던 금욕에 대한 풍습이 현재까지 이어지고 있는 것 중의 하나다.

그리고 이런 음식들도 각각 놓는 위치가 있으니, 신주 즉 신위(神位)가 북쪽을 등지게 놓고 상을 차리는 것이다. 그러나 마침 차례를 지내는 곳의 형편상 북쪽에 자리 잡지 못할 경우에는 편리한 대로 정하고 신위에서 보아 좌측을 동쪽, 우측을 서쪽으로 정한다. 아무 말이 없어도 내가 보아 신위가 북쪽이며 나의 오른쪽을 동쪽이라고 보면 된다. 하지만 이런 절차는 지방과 가문의 전통에 따라 조금씩 다르니 반드시 이것이 정답이라는 생각은 하지 않아도 된다.

이때 음식을 늘어놓는 것을 진설(陳設)이라고 한다. 신위를 바라보면서 진설하는 나를 기준으로 가장 가까운 첫 번째 줄에는 과실류를 놓는다. 조율시이행(棗栗柿梨杏)은 왼쪽으로부터 대추(棗), 밤(栗), 곶감(柿), 배(梨), 은행의 순서로 놓는다는 말이다. 나의 가장 왼쪽에 대추를 놓는 것은 대추가 과실 중에서 가장 어른이라는 의미도 있다. 대추는 꽃이 늦게 피며 늦게까지 열매를 맺는다. 대추는 씨도 한 열매에 하나만 들어 있고, 밤은 한두 개, 감이나 사과 그리고 배에 많은 씨가 있는 것과 비교된다. 이 줄에 넝쿨과일인 호두 또는 망과류를 곁들일 수 있으며, 손으로 만든 조과류로는 다식(茶食), 산자, 약과(藥果) 등을 놓고, 끝으로 당과(糖菓子)와 양과(洋菓子)도 놓을 수 있다. 복숭아는 귀신을 쫓아내는 음식이므로 올리지 않는다.

다음 두 번째 줄에는 반찬류를 놓는다. 좌포우혜(左脯右醯)라 하여 북어포, 대구포, 오징어포, 문어포 등은 놓는 사람의 좌측 즉 서쪽에 놓는다. 또 식혜류는 오른쪽 즉 동쪽에 놓는다. 중앙에는 오신채가 들어 있지 않은 짐채 즉 백김치와 동치미, 콩나물이나 고사리나물, 숙주나물, 무나물 등 숙채와 간장을 놓는다.

다음 세 번째 줄에는 탕류를 놓고, 네 번째 줄에는 적과 전을 놓는다. 어동육서(魚東肉西)에 따라 물고기전은 동쪽에, 그리고 고기전은 서쪽에 놓는다. 이때 삼치, 갈치, 꽁치처럼 치자로 끝나는 생선은 사용하지 않는 것이 일반적이다. 또 조기를 제일로 치는데 그 이유는 다른 생선과 달리 머리에 두 개의 퇴화된 어금니가 있어 올이 곧으며 품위를 지킨다고 믿었다. 조기를 석수어(石首漁)라고 부르는 이유이기도 하다. 그러나 통통하게 살이 오른 조기는 귀한 생선으로 구하기가 힘들었으며, 그만큼 조상에 대한 정성이 담겨 있는 준비라고 믿었던 이유가 더 크다.

두동미서(頭東尾西)라 하여 고기류의 머리는 동쪽에 놓고 꼬리 부분은 서쪽에 놓는다. 이때 중앙에는 채소나 기름에 지지고 튀긴 전(煎)과 불에 굽고 찐 적(炙) 등을 놓는 것을 말한다.

다음 다섯 번째 줄에는 메와 갱을 놓는다. 우리가 밥을 먹을 때와 반대로, 먹는 사람의 입장에서 국은 왼쪽에 놓고 밥은 오른쪽에 놓는다. 이때 술잔은 밥과 국의 중간에 놓는데, 정중앙이 아니라 적과 전 쪽으로 반쯤 내세우면 된다.

반좌갱우(飯左羹右)는 놓는 사람이 보아 밥(飯)은 왼쪽에 놓고, 국(羹)은 오른쪽에 놓는 것을 말한다. 이는 신위를 기준으로 반서갱동과도 같은 말이다. 또 국수(麵)는 왼쪽에 놓고, 떡(餠)은 오른쪽에 놓는다. 생동숙서(生東熟西)는 불을 사용하지 않은 날것은 동쪽에 놓고, 익힌 것은 서쪽에 놓는다는 말이다.

시접거중(匙楪居中)은 수저를 놓은 그릇은 신위 앞 중앙에 놓는다는 말이며, 합동진설인 경우에는 한 접시에 여러 사람의 수저를 놓기도 한다. 적접거중(炙楪居中)은 불에 구운 적(炙)은 중앙에 놓는다는 뜻이다. 건좌습우(乾左濕右)는 마른 것은 왼쪽에 놓고 젖은 것은 오른쪽에 놓는다는 말이다. 또 접동잔서(楪東盞西)로 접시는 동쪽에 놓고 잔은 서쪽에 놓는다는 말이다.

이 밖에도 생선의 배는 신위 쪽을 향하게 놓는다든지, 닭 같은 음식은 엎어놓는다는 원칙이 있다. 이것은 배남복북(背南腹北)으로 귀신과 등을 돌리지 않고 마주본다는 의미와, 독수리가 사체의 창자를 먼저 먹듯이 딱딱한 등보다 부드러운 배 쪽이 더 먹기 쉽다는 의미도 포함한다. 물론 이런 것들도 지방에 따라 조금씩 다를 뿐만 아니라, 모든 것을 갖추어 지내는 사람도 적으니 이대로 다 지킬 수도 없을 것이다.

특히 요즘처럼 간편화 시대에는 좀 더 간소한 상차림으로 자원과 시간의 낭비도 줄이며, 오히려 준비하는 사람들의 정성을 기울일 수 있도록 배려하는 것이 필요하다 할 것이다.

위에 나오는 좌우는 놓는 사람의 입장을 기준으로 하였다. 또한 모든 음식의 종류는 지역과 계절에 따른 특산물이 달라 일정하게 규정 짓는 것은 바람직하지 않다. 예전의 '주자가례'에서도 제를 지내는 가정의 형편을 고려하여 원칙만 있을 뿐 각각의 위치를 하나하나 정해 놓지는 않았다.

음복(飮福)

차례가 끝나면 세찬(歲饌)을 먹고 세주(歲酒)를 마시는데 이때 술을 마시는 것을 음복(飮福)이라고 한다. 전날 준비한 같은 술이라도 유독 조상의 차례상에 올려졌던 술은 조상이 후손에게 주는 사랑의 술로 여겨 음복이라 한다. 이것은 제사 음식을 조상과 같이 여기는 마음과 조상의 돌봄으로 올 한 해도 무병무탈하게 잘 지내기를 도와달라는 기복신앙(祈福信仰)이라 할 것이다.

10.5 설날 풍속

설날의 세시풍속은 아주 많다. 새로운 해를 맞는 날이라서 그럴 수도 있고, 나이를 한 살 더 먹어서 어른이 되기에 조심하여야 할 것도 많을 것이다. 그런가 하면 앞으로 1년을 지낼 각오와 희망에 대해서도 많은 부분이 필요하리라 생각된다. 이런 날에 전날밤 수세를 하느라

잠을 못 잤다고 하더라도 낮잠을 잔다면 눈썹이 희어진다고 하였다.

이날은 '으뜸 되는 아침'이라는 뜻으로 원단(元旦) 혹은 원일(元日)이라 하였고, 한 해를 맞는 전통의례적(傳統儀禮的) 풍속들이 다양하게 실시되었다. 이런 풍속들은 홍경모의 『동국세시기(東國歲時記)』를 비롯하여 김매순의 『열양세시기(洌陽歲時記)』, 유득공의 『경도잡지(京都雜誌)』 등에도 기록되어 있다.

설빔

설날 아침은 새해를 맞이하는 첫날로 모두가 들떠 있다. 어른들은 작년에 이루지 못한 일을 새해에 이루고 싶은 욕망과 새해에 무사무탈 풍년을 바라는 마음으로, 아이들은 설빔과 맛있는 음식으로 명절에 대한 기쁨이 가득하였다.

어른들은 이런 아이들의 명절기념으로 새 옷과 새 신발을 준비하기도 한다. 이것이 바로 설빔이며, 누구를 가리지 않고 각자의 형편에 따라 적당하게 준비하였다. 하지만 아이들은 누구 것이 더 좋은지, 누구 것이 더 많은지 비교하며 자랑하기도 하여 어른들이 곤란한 경우도 종종 생긴다. 물론 어른들의 경우에도 설빔은 있었다. 이참에 두루마기와 도포, 버선, 대님을 마련하기도 하였으며, 추운 겨울을 나는 솜옷을 손질하기도 하였다.

세배

설빔으로 얻은 고운 옷으로 갈아입고 차례를 마친 후, 집안 웃어른들께 새해의 첫 인사를 드리는데 이것을 세배라고 한다. 세찬으로 아침 식사를 마치면 세배를 올렸으며, 제사를 지냈던 술로 음복(飮福)을 하였다. 서로 덕담을 나눠 분위기가 무르익으면 그 후에 일가친척과 이웃 어른들을 찾아 세배를 올린다. 이때 절에 대한 보답으로 다과와 용돈을 주기도 하는 데, 이미 배가 부른 상태이므로 풍성한 세찬이나 세주로 보답하지는 않았다.

이날은 자기보다 나이가 많은 이웃 모두와 좀 멀리 떨어져 지내는 친척에게도 찾아가서 세배를 드리는 것이 하나의 예의라고 생각하였던 좋은 풍습이다. 그러나 이런저런 이유로 정초에 세배를 드리지 못하였다면 7월부터 9월 사이에 피는 미나리꽃이 지기 전까지는 세배를 해야 한다고 하였다. 이것은 아무리 늦더라도 반드시 차려야 하는 격식 중의 하나였다는 의미다. 어려운 웃어른을 만나면 일 년 내내 큰절을 하는 풍습과 무관하지 않다.

예전 여자들의 문밖출입은 자유롭지 못하여 세배도 마음대로 드리지 못했다. 그러나 초사흘이 지나면 여자 하인을 시켜 일가친척과 이웃 어른들께 인사를 올렸는데, 이처럼 여자 하인이 내 대신 문안을 한다 하여 문안비(問安婢)라 불렀다. 이때의 문안비는 보내는 사람이 찾아 온 것에 버금가게 여겨 세찬을 대접함은 물론 답례문안비를 보내기도 하였다.

세함(歲銜)

세함은 새해의 세배를 대신하는 것으로, 빠트리기는 서운하지만 그럼에도 찾아뵙기는 곤란한 경우에 활용되었다. 관아의 아전과 종을 아우르는 서예(胥隷), 그리고 각 영문의 장교와 나졸을 합한 교졸(校卒)들은 상관이나 훈장 댁에 자신의 이름을 적은 한지(韓紙) 명함(名銜)을 드렸다. 왕기(王錡)의 『우포잡기(寓圃雜記)』에 '매년 설날이면 주인들은 설을 축하하러 나가고, 다만 백지로 만든 장부와 붓과 벼루만 책상 위에 배치해 두면 하례객이 와서 이름만 적고 가기 때문에 영접하고 전송하는 법이 없다.'고 하였다.

성묘(省墓)

설날 아침 조상의 묘소를 찾아가 살펴보는 것을 성묘라 한다. 묵은해를 보내고 새해를 맞이했으니 살아계신 조상께는 세배를 드리고, 이미 돌아가셔서 안 계신 조상께는 묘소에 가서 알리는 것이다.

예전 대가족제도가 성행할 때에는, 수많은 자손들이 집안 어른으로부터 조상(祖上)의 무용담(武勇談)이나 효열담(孝烈談) 등을 들어가면서 성묘에 나서곤 하였었다. 그러나 지금은 각자가 사는 곳도 다르고, 직업도 달라 한꺼번에 모이는 일이 쉽지가 않자 점차 사라져가는 양상을 보인다. 따라서 각자의 편리성에 의해 짬나는 대로 수시로 성

▲ 성묘

묘를 하는 풍습이 생겨나고 있다. 하지만 전통적인 성묘는 설날과 한식날, 그리고 단오와 추석날에 실시하는 것으로 전해오고 있다.

비슷한 내용으로 경기도 광주(廣州)에서는 일월신에게 절을 하며, 제주에서는 사당에서 굿을 하였다. 이때 굿당은 산이나 냇물, 연못, 나무를 가리지 않고 편리한 대로 이유가 있는 대로 정하여 섬겼다. 이러한 제주의 풍속을 화반(花盤)이라 한다.

세찬(歲饌)과 세주(歲酒)

설날이 되면 물론 먹기도 하지만 차례를 지내기 위해서라도 여러 가지 음식을 만들었다. 이런 때 새해를 맞이하여 만든 모든 음식을 세찬이라 하고 술은 세주라 불렀다. 물론 한자(漢子)로 보아 글자의 뜻만 따진다면 다같이 한 해의 어떤 시기에 먹는 반찬이라는 세찬(歲饌)에서는 같을 수 있으나, 세찬의 처음 뜻은 설날의 반찬이었다. 그러니 추석절 차례상에 사용할 음식은 세찬이 아니라 그냥 제수 음식(祭需飮食)이 되는 것이다.

세찬은 살림살이의 여유 정도에 따라 조금씩 달랐는데, 기본적으로는 쌀밥에 흰떡과 쇠고깃국을 준비하였다. 그러나 조금 어려운 집에서는 쇠고깃국 대신 닭고기국을 끓이는 경우도 있었고, 만두소나 떡국 국물을 만드는 데 사용할 꿩고기 대신 닭고기를 사용하기도 하였다. 그래서 '꿩 대신 닭'이라는 말이 생겨났다.

오래전 풍습에는 소를 1년 중 정초에만 잡을 수 있었다. 옛 농경사회에서 아주 긴요한 소의 무분별한 도축을 방지하기 위한 방편으로 소의 도축을 법으로 금하다가, 원일(元日)을 기하여 특지(特旨)를 내려 3일간의 도축을 허락하였다. 저암(著庵) 유한준(兪漢雋)이 쓴 『원일잡시(元日雜詩)』에 의하면 '동쪽 교외 소는 흥인문으로, 남쪽 교외 소는 숭례문으로, 양쪽 문으로 들어오는 소가 하루에 천 마리인데 도성 안에 살아남은 소는 한 마리도 없다.'고 하였다. 이런 예는 소나무를 함부로 베지 못하게 하는 송금(松禁), 쌀로 술을 함부로 빚지 못하게 하는 주금(酒禁), 그리고 소를 함부로 잡지 못하게 하는 우금(牛禁)으로 나타났다.

도소주(屠蘇酒)

설날 아침 차례를 마친 후 마시는 술은 넓은 의미의 음복에 해당되기도 하지만, 좁게는 도라지, 산초(山椒), 방풍(防風), 백출(白朮), 육계피(肉桂皮), 진피(陳皮) 등을 넣어 빚은 술을 의미하기도 하였다. 이 도소주는 한 해의 악귀를 물리치고 건강하게 오래 산다는 기원이 담겨 있다. 『형초세시기(荊楚歲時記)』에서는 도소주를, 그리고 『사민월

▲ 조릿대

령(四民月令)』과『동국세시기(東國歲時記)』에는 산초나무 술 즉 '초백주(椒栢酒)'를 마신다고 적고 있다.

복조리걸기

섣달 그믐날 자정이 지나면 복조리 사라는 소리가 어둠을 뚫고 들려온다. 자정이 지나 벌써 설날이 되었으니, 집 안에 필요한 1년치 복을 다 받으라는 소리다. 그러면 사람들은 1년 동안 사용할 복조리를 한꺼번에 사서 걸어놓는다. 그것도 이

▲ 복조리

른 신새벽에 사는 것이 더 좋다고 하여 시간을 미루지 않고 서둘러 장만했다.

이것은 조리로 쌀을 고르면서 필요한 곡식만 걸러내듯이 좋은 복만 걸러 들어오라는 의미였으며, 걸어둔 복조리 안에는 돈이나 엿, 농사에 쓰일 씨앗 등을 넣어 풍성해지기를 기원하였다.

그런 복조리는 물에 잠기는 경우가 많으며, 대나무로 만들었기 때문에 겹치는 곳에 습기가 차고 먼지가 많이 끼는 단점이 있다. 그러다가 밥을 짓기 위하여 쌀을 조리질할 때 갑자기 못쓰게 되는 경우도 많았다. 이때 새로운 조리가 필요하다고 하여 그때 바쁘게 사러 가지 않고 옆에 걸어두었던 복조리를 가져다 사용할 수 있도록 하는 전통이었다. 여기에는 행여 밥을 못 지어 복을 받지 못할까 하는 근심을 덜어내는 준비성이 담겨 있다.

조리는 보통 조릿대나 싸리로 만들며, 조리로 거르면 복만 남고 헛것은 모두 빠져나가라는 의미로 '복조리'라고 부른다.

삼재막이〔三災法〕

▲ 액막이 (곡성군청 이경희)

나이가 들어 삼재(三災)에 해당하는 사람은 자기 집의 문설주에 매 세 마리를 그려 붙임으로써 그 해의 액(厄)을 막는 방편으로 삼았다. 삼재란 수재(水災), 화재(火災), 풍재(風災)의 3가지를 말하며, 삼재에 들면 이 기간에는 언행(言行)을 삼가 조심하여 삼재의 해(害)를 당하지 않도록 노력하였다. 삼재는 다른 말로 병난(兵難), 질역(疾疫), 기근(飢饉)을 말하기도 하므로, 일상적인 활동에서 개인의 세세한 잘잘못을 삼재로 치부하여 삼재막이로 현혹(眩惑)하는 것은 원래의 의미에서 벗어나는 일이다.

그런데 요즘의 삼재는 사람의 건강이나 재물, 인간관계, 승진, 사업 등 모두 해당된다고 한다. 그러니 원래의 삼재와는 많이 달라진 것을 알 수 있다. 이것은 시대에 따라 변하는 것인지, 아니면 그냥 말을 맞추기 위해 그러는 것인지 알 수는 없지만 아무튼 듣고 나면 기분이 나빠지기 마련이다.

참고로 삼재에 해당하는 해를 보면 뱀띠〔巳〕, 닭띠〔酉〕, 소띠〔丑〕는 돼지띠, 쥐띠, 소띠 해에 삼재가 들고, 원숭이띠〔申〕, 쥐띠〔子〕, 용띠〔辰〕는 호랑이띠, 토끼띠, 용띠 해에 삼재가 들며, 돼지띠〔亥〕, 토끼띠

〔卯〕, 양띠〔未〕는 뱀띠, 말띠, 양띠 해에 삼재가 들고, 호랑이띠〔寅〕, 말띠〔午〕, 개띠〔戌〕는 원숭이띠, 닭띠, 개띠 해에 삼재가 들었다고 한다.

삼재에 해당하는 3년 중 첫해는 들삼재라 하여 들어오는 삼재, 중간은 눌러 앉았다고 하여 눌삼재, 마지막 해는 나간다고 하여 날삼재라 부른다. 날삼재는 악귀가 떠나는 것이 아쉬워 심술을 부리고 가니 더욱 조심해야 한다고 믿었다.

홍수매기

홍수매기는 그해에 닥칠 횡수(橫數)의 재앙(災殃)을 붙들어매어 막는다는 제례의식(祭禮儀式)으로, 횡수막이의 변화된 이름으로 생각된다. 섣달그믐이나 신년 초에 신수(身數)를 보고 무당을 불러 새해에 예상되는 횡수를 막는 의식이다. 설사 횡수가 없다 하여도 좋은 복을 바란다는 의미로 날을 받아 행하기도 하였다. 그러고 보면 홍수매기는 삼재막이와 유사한 풍습이다. 이런 경우 안택고사와 동시에 치르기도 한다.

무당 또는 경꾼은 밤새 지신제(地神祭)를 지낸 뒤 새벽에 삼거리로 나가서 홍수매기를 한다. 이때 떡시루, 북어, 과일, 돈, 겉벼 한 말, 수수팥단지, 쑥대나 수숫대로 만든 활과 24방위의 장군 이름을 쓴 기다란 백지(白紙), 액살(厄殺)이 든 사람의 생년월일시를 쓴 백지를 가지고 나간다. 수수팥단지에 24방위의 장군이름을 쓴 긴 백지를 붙이고, 화살촉은 수수팥단지로 삼는다. 활은 겉벼를 담은 말에 꽂아 놓은 뒤 그것을 사방으로 튕겨서 쏘는 것이다.

무당이나 경꾼이 주문〔呪言〕을 왼 후 사방팔방에 화살을 쏘는데, 먼저 활촉 즉 수수팥단지를 액살(厄殺)이 든 사람의 머리에 잠시 댔다가

▲ 소지

쏜다. 이때 모든 방향에서 오는 액살을 막고 잡귀도 쫓아낼 수 있도록, 활촉을 동서남북으로 모두 쏜 뒤 소지(燒紙)를 올린다.

홍수매기가 끝나면 준비한 음식을 한곳으로 가져가 모두 나누어 먹었으며, 돈도 아무나 주워가도록 내버려두었다. 이것은 마을 사람 전체가 액막이를 하고 복을 받기를 원하는 아름다운 풍속이라 할 것이다. 따라서 마을 사람들은 초저녁에 풍장소리가 나면 벌써 액막이 홍수매기를 짐작하고 그 뒤에 일어날 일을 기다리는 것이 예사였다. 이와 더불어 제사를 지낸 음식은 이웃과 함께 나누어 먹는 풍속도 생겨났다.

어떤 곳에서는 정월 14일에 드리며, 제물로는 쌀 3되 3홉에 팥을 넣어 떡을 찔 때 3겹으로 찐다. 다음에 소의 창자 3자 3치와 짚신 3켤레, 돈 3냥을 상 위에 올려놓는다. 이 밖에도 치성을 드릴 사람의 생시(生時)를 적은 단자, 저고리 등 여러 소지품을 놓고 빌었다. 이때 3이라는 숫자는 삼재막이를 하는 것과 같이 끝낸다는 의미로 믿었다. 지금도 무엇을 하다가 처음 의도했던 대로 안 될 경우, 남은 미련 때문에 '삼세판은 하자'고 하기도 한다.

안택고사(安宅告祀)

　정초가 되면 가정의 평안을 비는 안택고사(告祀)를 지낸다. 줄여서 안택(安宅)이라고도 하는 데, 지신제는 성주신, 조왕신 등 주요 가신(家神)에게 지낸다. 제관(祭官)은 주로 푸닥거리를 위주로 하던 여자 무당 즉 '선거리'가 맡거나, 무계(巫系)에서 강신(降神) 초기의 남자 독경자(讀經者) 즉 '경꾼'이 맡는 경우도 있다. 강신이란 신내림을 말하며, 신이 특정인을 지정하여 신계와 인간계의 중간에서 가교역을 하는 무당이 되도록 만드는 것을 말한다.

　안택제를 시작하기 전 대문 앞에 금줄을 치고, 황토 세 무더기를 갖다 놓아 부정(不淨) 여부를 가린다. 제주가 되는 주부(主婦)는 목욕재계하여 심신(心身)을 정결히 한 후, 저녁 식사 후 어둑해지면 조왕신, 성주신, 지신의 순서로 지신제를 지낸다. 부엌에서는 시루를 떼지 않은 채로 조왕신에게 빌고, 시루를 떼어낸 다음 성주신 앞에 놓고 제를 올린다. 이러는 사이 밤이 깊어지면, 시루떡을 또 하나 쪄서 뒤뜰 즉 뒤쪽 울안에 있는 지신(地神)에게 올린다. 그러다 보면 어느덧 새벽이 밝아온다.

　아기를 낳지 못한 가정이나 혹은 어린아이가 있는 집 안에서는 새벽이 되면 밥 세 그릇과 미역국 세 그릇을 놓고 삼신(三神)에게 제를 지내기도 한다. 삼신은 아이를 점지하는 신으로, 태어난 아이가 있다면 잘 보살펴 달라는 의미도 포함한다. 대보름의 안택고사와 별반 다를 게 없다.

　우리의 옛 풍습에 등장하는 금줄은 노란 새끼를 왼편으로 꼬아 붉은 고추를 달았으며, 푸른 소나무 가지도 달았다. 그리고 백지(白紙)를 묶어서 검정색이 돈는 성황당이나 당산나무에 맸다. 여기에 등장하는 색이 바로 오방색(五方色)이며, 상생의 원리가 목생화(木生火), 화생토(火生土), 토생금(土生金), 금생수(金生水), 수생목(水生木)으로 이어진다. 이것을 색으로 표현하면 청, 적, 황, 백, 흑색이 되며, 이것을 정색(正色)이라 한다. 이런 색은 절의 단청을 비롯하여 우리 음식의 구절판, 한지공예함, 복주머니, 색강정, 색동저고리나 시루로 쪄낸 무지개떡에서도 나타난다.

지신밟기

지신밟기는 집의 터가 가지고 있는 기운이 주인의 기운보다 강하면, 거주하는 주인에게 액운이 온다는 것에서 시작된다. 따라서 주인은 집터를 누르고 자신이 평안해지기를 바라는 행위를 하는 데, 이것이 바로 지신밟기다.

이 행사는 정초 설날부터 대보름까지 이어지는데 자신 스스로를 위로하는 풍습으로, 마을의 청장년들이 사대부(士大夫) 혹은 팔대부(八大夫)와 포수(砲手)로 꾸며 노는 놀이다. 포수는 짐승 털로 만든 모자를 쓰고 총을 매었으며, 등 뒤의 망태기에는 꿩을 잡아넣은 채로 총 쏘는 시늉을 한다. 한편 사대부와 팔대부는 관을 쓰고 위용을 보이며 점

▲ 문굿 (장수국악협회 한종화)

▲ 샘굿 (장수국악협회 한종화)

▲ 술굿 (장수국악협회 한종화)　　▲ 철룡굿 (장수국악협회 한종화)

잖게 행렬을 주도한다. 이때의 팔대부는 특별한 관리나 벼슬아치를 이야기하는 것이 아니라, 위의 사대부에 빗대어 그냥 만들어낸 것으로 지신밟기에서만 등장하는 양반네를 지칭한다.

지신을 밟는 지신패는 풍물이나 풍장을 치는가 하면 풍물굿 일명 풍장굿을 하기도 한다. 이들은 지신밟기와 다리밟기를 동시에 하기도 하여 마을의 공동의식을 행하는 주요 수단이 되었다. 본래는 마을의 지신(地神)에게 드리는 행사였지만, 마을의 우물이나 도로, 당(堂)은 물론 개인의 집에 들어 성주신과 조왕신 등 가신(家神)을 대상으로 하는 의례로까지 퍼져나갔다. 이렇게 함으로써 제액초복(除厄招福)하여 1년 내내 무병하고 집 안에 화평이 찾아온다고 믿었던 때문이다.

앞에서는 지신패가 징이나 꽹과리, 장구, 북 등을 치고, 그 뒤에 주민들이 열을 지어 따라 다닌다. 먼저 발문 읽기를 한 후 대문 앞에서 문굿이라 하여 한바탕 방문 인사를 하면서 주인에게 청하는 형식을 취한다. 승낙을 받으면 집 안에 들어서서 마당을 한 바퀴 돈 후 대청에 촛불을 밝히고 대청굿을 한다. 이 대청굿은 성주굿이라 하여 집안의 기준이 되어 가장 역할이 큰 귀신에게 하는 굿이다. 다음은 일명 정지굿이라 하는 조왕굿은 먹고 마시는 음식을 장만하는 부엌에서 실시한

▲ 광굿 (장수국악협회 한종화)　　　▲ 정지굿 (장수국악협회 한종화)

다. 커다란 솥뚜껑을 뒤집어 놓으면 주인이 쌀을 담은 대접을 얹고 그 위에 촛불을 켜면 시작된다. 마당, 뒤뜰, 부엌, 광을 돌아다니며 땅을 밟는 시늉을 한다.

다음은 샘굿으로 깨끗한 물이 철철 넘쳐흐르기를 바라는 굿을 한다. 이때의 샘굿은 칠석날의 샘굿이나 기타 샘굿과 같은 의미를 가진다. 이어서 철륭굿을 하는 데 된장이나 간장 등 장맛을 좋게 하는 의미로 장독대에서 지낸다. 마지막으로 집안의 부를 일으키는 의미에서 곡식을 저장하는 광에서 광굿을 한다. 광굿은 일명 곡간굿이라고도 한다. 곡간에서 식량을 빼먹는 쥐를 없애고 재물이 쌓이기를 바라는 내용이다. 그리고 떠나면서 술굿을 하기도 한다. 이 술굿은 주인이 고맙다는 답례로 차려 놓은 술상을 둘러서서, 감사의 예를 드리고 마당의 지신을 달랜다. 이때 주인은 집안의 형편대로 떡과 술로 상을 차려 대접하며, 여유가 있으면 별도의 답례 물품도 준비하였다.

경남 김해시 가락면 대사리에 전하는 정초(正初)의 지신밟기를 살펴보면 다음과 같다. 정월 초이틀이 되면 주민들이 지신밟기를 할 '지신패(地神團)'를 꾸민다. 지신패는 우두머리로 영좌 1명이 있고 그 밑에 경리를 담당한 공원과 상쇠, 종쇠, 징, 호적, 장구, 북, 소고(小鼓),

포수, 사대부, 사동, 각시, 기잽이 등 35~36명이 한패로 구성된다.

김해시는 이런 풍속을 시내 곳곳에서 재현하고 있는데, '농자천하지대본(農者天下之大本)'이라고 쓴 기(旗)를 앞세우고 민가를 돌며 요란한 풍물을 울리면서 시작한다. 이런 행위를 통틀어 풍장친다고 말하기도 한다. 이어 집 앞 대문에 다다르면 문열이쇠를 치고 울안에 들어서면 20분 정도의 지신쇠를 치며 지신을 밟는다. 이때도 상쇠를 선두로 하여 모둠진법, 태극진법, 팔자진법, 덕석말이진법 등을 치고, 대청의 성주굿, 부엌의 조왕굿, 장독대의 철용굿, 우물의 용왕굿, 곡간의 고방굿, 외양간의 우마굿, 변소의 측간굿을 친다.

각 굿을 치는 자리마다 소반에 쌀 3되를 부어놓되, 그 위에는 쌀을 채워 숟가락을 꽂은 가장(家長) 즉 대주(大主)의 밥그릇을 놓고 실타래를 건다. 그리고 소반 양쪽에 촛불을 켜고 정화수 한 대접과 실과(實果)를 진설(陳設)한다. 그러면 종쇠가 굿상 앞에서 축원을 하고 상쇠가 사설을 매긴다. 상쇠는 풍장을 지휘하는 책임자이며 다음은 중쇠, 그리고 말(末)이 종쇠다. 이들은 꽹과리를 치면서 박자를 맞추고 징이나 북, 장구를 이끌어간다.

중간에 철룡굿 일명 철륭굿이 끝나면 주인은 술상을 차려 지신패들이 쉬게 한 후, 기운을 얻으면 다음 굿으로 이어지도록 하였다. 상에 놓은 쌀과 돈은 걸립(乞粒)으로 받아들여 공원(公員)이 챙긴 후 마을의 공동 경비로 사용한다. 한 집이 다 끝나면 다른 집으로 이동하는데, 이때는 길쇠를 쳐서 흥을 돋우고 마을 축제분위기를 연출한다.

덕담(德談)

새해 들어 일가친척이나 친구들이 오랜만에 만나 타인(他人)의 안부를 묻고 좋은 말을 해주는 것을 덕담이라고 한다. 물론 이 덕담은 꼭 새해에만 하는 것은 아니고 언제든지 주고받을 수 있는 좋은 풍습이다. 이런 덕담은 그 사람의 형편에 맞춰 좋은 격려를 해주면 되는 것이다. 예를 들면 '시험에 꼭 합격하시오', '부디 승진하시오.', '이번에 순산(順産)하시오.' 등과 같이 하면 되는 것이다. 여기서 주의할 점은 손아랫사람이 윗사람에게 덕담할 때는 말하는 사람이 시키는 것을 윗사람이 듣는 형식인 것은 삼가야 한다. 굳이 말이 거창하지 않더라도 글자 그대로 듣는 사람이 바라는 바를 위로하고 격려하는 내용이면 충분하다. 하지만 요즘처럼 취업이 힘든 때에 '올해는 꼭 취업을 하거라.' 혹은 혼기를 놓친 친척에서 '올해는 꼭 결혼하거라.' 하는 식의 위로는 피하는 게 좋다.

청참(聽讖)

설날 새벽에 발길 닿는 대로 걷다가 사람이나 짐승 소리, 물소리와 같이 처음 들리는 소리로 1년의 신수(身數)를 점치는 신수점(身數占)이 있다. 보통은 까치소리를 들으면 그해에는 풍년이 들고 행운이 오며, 참새소리나 까마귀소리를 들으면 흉년이 들거나 불행이 올 징조라고 믿었다. 이는 사람이 느끼는 길조(吉鳥)냐 흉조(凶鳥)냐에 따라 의미를 부여한 말이다.

그러나 어느 지방에서는 모든 동물의 소리는 길조(吉兆)라고 여겼는데, 이는 사람이 이런 동물들을 다스리기 때문에 좋게 해석한 것으로 보인다. 조선 순조 때의 학자 홍석모(洪錫謨)가 지은 『동국세시기(東國歲時記)』에 중국에서도 문 밖으로 나가서 조왕신이 알려준 방향으로 거닐다가 첫 번째 들리는 소리를 듣고 새해의 길흉을 점쳤음을 적고 있다.

윷점〔柶戲〕

설날의 대표적인 민속놀이에 연날리기와 윷놀이가 있다. 이때 윷으로 점을 보는 경우가 있는데, 윷가락을 3번 던져서 나온 괘를 하나로 합하여 신수를 보는 것이다. 원래 윷가락은 짧게 자른 싸리나무 2토막을 반으로 쪼개서 사용하였지만, 요즘은 아무 나무나 구하기 편리한 대로 만들고 있다.

이때 사용하는 점괘는 미리 만들어져 있는 것으로 마치 토정비결과도 같이 정해져 있으며, 그 내용은 별도로 첨부한다.

윷놀이

윷점과 달리 윷으로 경기를 하는 방법이다. 정초 양지바른 곳이나 따뜻한 사랑방에서 남녀노소 누구나 할 것 없이 즐겼던 놀이로, 척사(擲柶) 혹은 사희(柶戲)라고 하였다. 가을추수가 끝나고 농한기에 여러 가지 놀이가 행하여지거나 명절이 되어 방에 들어앉게 되면서부터 윷놀이는 우리의 생활에서 떼어 놓을 수 없는 놀이가 되었다.

윷은 부녀자용으로 박달나무를 곱게 다듬고 채색하여 예쁘게 만들었으며, 남자용으로는 밤나무를 베어다 크게 만들었다. 남자용은 직경 3cm 되는 나무를 길이 15cm쯤으로 잘라 만들었는데 껍질은 검고 속은 흰색이므로 희미한 등불에서도 안팎이 잘 보인다. 윷짝 즉 윷가락은 지방에 따라 다르게 전한다. 장작윷은 장작 모양으로 크게 만든 것이며, 밤윷은 밤톨만 하게 만든 것을 말한다. 재료는 아무것이나 보통의 단단한 나무는 상관없으나, 박달나무, 오래된 싸리나무, 밤나무 등

▲ 윷가락

▲ 윷놀이(조재길)

이 주를 이뤘다.

윷놀이는 두 사람 이상의 짝수면 여러 편으로 짜서 놀 수 있다. 말을 두 개 이상 겹쳐서 놀 수 있으므로 말이 가는 도중에 적에게 잡히지 않도록 길을 잘 선택하는 방법과, 멀리 달아날 수 있는 높은 점수를 내는 것이 좋다. 부녀자는 내방에서, 사내들은 사랑방이나 마당에서 윷을 놀았다.

한편 날씨가 추운 지방에서는 대체로 실내에서 윷을 놀기 때문에 크기도 아주 작았다. 평안도에서는 검붉은 자주색 콩의 한 면을 자르고 눈을 새겨서 윷짝을 만들었다. 크기가 콩만 하므로 콩윷이라고 부르기도 한다. 변형된 윷으로는 평안도와 함경도 지방의 산윷〔散윷〕이라는 것도 있었다. 수를 계산할 때 사용하는 도구인 산가치나 콩, 팥 등을 늘어놓고, 윷가락을 던진 후 나오는 수만큼 거둬들여서 많은 편이 이기는 방식이다.

이때 윷에 나오는 각 사위의 이름은 도는 돼지, 개는 개, 걸은 양, 윷은 소, 모는 말을 의미한다. 이것은 옛 부여족(夫餘族)이 다섯 마을에 각각 한 종류씩 나누어주고 빠른 번식을 위하여 경쟁을 시킨 데서 비롯되었다고 한다. 따지고 보면 집 안에서 기르는 가축을 형상화한 것으로, 항상 가까이에 두고 보살피며 더불어 산다는 뜻도 들어 있다.

윷놀이의 말판에는 북극성을 중심으로 하는 별자리 28수가 포함되어 있다. 그리고 모걸걸로 가장 빨리 나오는 코스를 동지, 한 바퀴 돌아서 가장 늦게 나오는 코스를 하지, 처음 모길에서 중심점을 통과한 후 6개를 간 후 모로 나가는 것을 춘분, 모에서 모로 직진한 후 중심점을 통과하여 나올 수 있는 코스를 추분이라 한다. 춘분과 추분은 그 숫자가 같으나 모 다음에 어떤 것이 먼저 오는지에 따라 달라진다.

오행점(五行占)

나무를 잘라 장기알과 같이 만든 다음 목(木), 화(火), 토(土), 금(金), 수(水)의 오행(五行)을 그린다. 다음에 이 나무를 던져서 점괘를 얻으면 그것으로 새해의 신수(身數)를 알 수 있다고 하였는데, 다섯 개의 나무가 있다고 하여 오행점(五行占)이라 부른다.

농점(農占)

설날에 꿈을 꾸면 풍년이 들고 꿈을 꾸지 않으면 평년작이 든다고 하였다. 설날 아침 소가 일찍 일어나면 풍년이 들고, 날이 샐 무렵에 까치가 울면 마을이 태평하고 좋은 일이 생길 것으로 믿었다. 한편 까마귀가 울면 마을이 평안하지 못하다고 하였다. 그렇지만 차례를 지내기 위해 부산한 설날 아침이면 으레 소도 일찍 깨어날 수밖에 없었으니 항상 풍년이 들어 우리가 먹고 살기 좋아졌나보다.

야광귀쫓기〔夜光鬼逐〕

설날 이브가 되면 야광귀(夜光鬼)가 인간 세상에 내려와 여러 곳을 돌아다니다가, 자기 발에 맞는 신발이 있으면 마음대로 신고 간다고 믿었다. 이때 신발을 도둑맞은 사람은 그해 일 년 동안 신수(身數)가 나쁘다고 하여 남녀노소 할 것 없이 신발을 방이나 다락에 감춰두었다. 또 이 야광귀를 쫓아내기 위하여 왼손으로 꼰 새끼로 금줄을 만들어 걸어두거나, 곡식을 고르는 체를 대문간에 걸어두는 방법을 사용하기도 하였다.

체에는 눈〔目〕이 많아 귀신을 쫓아내는 능력이 발휘되었듯이, 죽은 사람이 상여 나갈 때에도 눈이 넷 달린 가면(假面) 즉 황금사목(黃金四目) 탈을 써서 귀신을 쫓아냈다.

혹자는 야광(夜光)을 약왕(藥王)의 발음이 변하였다고 보는 사람도 있다. 약왕은 불교의 부처 중에 약(藥)을 담당하는 부처로, 얼굴 형상이 매우 험상궂어 이를 본 아이들은 무서워하였다고 한다. 이를 두고 더러는 부족하고 한편으로는 모자란 신 즉 이강신(羸羌神)이라 부르기도 한다.

십이지일(十二支日)

설날에서부터 12일 동안의 각 일진(日辰)에 특별한 의미를 부여하고 이를 기리는 것이다. 이날은 그해에 해당하는 간지(干支)의 동물에 따라서 몸에 털이 있으면 유모일(有毛日), 용이나 뱀처럼 몸에 털이 없으면 무모일(無毛日)로 나눈다. 이때 설날이 유모일이면 그해는 오곡이 잘 익어 털처럼 많은 수확으로 풍년이 든다고 하였다.

과일나무 시집보내기

섣달그믐밤부터 설날이나 정월대보름날에 걸쳐 과실나무가 있는 집에서는 올해에도 풍성한 수확을 기대하는 행사를 한다. 과실나무의 가지 사이에 돌을 끼워놓으면 그해 과실풍년이 든다고 하였다. 이것을 과일나무 시집보낸다고 하는 데, 이는 나뭇가지의 음양에 의한 조화를 나타내는 것이다. 또 나뭇가지에 돌을 올려놓음으로써 나무가 바람에 흔들려 꽃이 떨어지는 것을 방지한다는 의미와 바른 수형(樹形)을 하여 고루 자라라는 의미가 담겨 있다.

일반적으로 울안에 있는 감나무, 대추나무, 밤나무, 배나무, 석류나무 등에서 많이 이루어졌다. 울타리 안의 나무도 한 식구와 다름없으니, 장성(長成)한 딸을 시집보내듯 나무도 시집을 보내야 많은 과실을 맺을 수 있다는 것은 하나의 진리였다고 할 것이다.

널뛰기
여자들은 정초에 널뛰기를 하였다. 긴 판자 끝에 서로 마주보고 서서 교대로 뛰며, 누가 높이 올라가나 시합하는 것은 여성들의 전유물

▲ 널뛰기 (조재길)

이었다. 널을 처음 뛰는 사람들은 이리저리 균형을 잡기가 어려우나, 숙달된 사람은 한 치의 오차도 없이 돌아가는 시계와도 같다.

정초에는 누구나 설빔을 장만하여 아름답게 단장을 하였으니 담장 너머로 보일락 말락 나타났다가 사라지는 치맛자락과 옷고름은 한 폭의 그림이라 할 것이다. 널뛰기는 여자들이 나무판자를 놓고 뛰며 논다고 하여 여판도희(女板跳嬉)라고도 하였다. 날이 춥다고 하여 방안에 앉아만 있으면 다리에 힘이 약해지는데, 가끔은 이처럼 운동을 하면서 근육을 풀어주는 것이다.

연(鳶)날리기

정초 청소년들이 즐기던 놀이 중에 연날리기가 있다. 초겨울부터 늦겨울까지 날리던 연은 대보름날 저녁이 되면 액막이연으로 변한다. 연에 액(厄)이라는 글자를 적어 연을 띄워 보내는 것으로, 나의 액을 모두 가지고 떠난다고 믿었던 놀이다. 연은 한지에 대나무살을 붙여 만들었는데 보통은 가로 두 자에 세로 석 자의 비율로 하였다. 종이의 중앙은 구멍을 내어 바람의 균형을 잡도록 하였으며, 대나무살 5개로 모양을 잡아주었다. 연은 맞바람을 받아야 잘 오르며, 얼레라는 기구에 연실을 감았다. 지방에 따라서는 얼레를 연자세라고 하였는데, 이 연자세는 연의 실을 감고 풀어 주는 것이라는 뜻으로 웅덩이의 물을 퍼서 올리는 무자위를 물자세라고 부르던 것과 연관이 있다.

연은 조용히 날리기도 하였지만 필요한 때에는 연싸움도 하였다. 연실을 서로 얽어매고 잡아당겨서 연실이 끊어지는 사람이 지는 경기다.

토정비결보기(土亭秘訣)

연초가 되면 모든 사람들은 1년의 신수가 어떠할지 궁금하여 미리 알아보고자 하는 욕망이 있다. 이런 이유로 점집을 찾기도 하지만, 400여 년 전에 토정(土亭) 이지함(李之函)이 지은 '토정비결'을 보는 사람들도 많이 있다. 사실, 토정비결은 이지함이 직접 쓴 것이 아니라 토정의 가르침을 받은 제자들이 훨씬 뒤에 책으로 엮어낸 것이다.

'일년지계재원단(一年之計在元旦)'이라는 말이 있듯이, 1년의 모든 신수(身數)도 원단(元旦)에 알아볼 수 있다고 믿었다. 그래서 정초가 되면 점복사(占卜士)에게 점(占)을 보거나, 한 해의 신수점(身數占)을 토정비결과 같은 방법으로 본인이 직접 보기도 하였다.

정초 뱃고사

정월 초하루가 되면 선주(船主)들은 배에서 고사(告祀)를 지낸다. 뱃고사는 배안에 있는 성주신(星主神)에게 주과포(酒果脯)를 차려놓고 한 해의 풍어와 안전을 기원하는 것이다. 육지 마을에서 성황당에 제사를 올리는 것과 마찬가지이며, 포구에 있는 성황당에서 1차 제사를 지낸 후 2차로 무녀(巫女)를 데리고 가서 축원(祝願)을 한다. 자연

▲ 굴렁쇠굴리기

▲ 팽이치기 (안동시청 공보실)

의 위대한 힘을 어쩌지 못하는 어부들로서는 정초에는 풍어를 기대하는 고사를 지내고, 가을에는 감사의 의미로 배 안에 있는 성주신(星主神)에게 안택(安宅)을 올린다. 뱃고사를 지낼 무렵 상가집이나 어린애에게 부정(不淨)이 나면 으레 마른 짚에 불을 붙이고, 뱃머리인 이물에서부터 휘둘러 고물에다 버리는데 이것을 '부정쓸기'라 하였다. 이렇게 함으로써 부정이 가신다고 믿었기 때문이다.

뱃고사까지는 아니더라도 어촌의 공터에 모여 용왕에게 풍어와 무사를 기원하는 풍습은 동해안의 별신굿, 서해안의 배연신굿과 대동굿, 남해안의 별신굿 등으로 전해온다.

기타 제기차기, 썰매타기, 딱지치기, 자치기, 팽이치기, 머리카락 태우기 등도 있지만 이들은 반드시 정초에만 하는 놀이가 아니라, 농한기에 겨울을 나는 놀이로 생활의 지혜에 속했다.

법고(法鼓)

승려들이 저자거리에 나가 등에 지고 있는 북을 치는 것을 법고(法鼓)라 한다. 또 일반인에게 좋은 문구를 보여주며 시주를 하거나 종교에 귀의하도록 유도하는 문구 즉 모연문(募緣文)을 펴놓고 방울을 울리며 염불(念佛)을 하면 사람들이 돈을 던져주었다.

이때 시주의 의미로 떡 두 개를 주었다가 돌아서서 한 개를 얻어먹는데, 이렇게 중의 떡을 얻어먹으면 마마 즉 두종(痘腫)을 큰 탈 없이 잘 넘긴다고 하였다. 모든 절의 상좌승(上座僧)은 재(齋)를 올리는 데 필요한 쌀을 구하기 위하여 새벽부터 다섯 마을에 걸쳐 바랑을 메고 돌아다니면서 경문(經文)을 왼다. 그러면 해당하는 집에서 쌀을 가져다주었다.

▲ 팔방치기

▲승경도놀이

이것은 누군가가 복을 빌어주고 누군가가 답례를 하는 풍속으로 지금까지 전해오고 있다.

승경도(陞卿圖)놀이

승경도놀이는 승정도(陞政圖)놀이, 종경도(從卿圖)놀이, 종정도(從政圖)놀이 등으로 불리기도 하는 데, 주로 양반 가문의 젊은이들과 부인들이 즐기던 실내 놀이다. 5각형 막대 모양의 윷가락 1개에다가, 각 면의 모서리마다 하나에서 다섯까지 홈을 파서 만든 윷을 던진다. 처음에 나오는 괘로 문(文), 무(武), 은일(隱逸), 남행(南行)을 선택한 후, 다음부터 나오는 괘는 말판에 따라 진행한다. 이때 홍문관 같은 벼슬에 해당하는 지점에 닿으면, 왕에게 직언을 하여 다른 사람에게 벌을 줄 수 있는 것처럼 말판에서도 벌을 줄 수 있다. 사약, 귀양, 승진, 장원, 합격 등의 말판을 사용하여 과거에 응시하고 벼슬에 대한 기대와 각오를 다지던 놀이다.

소발(燒髮)

소발 즉 머리카락 태우기는 『동국세시기』에 언급되어 전한다. 설날 저녁 해가 질 무렵이면 지난 일 년 동안 머리를 빗을 때 빠진 것을 모아 대문 밖에서 태웠다. 이 머리카락은 주머니〔臟紙待〕에 담아서 빗함 속에 두었던 것으로, 전염병을 물리치고 머리가 빠지는 것처럼 좋지 않았던 액운을 떨쳐낸다고 믿었다. 또 머리카락은 음의 기운으로, 음귀(陰鬼)와 관련되어 방안에 함부로 굴러다니면 안 되었던 것이다. 현재도 귀신이 나타날 때는 거의 대부분이 여자이면서 머리를 풀어 헤친 모습을 하는 것도 다 이것과 연관이 있다고 볼 수 있다.

10.16 궁에서의 설날

궁궐에서 설날 아침 왕이나 왕세자 등이 세배를 드렸다는 기록은 아직 찾지 못하고 있다. 그러나 고문(古文)에 설날 즉 원일(元日)이 되면 밝고 맑은 때를 골라 영의정이 문무백관을 거느리고 정전의 뜰에 모여 새아침의 하례를 올린다고 적은 것으로 보아 일정한 행사가 있었음을 알 수 있다. 이런 행사는 동지나 제석에도 있었는데, 이때는 오후 4시 즉 신시(申時)에 치렀다. 또 '왕이 제학을 시켜 시를 짓도록 한 후 합격한 글귀는 대궐의 기둥이나 문 등에 붙이게 하였다.'고 적었다. 세화나누기도 세시풍속 중의 하나다.

세화

세화(歲畵)는 기원(祈願)을 담은 그림으로, 한 해의 악귀를 쫓고 다복하며 무병장수하라는 의미를 부여하였다. 그래서 세화에 호랑이나 용, 학, 해태, 봉황, 사슴 등 십장생을 등장시켰고, 소생하는 의미의 매

▲ 소주내리기 (안동시청 공보실)

화나 동백과 변함없는 괴석, 수석 그리고 행복을 가져다주는 선녀가 포함되었다. 이때 민초들은 전문 그림꾼을 살 형편이 안 되었으므로, 그림을 얼마나 잘 그렸느냐보다는 서로의 마음을 담은 그림이면 족했던 것이다.

궁궐에서 세화(歲畵)를 하사하기 위하여 도화서 직원 30명이 연간 20장씩, 합격 후 다음 발령을 기다리는 임시 도화서직원 즉 차비대령화원(差備待令畵員) 30명이 연간 30장씩을 그려 무려 1,500장이 그려졌다. 이들 작품으로는 오봉산일월도, 십장생도, 해학반도를 비롯하여 미인도, 수렵도 등이 남아 있다. 자주 등장하는 소재는 선녀, 수성, 직일신장, 금신장, 갑신장, 십장생 등이었다.

그중에서 장군상은 특별히 악귀를 몰아내는 것으로 믿어 대문에 붙여 놓았는데, 이를 문배(門排)라 하였다. 세화가 악귀를 쫓는다거나 무병장수를 기원하는 것은 분명 주술적인 의미가 담겨 있다. 그럼에도 세화는 부적(符籍)으로 취급되지 않았고, 오히려 민속화(民俗畵)나 풍속화(風俗畵)와 같은 형태로 발전되었다고 볼 수 있다.

조하(朝賀)

설날 아침 또는 동지나 왕의 즉위일, 왕의 탄신일 등에 왕과 문무백관이 하례(賀禮)를 가진 후 덕담을 나누던 것을 말한다. 신하는 축하를 드리고, 왕은 교서(敎書)를 내리는 등의 방법을 활용하였다. 특히 정조는 새해에 농사를 권장하는 교서를 각 관찰사에 내렸다고 한다.

또 지방에 있는 관리들은 직접 참석하지는 못하였으나, 지역의 특산물 등을 보내 축하하였다. 이때 왕은 신하들에게 회례연(會禮宴)을 베풀고 지난해의 수고를 치하하였다. 또 조정의 관리나 관리의 부인이 장수하면 그 나이에 맞게 각기 다른 선물도 하였다.

10.7 설날의 먹을거리

설날에는 새해를 맞이하기 위하여 준비하는 세찬과 세주가 있다. 따라서 각종 음식은 장만할 수 있는 만큼 여러 종류를 준비하였으니, 일일이 열거하지 않아도 충분히 알 수 있다. 세찬에 준비하는 음식들은 밥은 물론, 흰떡과 시루떡, 인절미, 떡국 등을 포함하여 온갖 나물과 탕류가 등장한다. 또 특별히 만드는 식혜라든지 수정과와 한과류도 중요한 설 음식의 하나다.

또한 음료 역시 각종 술을 비롯하여 많은 과실로 담근 차(茶)도 등장하였는데, 시절 또한 추워서 음식이 잘 상하지 않아 보관하기에도

▲ 1. 가래떡(떡보의 하루) 2. 떡국 3. 시루떡(떡보의 하루) 4. 다식(요초당 안화수)

적당하였다. 일반적인 설 음식으로는 떡과 떡국, 만둣국, 떡볶음, 떡산적, 떡잡채, 생선찜, 편육, 족편, 녹두빈대떡, 갈비찜, 사태찜, 삼색나물, 신선로, 전, 겨자채, 잡채, 나물, 인절미, 약과, 다식, 정과, 강정, 산자, 절편, 수정과, 식혜, 각종 과일 등을 들 수 있다. 설날의 대표 음식인 떡국도 보통의 떡국떡, 생떡국떡, 조랭이떡, 색떡국떡 등 다양한 떡으로 만들어졌다. 이때 국물로 사용되는 장국은 닭장국, 사골국, 쇠고기장국, 바지락장국, 굴장국 등이 있고, 고명에도 파와 김 그리고 실고추는 물론이며 황백지단, 다진고기고명, 고기산적 등이 있었다. 요즘에도 김치떡국, 카레떡국, 들깨연두부떡국, 개맛살시금치떡국, 졸인토마토떡국, 굴떡국, 잣떡국, 깻떡국, 시금치떡국이 있다.

10.8 설날과 현실

설날은 어느 누구에게나 즐거운 명절임에 틀림없다. 실제로 반가운 친척들을 만나며 맛있는 음식을 먹는 것은 설 명절을 기다리는 중요한 요인 중의 하나였다. 설날은 동절기이므로 추석에 비해 밖에 돌아다니지 않고 따뜻한 방안에 있어도 되는 좋은 날에 속하며, 어디에 가든 먹거리가 넘쳐나는 날에 속한다. 그러나 넉넉하지 못한 가정에서는 설 준비에 어려움을 겪기도 한다. 예를 들면 제수 음식을 차리는 것은 물론이며 식구들의 설빔을 마련하는 데 적지 않은 비용이 소요되기 때문이다.

예전에도 그랬겠지만 최근에 들어서도 어른들께 드릴 선물과 용돈이 부담스럽다는 말이 나오고 있다. 이것이 바로 어른들의 설빔이기 때문이다. 반대로 아이들에게 나누어 줄 세뱃돈도 무시할 수 없다. 예전에는 떡이나 과일이 전부였지만 요즘에는 돈으로 해결하는 경향이 있기 때문이다. 무조건 옛것이 다 좋다는 얘기는 아니다. 현대인이 수행하기에 부담을 느끼는 명절이라면, 옛것을 되살려 그대로 따르지는 않더라도 나름대로의 고유 풍속으로 남겨둘 필요는 있다는 생각을 해 본다.

11 정월(正月) 12지일(十二支日)

　음력으로 정월은 한 해가 시작되는 달로 아주 중요한 의미를 가지고 있다. 12지일은 설날부터 12일 동안의 각 일진(日辰)에 특별한 의미를 부여하고 이를 기리는 것이다. 따라서 정월 초하루뿐 아니라 처음 맞는 12지를 택하여 그에 적합한 행사를 하고 기념하였던 것이다.

　이날은 그에 해당하는 동물의 몸에 털이 있으면 유모일(有毛日), 몸에 털이 없으면 무모일(無毛日)로 나눈다. 따라서 12지(支) 중에 쥐, 소, 호랑이, 토끼, 말, 양, 원숭이, 닭, 개, 돼지 날은 털이 있는 날이며, 용날과 뱀날은 털이 없는 날이 된다. 이때 설날이 유모일이면 그해는 오곡이 잘 익어 풍년이 든다고 하였는데, 결국은 12년 중에 10년은 풍년이 든다는 말이니 들어서 기분 좋은 말이다. 또 상점(商店)이 첫 문을 열 때에도 무모일에는 열지 않을 정도로 가렸으며, 첫 개점일이 인일(寅日)이면 호랑이의 털만큼이나 장사가 잘된다는 의미로 반겼다.

　그러면, 왜 열두 가지 동물을 택하여 특별히 12지라는 이름을 붙였을까? 12지라는 이름은 음양오행을 푸는 방법의 한 요소이며, 열두 가

▲ 1. 쥐(김주선) 2. 소 3. 호랑이(우치동물원) 4. 토끼(우치동물원)

지 동물은 그의 대표성을 띠는 것에 지나지 않는다. 여기서 왜 하필 12 동물이어야 하는가도 역시 따질 필요가 없다. 그냥 주변에서 쉽게 대할 수 있고, 생활과 밀접한 관계가 있는 동물 열둘을 골라 정한 것으로 보아야 한다. 용처럼 상상의 동물이 선택된 것도 같은 맥락이다. 우리에게 친근한 물의 제왕 용왕(龍王)과 하늘의 운사(雲事)를 지배하는 용이 수렵과 농업에 의존하던 사회의 부족민들에게 무시할 수 없는 존재였음을 상기시켜주는 정도의 의미일 뿐이다.

이런 예는 서양에서도 나타난다. 고대 바빌로니아에서도 고양이, 뱀, 개, 사마귀, 나귀, 사자, 숫양, 소, 원숭이, 매, 홍학, 악어 등이 12년 동안에 번갈아 나오며 한 해의 상징으로 등장하였었다.

▊11.1▊ 설날〔正初〕

　설날은 정월 초하루를 말하며 이날은 한 해의 첫날로써 여러 가지 행사를 하는 데, 각종 음식은 물론 흥을 돋우는 놀이도 추가되었다. 한편 설날을 맞이하는 사람 역시 경건한 마음을 가지며 행동도 소박하고 정결하게 하였다.

▊11.2▊ 인일(人日)

　인일은 음력으로 정월 초이레를 말하며, 이를 사람의 날로 정해서 인일(人日)이 되었다. 12지로 보면 초이레는 해마다 바뀌어 찾아오는 다른 동물의 날이지만 인위적으로 사람의 날로 정한 것이다. 따라서 1월 7일은 인일이면서 특정 12지일의 풍속과 겹치는 것이다. 이날은 일곱 가지의 채소로 국을 끓인다.

　조선 시대에 임금이 친히 제학(諸學)들을 불러 과거(科擧)를 보라는 칙령을 내렸는데, 인위적으로 만들어진 이 과거 시험이 인일제(人日製)다. 이 시과(試科)는 태학(太學) 식당(食堂)에 30일 이상 참석한 사람 즉 기숙하면서 열심히 노력한 사람 중에서도 원점(圓點) 즉 낙점(落點)을 얻은 사람으로 한정하였다. 그래서 인일이 되면 모든 사람들이 자신의 포부를 펼치고, 새로운 각오를 다지는 그런 날로 삼게 된 것이다. 그 뒤에 삼월삼짇날과 칠월칠석, 그리고 구월 중양에 치르는 과거를 명절에 치른다 하여 절일제(節日製)라고 하는 것과 비교된다.

　정초에는 남의 집에서 유숙(留宿)하지 않는 풍습이 있지만 특히 인

▲ 1. 용 2. 뱀(우치동물원) 3. 말(익산문사봉 장해숙) 4. 양(우치동물원)

일(人日)에는 각별히 지켰다. 이날 객(客)이 와서 묵고 가면 그해는 연중 내내 불운이 든다고 하였다. 그래서 부득이 객이 묵게 될 때에는 주인과 머리를 반대로 하여 자야 액운을 막을 수 있다고 믿었다.

11.3 동인승하사(銅人勝下賜)

정월 초이레인 인일(人日)이 되면 임금이 동인승(銅人勝)이라는 거울을 각료와 신하(閣臣)들에게 나누어 주던 것을 동인승하사(銅人勝下賜)라 하였다. 동인승이란 구리로 만든 작고 둥근 거울을 말하는 데, 손잡이 자루가 달려 있고 거울 뒤에는 신선이 새겨져 있다.

중국의 수(隨)나라 때 유진(劉臻)이라는 사람의 아내 진씨(陳氏)가

인일에 동인승(銅人勝)을 올렸는데, 비단실을 잘라 금박(金箔)을 새겨 장식하였다고 한다. 이후로 동인승을 치장하는 것이 이의 모방(模倣)에서 나왔다고 한다.

11.4 상자일(上子日)

정월 들어 처음 맞는 쥐의 날을 상자일(上子日)이라 하고, 이날은 특별히 쥐를 없애는 날이라 들에 나가 논과 밭의 두렁을 태우는 쥐불놀이를 하였다. 이때 '쥐불이다! 쥐불이다!'라고 외치며 옮겨다녔다. 충청도의 풍속에서 유래된 자일(子日)의 쥐불놀이가, 요즈음에는 대보름날의 쥐불놀이로 변하여 시행되고 있다. 이때 논밭을 둘러보며 농사의 풍년을 기원하는 것이다.

쥐는 몸집이 작은 대신 행동이 민첩하고 재물을 모아놓는 다산과 다복의 상징이다. 게다가 우리 주변에서 항상 만날 수 있어 우리와 밀접한 관계를 유지한다고 할 수 있다.

쥐는 자시(子時)를 의미하므로 밤 11시부터 오전 1시에 방아를 찧으면 쥐가 없어진다고 믿어 한밤중에 방아를 찧었다. 이때 마침 찧을 곡식이 없으면 빈 방아라도 찧어 요란한 소리로 쥐를 몰아내었다. 일부지방에서는 콩을 볶으면서 '쥐 주둥이 지진다! 쥐 주둥이 지진다!'는 주문(呪文)을 외웠다.

11.5 상축일(上丑日)

　정월 들어 처음 맞이하는 소의 날을 상축일(上丑日)이라 하고 소달기날이라고도 한다. 이날은 소에게 일을 시키지 않고 쉬게 하였으며, 각종 나물과 콩을 삶아 먹여 위로하고 살을 찌웠다. 이때 여물을 먹는 소에게는 '우공(牛公)! 콩과 시래기, 쌀겨, 콩깍지를 넣었으니 맛있게 먹고, 올 농사를 잘 부탁하네!'하는 말을 하였다. 이날은 칼로 도마질을 하지 않았으며 쇠붙이로 된 연장을 다루지 않는 풍속이 있다. 도마질은 음식을 만들기 위해 쇠고기를 다지는 것에 비유되었고, 쇠붙이 연장은 논밭을 가는 쟁기에 비유되어 소에 대한 심리적 배려였던 것이다. 소달기는 소가 한가한 시기를 의미한다. 이는 농사가 한가한 시기 즉 농달기가 노달기로 변했다가 농한기로 바뀐 것과 같은 이치다.

　소는 몸집이 크지만 그에 비하여 성질이 온순하고 은혜를 아는 동물이라 할 수 있다. 개와 함께 우리에게 친근한 동물로서, 행동은 느리지만 무거운 물건을 나르거나 힘든 일을 대신 해주는 아주 유용한 동물이다. 한편 죽어서도 뿔을 포함하여 가죽과 고기 등 모든 것을 내어주는 가축에 속한다.

11.6 상인일(上寅日)

　정월의 첫 번째 맞는 범의 날을 상인일(上寅日) 즉 호랑이날이라고 한다. 범날에는 혹시 있을지 모르는 호환(虎患)이 두려워서 서로 왕래를 삼가며 특히 아녀자들은 외출을 하지 않는다. 혹시 이날 남의 집에

▲ 1. 원숭이(우치동물원) 2. 닭 3. 개 4. 돼지

가서 대소변을 보게 되면, 대소변을 눈 사람의 식구 중에서 누군가가 호환(虎患)을 당한다고 하였다. 그만큼 왕래를 금하였으며, 상서롭지 못하다고 생각되는 일을 삼가 근신하는 날에 속했다.

그와 더불어 혹시 호랑이 귀에 들어갈지 모르는 나쁜 얘기도 하지 않았다. 혹시 '떡 하나 주면 안 잡아먹지!' 하는 이야기도 이런 데서 연유하지 않았을까 생각된다.

호랑이는 밀림의 제왕으로 육상 동물 중 가장 사나운 동물에 속한다. 몸집도 크지만 힘이 세고 행동이 민첩하며 육식동물로서 사냥기술이 탁월하다. 물론 그 수가 부족하여 직접 대면하기는 힘들지만, 호랑이의 능력만큼이나 많은 희망을 주며 더불어 액운을 물리치는 영험함이 있다고 믿어왔다.

11.7 상묘일(上卯日)

정월의 첫 토끼의 날을 상묘일(上卯日)이라 한다. 토끼는 풍요와 다산을 의미한다. 따라서 토끼날에는 남자가 먼저 일어나서 대문을 열어야 일 년 동안 가정의 운(運)이 융성하다고 믿었다. 그리하여 주부들도 남자가 대문을 열고 밖에 나간 다음에야 방문을 열고 나와서 밥을 짓는 집도 있었다.

또 묘일에 실이나 베를 짜서 옷을 지으면 장수한다고 믿어 부녀자들은 실을 짜고 옷을 짓는 데 열심이었다. 특별히 묘일에 뽑아낸 실을 묘사 혹은 토사(兎絲)라 하였으며, 이 실은 장수를 상징하는 명사(命絲)로 눈에 잘 보이는 곳에 걸어두었다. 이 실을 청색으로 물들여 팔에 건다든지 옷고름에 매달기도 하고, 또는 문의 돌죽에 걸어 두었는데 그렇게 하면 명이 길어진다고 믿었다. 고사를 지내거나 상량 등 축문을 한 곳에 실타래를 걸어 두는 것은 이런 이유에서다. 문돌죽은 문을 열고 닫을 수 있도록 경첩 대신 달았던 암수 짝을 이룬 회전대로, '돌기로 된 자귀'의 변형이 아닌가 생각한다. 지역에 따라서는 돌자귀 혹은 돌작, 돌쩌귀라는 단어가 사용되고 있는 것과 연관이 있다.

이날 손님이 찾아오는 것과 나무 그릇이 들어오지 않도록 하였는데, 이는 명사(命絲)와 베를 짜는 일에 방해를 주지 않겠다는 배려에서 비롯되었다.

토끼는 작은 초식동물이며 아주 순한 편이다. 집에서 쉽게 기를 수 있는 장점이 있고, 번식력이 강하여 그 수를 많이 늘릴 수 있다. 이는 다산과 다복을 상징하는 동물이지만, 물을 싫어하는 습성이 있어 주의하여야 한다. 그러나 그것은 메마른 시기에도 잘 견디는 생명력이 강하다는 것을 의미하기도 한다. 따라서 농업과 어업 사회에서는 많은 노동력이 필요하였기에 다산하는 동물을 중히 여기게 되었던 것은 당연한 일에 속했다.

11.8 상진일(上辰日)

정월의 첫 용의 날을 상진일(上辰日)이라 하는 데, 주부들은 진일 이른 새벽 샘에 나가 물을 길었다. 설(說)에 의하면 용의 날 새벽에 하늘의 용이 우물 속에 들어가 알을 낳는다고 하였다. 용알이 든 우물물을 가장 먼저 길어다가 밥을 지으면 한 해의 운이 좋고 풍년이 든다고 믿었다. 그래서 물을 처음 떠간 사람이 지푸라기를 잘라 우물에 띄움으로써 자신의 행적을 알렸다. 그러면 다음 사람은 아직 아무도 떠가지 않은 다른 우물에 가서 물을 떠와야 했다. 보이지 않는 용알은 처음 물을 뜨면 같이 올라온다고 믿었던 때문이다. 이 물로 머리를 감으면 머리카락이 마치 용처럼 길게 자라난다고 믿었다. 예전에도 머리카락이 빠지는 것은 지금처럼 많은 고민이었던 같다. 이때 용은 마치 달만큼 커다란 알을 낳는다고 하였는데, 이는 신새벽 샘물에 비친 달을 비유한 것이다. 그만큼 부지런해야 올 한 해도 풍요롭다는 교훈에서 비롯된 것이다. 여자들은 물항아리를 머리에 이고 물을 길었지만, 남자들은 물지게를 지고 날랐다. 물지게는 물동이 두 개를 양쪽으로 놓고 각각 끈으로 매어 올린 등판만 있는 지게다. 이런 물지게 역시 지게와 마찬가지로 균형을 잡는 일이 아주 어려운 일에 속한다. 1960년대 이후 공동우물을 이용하는 대신 집 안에 개인 우물을 파서 사용하는 집이 늘어났다. 따라서 그 전의 우물은 공동(共同)의 재산이면서 마을의 사랑방 같은 역할도 하였다.

용왕은 물을 지배하는 신이라 할 정도로 물과 관련된 일의 대명사로 통한다. 따라서 비를 동반하거나 비구름, 혹은 바람을 상징하기도 한다. 이런 사항들은 수리시설이 발달하지 못했던 시절의 농사에 아주 절대적인 역할을 하였다. 따라서 풍농과 풍어를 기원하는 의미에서는 항상 용이 중심에 등장하였던 것이다.

11.9 상사일(上巳日)

정월의 첫 뱀날을 상사일(上巳日)이라 부르고, 이날만큼은 남녀 할 것 없이 머리를 빗거나 깎지도 또 감지도 않았다. 만일 그렇지 않으면 집 안에 뱀이 들어와 화를 입는다고 하였다. 머리카락이 음(陰)의 기운으로 좋지 않다는 것과 뱀이 좋지 못하다는 것의 현실 적용이다. 빨래와 바느질도 하지 않았으며, 땔감나무를 옮기지도 않았다. 혹시 땔감나무 속에서 동면을 하는 뱀이 휩쓸려 들어와 해를 주지 않을까 하는 지혜의 하나였다.

또 긴 나무 끝에 솜뭉치나 머리카락을 달아매고 불을 붙인 후 뱀구멍에 대었다. 그러면 불냄새를 싫어하는 뱀이 연기를 마시고 도망간다는 것에서 '뱀지지기' 혹은 '뱀그슬르기'라 하였다.

12지 동물 중 가장 혐오스러운 것이 바로 뱀이다. 이런 뱀을 군이 열두 동물에 넣을 필요가 있었는가는 별도의 문제로 생각해야 한다. 뱀은 독으로 사람을 해하기도 하며 아담과 이브 시절부터 사람을 죽이는 악마의 대명사이지만, 모세가 놋으로 만든 놋뱀을 바라보면서 살게 되었다는 말처럼 사람을 살리는 역할도 하는 영물(靈物)로 통한다. 지금도 의학계통을 상징하는 표식에 뱀을 그려 넣는 것이 일반적인 것과 같다. 한편 설화에 의하면 집을 지키는 터줏대감으로 뱀이 자주 등장하여 양면성을 띤다.

11.10 상오일(上午日)

정월의 첫 말날을 상오일(上午日)이라 하였다. 옛날부터 가장 편리한 교통수단인 말을 숭상하는 풍습에 따라, 이날은 좋은 먹이를 주고 위로하며 말에 대한 제사를 지냈다. 말날에 장을 담그면 장맛이 달고 빛깔이 좋다고 하였는데, 이것은 말이 콩을 좋아하기 때문이며 말의 피부색이 장과 비슷한 때문으로 풀이된다.

일상 중에서 무거운 짐을 나르는 일을 소가 맡았었다면, 하루에 천리를 간다는 천리마처럼 빨리 이동하는 수단으로는 말이 이용되었다고 할 수 있다. 초식동물이면서 큰 덩치에 어울리지 않게 온순한 편으로, 잠을 잘 때도 서서 잘 정도로 조심스럽고 경계심이 많은 동물이다. 말가죽과 말고기 역시 사람에게 요긴하게 쓰였으며, 일상에서 빼놓을 수 없는 동물이라 할 수 있다.

말은 서양에서도 일찍부터 기마병이 있을 정도로 애용된 동물이지만, 일상생활에서는 몸집이 약간 작은 나귀를 더 많이 활용하였었다. 그래서 서양은 12지신에 말 대신 나귀를 포함하였던 것이다. 대표적인 내용으로는 예수가 나귀를 타고 예루살렘에 입성하였다는 기록이 있다.

말은 강한 양기를 가진 동물이므로 말띠 남자는 좋고 말띠 여자는 팔자가 세다고 한다. 특히 병오(丙午)년에 난 백말띠 여자는 혼처(婚處) 구하기가 어려워서 병오년에는 일반적으로 출산(出産)을 기피했다고 한다.

11.11 상미일(上未日)

정월의 첫 염소의 날을 상미일(上未日)이라 한다. 이날에 어촌사람들은 출어를 하지 않았고, 섬 지역에서는 약을 먹어도 효험이 없다고 하여 미불복약(未不服藥)이라 하였다. 염소는 털에 물이 묻는 것을 싫어하므로 풍어(豊漁)를 약속받지 못하는 날이라 여겼던 것이다. 또한 높은 곳을 좋아하는 습성을 비유하여, 여자들이 아침 일찍 방문하면 재수 없다고 꺼렸다.

양은 온순한 동물의 대명사로 통한다. 무리를 지어 사는 것은 인간의 생활양식과 비슷하며, 고기는 물론 가죽과 양젖, 양모 등 인간에게 주는 부분이 아주 많다. 옛 서양에서도 양의 숫자나 말의 숫자, 혹은 소의 숫자로 경제적인 기준을 삼았던 것도 이해가 되는 부분이다. 보통의 민가에서 양보다 염소가 흔하던 시절에는 양띠 대신 염소띠라는 말을 더 많이 사용하였다. 이때의 양의 날과 염소의 날은 같은 의미로 통한다.

11.12 상신일(上申日)

정월의 첫 원숭이날을 상신일(上申日)이라 하였다. 이날은 일손을 놓고 쉬는 날이라서 만약 칼질을 하면 손을 벤다는 속설이 있다. 따라서 칼이 있는 부엌에 귀신이 찾아오는 날이라고 하여, 새벽 일찍 담이 큰 남자가 부엌에 먼저 들어간 다음 여자가 들어가기도 한다.

인간과 가까운 종(種)에 침팬지, 고릴라, 유인원 등이 있지만 무엇보다도 가장 쉽게 만날 수 있는 것은 원숭이다. 원숭이는 잡식성으로 행동이 민첩하며 나무 위에서 사는 것을 기본으로 한다. 성질이 난폭하며 훼방꾼이면서 천방지축이지만, 내부적으로는 서열이 뚜렷한 위계질서를 근본으로 무리를 지어 생활한다.

11.13 상유일(上酉日)

정월의 첫 닭날을 상유일(上酉日)이라고 한다. 이날은 부녀자가 바느질이나 길쌈을 하면 손이 닭발처럼 흉하게 변한다고 믿어 아무 일도 하지 않고 쉬는 날이다. 그것은 마치 닭이 모이를 찾아 주위를 파헤치듯이, 아녀자들이 자칫 상서로운 일을 흐트러트릴까 하는 걱정에서 시작된 말이다. 제주지방에서는 수탉이 만나기만 하면 시도 때도 없이 싸우는 것을 연상하여 사람들도 모임에 나가지 않도록 근신하였으며, 전라도에서는 닭날에 곡식을 널지 않았다고 하나 엄동설한에 곡식을 말릴 일도 없었을 것이니 어디까지나 상징적인 비유다.

닭은 매일 알을 낳는 등 다산의 대명사이며, 많은 부분을 남겨주는 아주 유용한 가축에 속한다. 그러나 주어진 먹이라도 정작 먹기 위해서는 다시 흩뿌리는 습성이 있어 주변을 어지럽히는 특성이 있다. 또한 조류의 특성상 방광이 없어 대변과 소변을 가리지 못하며, 정해진 장소와 정해진 시간에 해결할 수 없는 단점을 안고 있다. 그러나 뭐니 뭐니 해도 닭의 대표성은 부지런함일 것이다. 새벽 어둠을 물리치고 귀신을 쫓아내는 것이 닭이며, 한시도 쉬지 않고 마당을 헤집고 다니는 것도 닭이다. 따라서 사람들이 닭처럼 부지런하면서 부유해지기를 바라는 마음이 담겨 있다고 할 것이다.

11.14 상술일(上戌日)

정월의 첫 개날을 상술일(上戌日)이라 한다. 이날 일을 하면 개가 텃밭으로 나가서 구멍을 파는 등 피해를 준다고 전한다. 전라도에서는 이날만큼은 개밥을 물에 말지 말고 되게 주어야 잘 자란다고 믿었다. 또 이날은 풀을 쑤면 개가 먹은 것을 토한다고 하여 풀을 쑤지 않았다. 대신 이날 메주를 쑤거나 장을 담그면 맛이 좋다고 하였다. 들에서 자라는 풀과 종이를 바르는 풀을 연관시킨 것이다. 실제로 개는 속이 거북할 때에 구토(口吐)를 하기 위한 처방(處方)으로 스스로 풀〔草〕을 뜯어먹는 습성이 있다.

개는 사람과 가장 가까운 거리에서 생활하는 동물에 속한다. 비록 사람이 개를 먹여살리기는 하지만, 때로는 개가 사람의 목숨을 구해 주는 것도 심심치 않게 전한다. 이처럼 개는 영물이며 은혜를 알고, 주인에 대한 충성심과 자신을 낮추는 겸양지덕까지 갖춘 동물로 여긴다. 잘못했다고 주인한테 얻어맞았어도, 다음 날이면 다시 주인을 섬기는 것이 개의 특성이다. 이런 개는 주인이 남겼다가 던져주는 먹이만으로도 만족해하며, 반드시 고마움을 표시하는 예의바른 동물에 속한다. 오죽하면 은혜를 모르는 사람에게 개만도 못한 사람이라는 욕을 하는지 이해가 된다.

11.15 상해일(上亥日)

정월의 첫 돼지날을 상해일(上亥日)이라 하는 데, 이날은 팥가루에 향료를 섞어 만든 비누 즉 조두(澡豆)로 세수를 하였다. 특히 얼굴이 검은 사람은 왕겨나 콩깍지로 문지르는 세수를 하기도 하였는데, 이렇게 함으로 돼지가죽처럼 검던 피부를 희게 하고, 딱딱한 살결을 곱게 할 수 있는 것으로 믿었다. 전라도에서는 이날 바느질을 하면 손가락에 덧이 나서 생손이 아리며, 머리를 빗으면 두통(頭痛)이 생긴다고 전한다.

조선 시대 궁에서는 어리고 지위도 낮은 환관(宦官)들이 횃불을 땅에 끌면서 '돼지주둥이 지진다.'하고 외쳤는데, 이는 게으른 사람을 돼지에 빗대어 채근한 것이다.

마지막으로 등장하는 돼지는 탐욕의 대명사로 통한다. 그러나 실제로 돼지가 먹는 것을 보고 있노라면 항상 일정한 양을 먹을 뿐 욕심내서 과하게 먹거나, 먹어서는 안 될 것을 가리지 않고 먹는 일은 없다. 먹는 장소와 싸는 장소를 구별할 줄 아는 지혜를 가졌으며, 덩치에 어울리지 않게 많은 젖꼭지를 가져 다산의 상징으로 통한다. 예전에는 소를 기르거나 말을 기르기는 어려웠어도 상대적으로 개나 돼지를 기르기는 쉬웠다. 그것은 덩치가 작아서 새끼를 구하기가 적은 비용으로도 가능하였으며, 아무것이나 먹는 잡식성으로 사람이 먹고 남긴 음식물로도 사육이 가능한 것도 한몫하였다.

돼지는 크기에 비하여 몸집이 비대한 것이 특징이며, 목이 짧아 고개를 위로 쳐드는 것이 불가능한 동물에 속한다. 그래서 너무 높은 이상을 품거나 남을 존경하지 못하는 것처럼 버릇없는 경우에 비유하기도 한다. 돼지의 방향감각은 다른 동물과는 다른 면이 있는데, 일반적으로 앞에서 끌고 가지만 돼지는 뒤에서 몰고 가는 방식에 적합한 동물이다. 그래서 맨 앞에 있는 것보다 항상 뒤에서 어슬렁거린다는 표현이 더 잘 어울린다.

11.16 고마이날

정월 열엿새 날을 '귀신날' 또는 '귀신 붙는 날'이라고 하여 바깥출입을 삼갔다. 이날은 모든 사람들이 종일토록 집 안에서만 지내고 쉬는 날이다. 만약 남자가 일을 하면 연중 우환(憂患)이 생기고, 여자가 일을 하면 과부(寡婦)가 된다고 하였다. 행여 이승에서 과부가 되지 않으면 저승에 가서라도 과부 신세를 못 면한다고 하였으니 얼마나 지독한 주문인지 모르겠다. 또 이날은 배를 띄우지 않는데, 만약 출어(出漁)를 하면 귀신이 풍랑을 일으켜 화(禍)를 당한다고 믿었다. 『동국세시기』에 '이것도 경주의 풍속을 답습한 것이다.'라고 적었다.

이날 귀신이 집 안에 범접하지 못하도록 하는 방법으로 대문에 체

▲ 경기전 우물

를 걸어놓으면 귀신이 체의 구멍 수를 세다가 날이 밝으면 도망간다
고 하였다. 또 대문 밖에서 목화씨나 고추씨를 태우면 그 냄새와 연기
가 매워서 겁을 먹고 도망간다고 하였다. 그러나 어쩌다가 찾아온 귀
신은 아무 신이나 신어보아 자기 발에 맞으면 그냥 신고 간다고 하여,
신발을 방안에 숨기거나 밖에 있는 신발은 엎어놓아 몰라보게 하였
다. 혹시나 귀신이 신발을 신고 가게 되면 불길하기 때문이다.

이것은 정월 초하루부터 대보름까지 먹고 마시며 놀던 것을 이제
그만 그치고 새롭게 시작하라는 말에서 유래되었다. 그러나 길고 긴
명절연휴에 따른 풍속을 하루아침에 뚝 끊을 수가 없으니 이날까지만
일을 하지 말고 쉬라고 한 것이다. 그러나 이것은 그만 놀고 일하자는
것에 반함으로 직설적으로 말을 하기가 어려운 부분이라서, 그만 귀
신이 붙은 날이라고 둘러서 말한 것에 지나지 않는다.

한편 이날 일을 하면 여름에 까치가 목화를 모두 쪼아버린다고 하

여 까치날이라고도 부른다.

11.17 곡일(穀日)

정월 12지일 외에도 초파일 즉 초여드레가 되면 특별히 곡식(穀食)의 날이라 하였다. 이날에 춘경(春耕)할 준비를 하면 풍년이 든다고 믿었다. 그래서 닭장과 돼지우리, 소외양간 등의 우리를 치워 논이나 밭에 거름으로 내야 하는 날이다. 이는 여름에 비하여 겨울철 우리 청소를 하지 못했던 것에 대한 배려이면서, 봄에 거름으로 사용하기 위한 조치였다고 보여진다. 논이나 밭을 갈기 전에 먼저 거름을 내고 갈면 거름이 흙과 뒤섞여 토양에 유용한 영양분 역할을 하는 것이다. 그러나 밭을 간 후에 퇴비를 내면, 흙에 잘 섞이지 않아 빗물에 씻겨나가거나 제대로 흡수가 되지 않는다.

또한 신년을 맞이하여 설날부터 상원 즉 대보름까지는 곡식을 대문 밖으로 내보내지 않으며, 타인에게 퍼주지 않았다. 혹시 곡식을 문 밖으로 보내면 당년에 산에 사는 짐승에 의해 작물이 피해를 본다고 믿었다. 또 재물을 잃거나 흉작이 된다고 하여 정초(正初)에 곡식을 사용하지 않는 '금곡용(禁穀用)'을 지켰다.

11.18 삼패일(三敗日)

삼패일은 매달 5일과 14일, 23일을 말한다. 물론 음력으로 계산된 날이며, 이날은 모든 일을 꺼리고 행동하지 않았다. 따라서 외출을 금하였는데, 이러한 풍속은 이 3개의 날이 임금이 염두에 두고 사용한다는 소용일(所用日)로서 백성들은 이용하지 않았다. 그렇기에 특별히 나쁘다거나 무엇을 해서는 안 되는 그런 날은 아니었다.

12 대보름

율력서(律曆書)에서의 정월(正月)은 천지인(天地人)이 합일(合一)하고 사람을 받들어 일을 이루는 날이라고 하였다. 정월은 사람과 신, 사람과 사람, 사람과 자연이 하나로 화합하고, 한 해 동안 행할 일을 계획하고 기원하며 그 가능성을 점쳐보는 달인 것이다.

음력으로 정월 15일은 새해 들어 첫 번째 맞는 보름으로 상원(上元) 또는 대보름이라고 한다. 예로부터 도교(道敎)에서 1월 15일은 상원(上元), 7월 15일은 중원(中元), 12월 15일은 하원(下元)으로 삼아왔으며, 그중에서 상원이 가장 큰 명절에 속했다.

12.1 대보름의 환경

대보름을 전후하여 우수가 들어 있다. 우수(雨水)는 언 땅이 녹아 물을 보낸다는 의미가 있고, 눈이 녹아 물이 된다는 뜻도 있다. 그렇다면 날씨가 풀리고 활동하기에 무리가 없다는 말이 된다. 반대로 생각하면 우수에 봄비가 올 수도 있으니 대보름이라 하여도 둥근달을 볼 수 없는 날이 가끔 있는 것도 현실이다.

이날은 달이 가득 찬 날이라 하여 재앙과 액운을 막는 기운이 있어 제일(祭日)로 삼았다. 설날을 맞아 서로의 복을 빌어주고 공동 잔치의 들뜬 기분을 가라앉히며, 신년(新年)에 대한 두려움과 근심걱정을 떨치는 날이다. 이것은 설날부터 대보름까지 마을공동의 신앙숭배 대상에 대한 대동의례와 대동회의 그리고 대동놀이가 집중된 걸립(乞粒)에서 벗어나, 한 해의 업무를 본격적으로 시작하는 때를 알리는 의미다. 대보름이 되면 새해 농사가 풍년들기를 기원하는 달불 즉 달집불을 놓기도 한다. 이때 보름달을 보고 절하면서 소원을 빌면 이루어진다고 믿었고, 달불에 액을 태워 보낼 수 있다고 믿었다.

예전 사람들은 달에 월백(月魄)이라는 정령(精靈)이 있어 세상을 지배한다고 믿었기에 이를 신앙의 대상으로 삼았던 것이다. 『삼국유사』에서도 연오랑(延烏郎)과 세오녀(細烏女)는 해와 달의 정령(精靈)인데, 이들이 일본으로 건너가니 신라 천지는 광명을 잃게 되었다고 하였다. 그래서 조정에서는 이들 일월신(日月神)을 모셔오기 위하여 관리(官吏)를 보내는 등 특별히 노력하였다고 한다.

또 달빛을 보고 1년 농사를 점치기도 하였는데, 달빛이 진하고 뚜렷하면 풍년이 들며 흐리고 어두우면 흉년이 든다고 믿었다. 달 표면의 무늬를 보면 마치 월계수와 토끼가 있는 것처럼 보여 달에는 토끼가 산다고 믿기도 하였다. 추석 때 즐겨 행하는 '강강술래'의 가사 속에는 달에 계수나무가 있다는 구절도 나오는 것으로 보아 예전부터 그렇게 믿어온 것으로 보인다.

전통사회의 농가에서는 정월을 노달기 즉 농한기라 하였다. 따라서 한 해 농사철 중 가장 한가한 때로 충분한 휴식을 취하고 다양한 제의(祭儀)와 점괘(占卦), 놀이 등으로 새 기운을 얻어 농사 준비를 하였던 시기다. 이런 대보름날의 풍속은 농사를 기본으로 하는 고대사회에서 가장 중요한 행사였으며, 복을 비는 기복신앙에서 유래하였다. 이때의 세시풍속은 1년 전체 풍속의 대다수를 차지하는 것도 그런 이유에서다.

조선 후기의 『동국세시기(東國歲時記)』에는 대보름에 섣달그믐과 같이 수세(守歲)하는 풍습이 있다고 하였으며, 중국에서는 대보름을 8대 축일(祝日)로 여기고, 일본에서도 소정월(小正月)이라 하여 한 해의 시작으로 보았었다. 따라서 동아시아에서는 대보름날이 본격적으로 행동하는 한 해가 시작되는 것으로 여기고 중요하게 여겼음을 알 수 있다.

한편 우리 기록에 나타난 대보름을 살펴보면 신라 제21대 비처왕(毗處王, 일명=炤知王) 즉위 10년 무진년(488년)으로 거슬러 올라간다. 비처왕이 천천정(天泉亭)에 행차하였을 때 갑자기 까마귀와 쥐가 나타나서 울더니, 쥐가 사람의 말로 '이 까마귀가 가는 곳을 따라가 보라.' 하였다. 왕이 기사(騎士)에게 뒤쫓게 하였으나 남쪽 피촌(避村)에 이르러 돼지 두 마리가 싸우는 것을 보게 되었다. 잠시 정신을 놓고 구경하다가 까마귀를 놓치고 헤맬 때, 한 노인이 못〔池〕 가운데서 나와 글을 올리는데 겉봉에 '이를 떼어보면 두 사람이 죽을 것이고 떼어보지 않으면 한 사람이 죽을 것이다.'라고 씌어 있었다. 왕은 두 사람이 죽는 것보다야 한 사람만 죽는 것이 좋겠다고 말하자, 일관(日官)이 아뢰기를 두 사람이란 평민을 의미하며 한 사람이란 왕이라고 하였다.

▲ 수수

왕이 그 말을 듣고 글을 읽어 보니 '금갑을 쏘라'고 하였기에, 급히 궁에 돌아가 금갑을 화살로 쏘았다. 그런데 내전의 금갑 뒤에서는 분향수도(焚香修道) 중인 중과 궁주(宮主) 비빈(妃嬪)이 간통하던 중에 둘이 한꺼번에 죽고 말았다. 항간에서는 이 연못을 글이 나왔다는 뜻으로 서출지(書出池)라 부르고, 이 일을 두고 슬퍼하며 근심하고 금기(禁忌)한다는 뜻으로 달도(怛忉)라 하였다. 신라의 대학자 설총이 요석공주와 원효대사의 사이에서 난 아들이라는 점도 이와 연관이 있다. 당시는 불교국가로서 중의 역할이 궁에까지 미쳤다는 것을 의미하며, 그만큼 영향력도 컸음을 알 수 있다.

이후로 매년 정월 첫 돼지날(上亥日)과 첫 쥐날(上子日), 첫 말날(上午日)에는 모든 일을 삼가 조심하라는 정초 12지일(十二支日)과 연관이 있으며, 보름에는 오기일(烏忌日)이라 하여 찰밥으로 제사지냈다. 『삼국사기』권 제1 '신라 본기'에는 박혁거세의 즉위일이 4월 병진일(丙辰日)이라고도 하고 또 정월보름이라고도 한다. 여기에 나오는 정월 보름의 즉위기념행사는 오늘날에 행하는 정월대보름의 동제(洞祭)와 연계시킬 수 있는 것이다.

12.3 대보름 풍속

설날부터 이어져온 정월 기분은 대보름을 정점으로 변환점을 맞는다. 따라서 대보름날의 전날인 음력 1월 14일은 서운하여 그냥 보낼수 없는 연유로 작은 보름이라는 이름을 붙여주었다. 또 어촌에서는음력 정월 16일을 귀신날이라 하여 배를 띄우지 않았으니, 대보름의명절 휴식이 16일까지 이어지기도 하였다.

작은 보름에는 수숫대의 껍질과 속대를 여러 가지 모양으로 잘라서물감으로 색을 입혔다. 그리고 벼나 보리, 밀, 옥수수, 콩, 목화 등의 이삭 모양으로 만들어서 짚단에 꽂아 긴 장대 끝에 묶었다. 이 장대는 집옆에 세우거나 마구간 앞 거름더미에 꽂아 풍년을 기원하였다. 이 모양은 낟가리를 상징하는 것으로 그해의 곡식더미가 이 낟가리처럼 풍성하게 수확되기를 바라는 행사였다. 이 행사는 매우 오래전부터 전해왔으며, 직접 농사를 지을 수 없는 궁중에서는 내농작(內農作)이라하여 별도의 행사로 채택하였다.

한편 보름날에는 2월 초하루의 행사용 볏가릿대를 세운다. 볏짚을만들고 쌀주머니를 다는데, 위는 뾰쪽하게 하고 아래는 넓게 하여 긴원추(圓錐) 모양을 한 것으로 장대에 묶어 마당에 세운다. 이것을 벼를 장대같이 쌓아놓았다 하여 화적간(禾積竿)이라고도 한다. 볏가릿대는 농사의 풍년을 기원하며, 식수 및 농사용 물의 안정적 공급을 기원하는 경우가 많았으므로 우물가나 들판, 안마당, 외양간 등에 세우는 것이 일반적이었다.

정월 15일인 대보름이 되면 집집마다 약밥을 만들어 먹었으며, 저녁에는 마을 사람들이 모여 달맞이를 하였다. 약밥 또는 약반(藥飯)은 찹쌀밥에 씨 발린 대추, 감떡, 찐 밤, 잣을 섞은 다음 다시 꿀과 기름, 간장 등으로 조리한 것이다. 밤에는 들판에 나가 그해 곡식들의 새싹이 잘 자라고 전답의 해충이 소멸되기 바라면서 쥐불을 놓았다. 아이들은 연날리기, 바람개비돌리기, 실싸움, 돈치기 등을 즐겼다. 또 어른들은 다리밟기, 편싸움, 횃불싸움, 줄다리기, 동채싸움, 놋다리밟기 등을 했다.

그런가 하면 이날은 흰쌀밥을 하지 않고 오곡밥을 하였으며, 각종 나물을 무쳐 먹었다. 특히 다른 성받이의 세 집 밥을 먹어야 그해의 운이 좋다고 하여, 서로 다른 집의 오곡밥을 나누어 먹으며 우의를 다졌다. 따라서 이날은 하루 세 번 먹던 밥을 특별히 아홉 번 먹어야 좋다고 하여 밥 얻으러 다니는 총각들이 줄을 이었다.

이와 같이 흥겨운 대보름날 밤에는 온 마을이, 때로는 마을과 마을이 대결하는 경기를 벌이기도 하였다. 또 개인적으로는 한 해의 액(厄)을 없애는 액막이를 하였으며, 연날리기와 같이 개인이 즐길 수 있는 놀이로 개인 또는 단체가 즐기기도 하였다.

이런 행사는 지방에 따라 조금씩 다르기는 하지만 마을 공동의식 함양과 무병장수 그리고 풍농을 기원하는 내용은 대체로 같다. 주요 행사로는 동제, 줄다리기, 지신밟기, 부럼깨기, 더위팔기, 귀밝이술 마시기 등이 있다. 더위팔기는 정월대보름이 아닌 춘분에 하는 경우도 있다. 귀밝이술은 이명주, 명이주, 치롱주, 총이주 등으로 불리기도 한다.

낮에는 연날리기, 윷놀이, 널뛰기 등을 하였고, 밤에는 망월(望月)이라 하여 횃불을 태우며 달맞이를 하였다. 옛 사람들은 보름달이 떠오르는 순간에 절을 하며 그해의 풍년과 자기의 소원을 빌었다.

이 밖에도 '대튀기'는 대나무를 태우면 마디 속의 공기가 팽창되었다가 '펑'하고 터지는 소리에 놀란 잡귀가 물러간다고 하는 것이며, 사내기짓기는 대나무에 새끼를 매달고 끌고 다니면서 '사내기짓자'고 외치는 것이며, 제웅치기, 디딜방아세우기, 동토맥이 등도 있다.

제웅치기

정월대보름을 전후하여 홍수막이라는 액막이 고사를 한 뒤, '제웅' 혹은 '처용(處容)'이라 부르는 짚으로 만든 인형을 길가에 버렸다. 제웅의 뱃속에 삼재 든 사람의 생년월일시를 적은 종이와 노잣돈인 동전 따위를 넣은 것으로, 고사(告祀) 대신 이것으로 액막이를 하기도 하였다. 자신의 액(厄)을 제웅에 실어 버림으로써 방액(防厄) 또는 송액(送厄)을 하는 것이다. 아이들은 제웅을 발견하면 돈은 빼내고 제웅은 땅바닥에 내버린다. 고장에 따라서는 제웅을 거꾸로 잡고 땅바닥

▲ 제웅

에 치며 장난삼아 노는 경우도 있다. 근래에 들어서까지 땅에 떨어진 동전은 잘 줍지 않는다는 풍습도 이와 무관하지 않다.

사람의 나이에 따라 운명을 맡은 9개의 별을 직성(直星)이라 하는데, 제웅직성(處容直星)을 비롯하여 토직성(土直星), 수직성(水直星), 금직성(金直星), 화직성(火直星), 목직성(木直星), 일직성(日直星), 월직성(月直星), 계도직성(計都直星)으로 구분한다. 이들은 9년 만에 한 번씩 돌아오고, 제웅직성 일명 나후직성(羅睺直星)은 10세의 남자 또는 11세의 여자아이부터 들게 된다고 한다. 이것은 아주 어린아이는 자신이 개척하는 운명보다, 아직은 부모의 보살핌에 따라 운명이 달라진다는 뜻으로 풀이된다.

12.4 대보름의 민속놀이

대보름은 유명한 명절로 오래전부터 이어져온 풍속이 많고, 각 지역별로 조금씩 변화된 모습을 볼 수도 있다. 전날은 작은 보름이라 하여 여러 가지 음식을 장만하는 등 분주한 하루를 보낸다. 이때 일손을 덜기 위하여 밤잠을 자지 않는 풍습이 있는데, 간혹 잠든 사람의 눈썹에 쌀가루나 밀가루를 발라 놓은 것은 섣달 그믐날밤과 같은 이치다.

온갖 곡식과 채소로 음식을 차려 맛있게 먹는 것은 물론이지만, 먹기 전에 조상께 제사지내고 성주신, 조왕신, 삼신, 용단지 등의 주요 가신(家神)에게 먼저 올리는 것도 잊지 않았다. 다음은 많은 지역에서 전하는 풍습에 대하여 알아본다.

▲ 임실필봉농악　　　　　▲ 이리농악

농점(農占)

음력 정월 14일 저녁에 보리 풍년을 기원하는 데 이를 보리기원풍
〔麥祈風〕이라고 한다. 각 가정에서 수수깡을 잘라 보리 모양을 만든
뒤, 거름 속에 꽂아두었다가 대보름날 아침에 불사른다. 이때 나온 재
를 모았다가 봄보리를 갈 때 뿌리면 보리농사가 잘된다고 믿었다. 어
떤 지역에서는 2월 9일 아침에 걷어냈는데 이렇게 하면 곡식이 많이
열어 풍년이 든다고 믿었다. 낟가릿대를 헐기 전에 가마니 같은 부대
를 갖다 놓고 곡식을 담는 시늉을 하며 '벼가 삼만 석이요!' 또는 '콩이
오백 석이요!' 하는 말들로 기원하였다.

한편 대보름날 아침이 되면 사람이 먹는 찰밥과 나물을 키에 담아
가지고 소에게 먹였다. 외양간의 소가 이 음식을 잘 먹으면 그해 농사
는 풍년이 든다고 하는 소점이 있다. 이때 찰밥을 먼저 먹으면 그해 논
농사가 잘되고, 나물을 먼저 먹으면 밭농사가 잘된다고 보았다. 그러
고 보니 말 못하는 소가 이리 먹으나 저리 먹으나 풍년이 들기는 마찬
가지다. 이런 것이 바로 선조들의 지혜라 할 것이다.

1년 농사의 풍흉을 점치는 방법은 여러 가지가 더 있는데, 콩을 물
에 불리는 방법도 있다. 1년을 상징하는 사발이나 종자기 같은 그릇

12개에 물을 붓고 콩을 하나씩 담아 상태를 살핀다. 대보름날 아침에 콩이 부푸는 상태를 보아 비가 많고 적음을 점쳤다. 예를 들어 다섯 번째 그릇의 콩이 크게 부풀어 있으면 5월에 비가 많이 내려 농사일이 순조롭게 될 것을 짐작하고, 6월에 해당하는 콩이 부풀지 않았으면 6월에 가뭄이 들 것이라고 예상했다. 콩을 가지고 짐작하는 농점은 달부름, 월현(月滋)이라고도 한다.

닭울음점은 닭이 몇 번을 우는지를 세어 10번 이상을 울면 풍년이 들고, 그보다 적게 울면 흉년이 든다고 하였다. 그러나 닭은 한 번 울기 시작하면 두세 번에 그치는 것이 아니니, 올해도 풍년이 들것이라는 희망을 가지고 살 수 있는 방법 중의 하나였다고 볼 수 있다. 또 나무그림자점은 한 자 정도 되는 길이의 나무를 마당 가운데 세워 놓고, 정오 무렵에 그 나무의 그림자를 재어 농사의 풍흉을 점치는 풍속이다. 영남지방에서는 칡으로 길이가 4, 50발쯤 되는 굵은 줄을 만들고, 이 줄을 사용하여 줄다리기를 한다. 이때 어느 편이 이기는가에 따라 농사의 풍흉을 점치는데, 이를 갈전(葛戰)놀이 혹은 갈전희(葛戰戲)라고 부른다. 현재는 산이 많은 강원도의 영월에서 재현하고 있다. 진행하는 방식은 일반 지역의 줄다리기와 비슷하다.

▲ 서낭당(조재길

▲ 당산은행나무(칠석 고싸움놀이 보존회)

강원도 춘천지방에서는 동네별로 편을 갈라 외바퀴수레를 끌고나와 싸우는 풍속이 있다. 이를 차전놀이 혹은 차전희(車戰戲)라고 부른다. 경기도 가평에서도 이와 비슷한 풍속이 전하는 데, 모두 그해의 풍년을 점치는 놀이의 일종이다.

도돔떡먹기는 마을 사람들이 가져온 쌀을 모아 떡을 찌는데, 한 켜마다 각자 이름을 적은 종이를 넣었다가 떡이 다 되면 이를 살펴 점을 쳤다. 자기 이름이 있는 부분에서 떡이 설익었으면 운이 나쁘다고 하였으며, 그런 떡은 여러 사람들이 오가는 길목에 지푸라기 몇 개를 놓고 그 위에 내다 버렸다. 이때 사용된 지푸라기는 밥을 먹는 상을 대신하는 약식 도구로, 일련의 행동이 연고 없이 지나가는 걸신(乞神)에 대한 배려였다. 오랫동안 굶어 배가 고픈 나머지 허겁지겁 먹는 모습을 보고 걸신들렸느냐고 하는 말처럼, 걸신이란 배가 고파 얻어먹는 거지신을 말한다. 곡식안내기는 이날 곡식을 집밖으로 내면 일 년 내내 곡식 나갈 일이 생기며 농사도 흉년이 든다고 믿어 남에게 빌려주거나 판매하지도 않았다. 가게의 상인들이 첫 마수걸이를 중히 여기는 것도 이와 같은 맥락이다.

사발점은 대보름날 밤에 사발에 재를 담고 그 위에 여러 가지 곡식의 씨를 놓은 다음, 그 사발을 지붕 위에 올려놓는다. 이튿날 아침에 곡식이 어떻게 되었는가를 보고 점을 치는데, 놓았던 곡식 중에서 날아간 것이 많은 곡식은 그해에 흉작이 되며, 남아 있는 것이 많은 곡식은 풍작이 된다고 하였다. 사발 안의 곡식이 많이 날아갔다는 것은 새나 짐승이 와서 많이 먹었다는 뜻이며, 그것은 새나 짐승이 많아 여름 농사철에도 큰 손해를 볼 것이라는 암시다. 사발이란 밥그릇이나 국그릇과 같은 사기그릇을 말한다.

달집태우기

여느 지역에서나 달집은 태웠지만, 특히 구례의 달집태우기는 어른들의 불놀이라고도 할 수 있다. 대보름달이 뜨기 전에 망우리를 돌리며 대나무 기둥을 세운 후 짚이나 솔가지 등으로 덮어 움막집을 만든다. 이 집은 달이 뜬 곳 즉 동쪽에 작은 문을 내고, 달이 막 떠오르는 순간에 불을 붙여 태운다. 맨 먼저 달집에 불을 붙이면 장가를 들며 결혼한 사람은 득남을, 결혼한 지 오래된 사람은 아이를 잘 낳으며, 한 해의 농사가 잘된다고 믿었다. 그래서 먼저 불을 붙이기 위해서 치열한 경쟁을 벌이기 일쑤였다. 또 달집 불에 콩을 볶아 먹으면 한 해 동안 이를 앓지 않았다고 하였다. 이때 달집의 불이 활활 잘 타고 연기가 많이 나면 날수록 마을이 태평하고 농사가 풍년든다고 믿었다. 달집을 태우기 전에 새끼를 두르고 각자가 바라는 바를 적은 소원지(所願紙)를 붙이기도 한다.

▲ 달집태우기(기지시줄다리기박물관 고대영)

▲ 소원지(칠석 고싸움놀이 보존회)   ▲ 소원지(기지시줄다리기박물관 고대영)

새쫓기

농사철이 되면 참새의 피해가 많기 때문에, 대보름날 아침에 미리 새를 막는 시늉을 하였다. 아이들이 빈 들에 나가 '후여! 후여!' 하는데 이는 여름에 모여들 새를 미리 쫓아내는 행위다. 또 모기를 쫓는 시늉을 하여 여름에 기승을 부릴 모기가 오지 않기를 바라기도 하였다.

동제(洞祭)

해마다 정월대보름이 되면 제(祭)를 올린 후 크게 굿을 하였다. 또 밤이면 마을의 수호신인 골매기신에게도 제를 지낸다. 먼저 왼손잡이가 꼰 새끼의 매듭에 백지를 드문드문 끼워 금줄을 만들었다. 다 만들어진 금줄은 골매기돌에 매어놓고 풍악을 울리며 한바탕 신나게 논다. 이는 마을 단위의 제사로서 동제(洞祭)라고 부른다. 골매기돌은 동제를 지내는 대상 중 돌로 된 것을 의미한다.

동제는 산신, 용신, 서낭신 등 마을에서 섬기는 수호신에게 마을 사람들이 합동으로 올리는 제의(祭儀)로서, 마을 신앙의 행위적 표현이다. 이들 신의 종류는 마을마다 각기 다르며, 이들의 수호신의 서열도 각기 달랐다.

제를 지내는 시기도 정월 초하루에 지내는 곳도 있지만, 대보름에 혹은 삼월삼짇날에 지내는 곳도 있다. 횟수도 정월대보름과 단오를 기해 지내는가 하면, 어떤 곳에서는 정월 초하루 저녁에 지내기도 하고, 음력 10월에 지내는 곳도 있었다.

동제는 산고사, 동고사, 별신굿, 용궁맞이, 장승제, 기우제 등 지역의 생태적인 조건과 환경적 영향을 받아 차이가 났다. 반면 제례 즉 유교식으로 치르면 비교적 간단하지만, 당굿으로 할 경우에는 줄다리기나 풍물 등 복잡하고 다양한 부대행사가 뒤를 따른다. 이때 제관(祭官)은 마을의 원로가 하기도 하였으며, 중부지방의 도당굿이나 서해안의 풍어제를 비롯하여 제주도의 입춘굿 등에서는 무당이 주재(主宰)하였다. 제주도에서는 무당을 방언으로 '심방'이라 불렀다.

유교식 동제는 참여자 수(數)도 제한적이며, 일부에서는 제관만 참여하기도 한다. 그러나 마을 단위의 제사인 만큼 제관(祭官)은 부정이

▲ 동제(고재길)

없는 남자들이 참여하고, 마을 사람 전체가 이를 구경하는 곳도 있었다. 이때 구경꾼들은 입에 밤 한 톨씩을 물어 잡담을 하지 못하도록 하였다. 이것은 어떤 일이 벌어질 것을 미리 차단하는 완벽한 준비성을 보여준다. 제물(祭物)을 씻은 우물은 며칠 전부터 부정(不淨)을 막기 위하여 금줄을 치고 사용을 제한하였다. 어촌에서는 이를 더 넓게 해석하여 풍어를 위한 마을축제로 승화시켰다.

충남 서산시 고남면 고남리에서 행하던 '홍합제'는 어촌의 동제로 소를 잡아 지낼 정도로 성행하였다. 홍합제는 며칠 전에 제관을 선출하는 것으로부터 시작된다. 섣달 그믐날 당산(堂山)에서는 당제(堂祭)를 준비하고, 바닷가에서는 썰물 때에 개펄에서 홍합제를 지낸다. 제관은 제물로 밥 세 그릇과 삼색(三色) 실과(實果)를 차린 후, 얻고자 하는 지역의 특산물을 불러들인다. 예를 들어 '영산포 조개요!' 하면 제관은 '영산포 조개 오너라.' 혹은 '정산물 조개요!' 하면 '정산물 조개 오너라.' 한다든가 '진도 해태요!' 하면 '진도 해태오너라'고 외쳤다. 그러면 청년들이 '우~~'하면서 조개가 몰려오는 시늉을 한다. 이렇게 하면 해산물이 많아져서 풍어를 이루고, 어로 역시 안전하게 행할 수 있다고 믿었다. 오늘날의 동제는 유교식 가례를 약식(略式)으로 줄여서 하는 편이지만, 일부에서는 무당을 불러 지내기도 한다.

강릉단오제도 이런 동제에서 출발하였으나 오늘날에는 하나의 지역축제로 독립한 경우다. 따라서 축제 속에 제사와 굿이 등장하고, 탈놀이나 은산별신제 같은 작은 제(祭)가 포함되어 함께 전하고 있는 것이다. 이밖에도 해남의 도둑잡이굿, 완도의 장보고당제, 보성의 벌교갯제, 연기의 전의장승제, 고창의 오거리당산제, 안동의 도산부인당제, 안동의 마령동별신제, 삼척의 원덕남근제, 김제의 마현당제 등 전국적으로 널리 분포되어 있다.

연싸움

연날리기는 겨울이 시작되면 같이 따라오는 놀이다. 다양한 종류의 연(鳶)과 자신의 취향에 맞는 얼레를 만들고 연줄을 감아 연을 공중에 띄워 날리면 바람을 맞아 연은 높이 올라간다. 고려 때 최영(崔瑩) 장군이 탐라(耽羅)를 정벌할 때 연을 만들어 썼다고 전한다. 연을 날리다가 다른 사람의 연줄과 서로 맞걸어 비비는 것을 연싸움이라 하는데, 연줄이 먼저 끊어지는 쪽이 지는 것이다. 이 연싸움에서 이기고 싶은 사람은 연실에 사금파리가루나 구리가루 등을 입혀 튼튼하면서도 날카롭게 만드는 경우도 있었다. 그러나 이것은 어디까지나 공정하지 못한 처사로써, 순수하게 연줄을 거는 방식과 당기는 기술로 싸우는 것이 정당하다 하겠다.

연날리기에 대한 유래를 『삼국사기(三國史記)』 「열전」 '신라 김유신조'에 '647년 진덕여왕 때에 대신 비담과 염종에 의해 반란이 일어났을 때, 월성(月城)에 큰 별이 떨어져 왕과 백성들이 크게 두려워하므로 김유신이 허수아비를 만들어 연에 달아 띄웠다'고 적고 있다. 이 또한 난(亂)을 평정하려고 하늘에서 장수가 내려온다는 것을 의미하는 주술이었다고 보아야 할 것이다.

연을 만드는 재료는 대나무를 얇게 깎은 기둥 살을 대고, 그 위에 튼튼한 한지(韓紙)를 발랐다. 연을 띄우는 방법은 연에 실을 매어 당기는데 바람을 받으면 양력(揚力)이 생길 수 있도록 약간 경사각을 주었다.

놋다리밟기

안동지방에 전하는 풍속으로 대보름날 저녁에 부녀자들이 성 밖으로 몰려나와 줄을 섰다. 이들은 마치 생선을 세로로 세워 꿴 형상을 하였는데, 혜성혜성하거나 끊어지지 않도록 총총하게 늘어섰다. 그 위로 양쪽에서 부축한 어린 여자아이가 걸어가면서 흥을 돋운다. 소녀가 '이것이 무슨 다리인가?' 하고 선창을 하면 엎드려 있는 부녀자들은 일제히 '청계산(淸溪山) 놋다리지~'하고 후창(後唱)하는 놀이다. 여자아이는 이렇게 인간 매듭 위로 왔다갔다하면서 놀며 새벽이 되어 돌아간다. 놋다리밟기는 엎어 놓은 기왓장을 밟는 것과 같다 하여 일명 기와밟기라고도 한다.

안동지방의 놋다리밟기가 유명한데, 고려 공민왕이 홍건적의 난을 피해 예천을 지나가던 것과 연관이 있다. 일행이 소야천(所夜川) 나루

▲ 놋다리밟기(안동문화원)

에 당도하였으나, 마침 배가 없자 부녀자들이 나와서 인간 다리를 만들어 주어 공주가 그 위를 걸어갔다고 전한다. 기와밟기는 여러 지방의 강강술래에서 일부 재현되고 있다.

기복풍속

기복풍속은 글자 그대로 복을 기원하는 풍속이다. 앞으로 다가올 여러 재액(災厄)을 물리치고 복을 받기 원하는 속내를 표현하는 것으로, 지역에 따라 그리고 직업에 따라 조금씩 다르게 전한다.

달맞이 놀이

정월대보름날 초저녁에 횃불을 들고 산에 올라가서 달이 떠오르는 광경을 바라보는 것이 달맞이다. 이때 남보다 먼저 달을 본 사람의 소원을 들어준다고 하여 발길을 서둘러 산에 올랐다. 각자가 바라는 소원은 다르겠지만, 그래도 개인의 형편과 능력에 따라 소원을 비는 것

▲ 보름달(고재길)

▲ 진주삼천포농악　　　　　　　▲ 평택농악

은 똑같이 소박한 꿈이라 할 것이다. 보름달이 가지는 의미는 가득 찬 기운을 의미하며, 잉태의 여성, 완전함의 풍요를 들 수 있다.

시절은 아직 한겨울이라 춥기도 하겠지만 남보다 먼저 달을 보려는 마음은 추위도 잊게 한다. 또 달빛을 보면서 그해 농사의 풍흉(豊凶)을 점치는데, 달이 남으로 치우치면 해변지역에 풍년이 들고, 북으로 치우치면 산촌에 풍년이 든다고 한다. 또 달빛이 붉으면 한발이 있으며, 달빛이 희면 비가 많다고 하였다. 또 달빛이 진하면 풍년이 들고, 달빛이 흐리면 흉년이 든다고 한다.

일부 지역에서는 마을 주민들이 꽹과리와 징 그리고 북 등 온갖 악기를 동원한 농악대를 이끌고 올라가기도 한다. 달이 뜨기 전까지는 풍악으로 흥을 돋우다가, 보름달이 떠오르는 순간 상쇠의 신호에 따라 모든 사람들이 머리를 숙이고 마음속으로는 소망을 빌기도 한다.

과일나무 시집보내기

과일나무의 가지 사이에 돌을 끼워두면 그해에는 많은 과일이 열린다고 한다. 또 석류나무의 가지에 돌맹이를 끼우면 열매가 커진다고 하였으니 둘 다 같은 말로, 과일나무에 돌을 얹어놓는 풍속이 생겼다.

▲ 구례잔수농악(잔수농악보존회)　　▲ 강릉농악

이는 남녀의 결합을 상징하며, 그렇게 함으로써 다산의 의미를 부여하는 동시에 나무를 살피고 과수농사를 준비하라는 말로 풀이된다.

안택(安宅)

안택은 집 안에 탈이 없게 하기 위하여 지내는 제사를 말하며, 마을 단위의 공동제사에 비교하여 개인이 지내는 제사다. 안택은 정초에 지내는 것이 보통인데 조상신(祖上神), 불을 담당하는 조왕신(竈王神), 생산과 양육 및 건강을 담당하는 삼신(三神), 마을을 관리하는 동신(洞神)등에게 지내며, 재앙이나 질병 그리고 화액을 쫓아내고 가내의 평안을 비는 제사다. 제사가 끝나면 차려진 음식을 나누어 먹고 서로의 무병무탈을 빌었다. 지금도 개업하여 번창하기를 바란다든지 새로운 집을 지어 행복하기를 바란다든지 하는 등 목적을 정하여 차려지는 제사를 고사라 부르는데, 현재까지도 남아있는 풍습으로 음식을 나누어 먹는 것까지 함께 전하고 있다.

무사(無事) 안녕(安寧)을 비는 것에서는 안택과 무당굿이 같지만, 안택은 무당이 신과 접속하는 것에 비해 고사는 순수하고 소박한 기원에 해당한다.

복토(福土) 훔치기

『동국세시기』에 의하면 '꼭두새벽에 종각 네거리의 흙을 파다가 집 네 귀퉁이에 뿌리거나 부뚜막에 바르는데, 이는 재산 모으기를 바라는 뜻'이라고 하였다. 땅은 농사를 짓는 터전으로 지모신(地母神)이라 여겼으며, 풍요로 복락을 가져다준다고 믿었다. 종각 네거리는 당시 풍요와 번영의 상징이었을 것이니 그럴 만도 했을 것이다.

이것이 변하여 보름 전야에 부잣집의 흙을 훔쳐다 보름날 아침 자기 집 부뚜막에 바르는 풍속이 생겼다. 이는 자기도 그 집과 같이 부자가 되고 싶은 심정에서 비롯되었으니, 부자는 흙을 잃어버리지 않도록 불을 밝히고 지키기도 하였다. 자칫 잘못하면 자기 집의 터줏대감이 따라가서 복이 모두 달아나고 재물을 잃고 말 것이라는 우려에서 나온 것이다. 이를 두고 복을 부르는 흙을 훔쳐왔다고 하여 복토훔치기라고 한다. 전라남도에서는 갯벌훔치기가 있는데 당시는 갯벌이 곧 풍요로움을 주는 삶의 터전이었음을 알 수 있다.

산제(山祭) 지내기

산제는 동리의 수호신인 산신(山神)께 드리는 제사로 동신제(洞神祭)로 통하기도 한다. 산제는 정월대보름날 혹은 보름을 전후한 길일을 택하여 지내는데, 마을 진산(鎭山)의 산제단 또는 산제당이라고 부르는 단(壇)이나 당우(堂宇)에서 지냈다.

제사를 맡을 제주의 집에 농기를 세워 알림으로써 제사가 시작되며, 제주(祭主)는 부정(不淨)이 없어야 한다. 목욕재계하여 몸을 청결하게 함은 물론 마음가짐도 선량하여 거리낄 것이 없어야 한다. 제사를 지내는 제기(祭器)는 해마다 새로이 장만하는 것이 상례이고 제수

▲ 가마니짜기(조재길)

(祭水)로 쓸 우물에도 황토(黃土)를 놓아 악귀를 쫓고 부정한 사람의 출입을 막았다. 또 제사가 끝나기 전에는 함부로 우물을 사용할 수 없도록 멍석을 덮어 보호하였다.

드디어 제삿날이 되면 농기(農旗)를 앞세우고 농악대와 동민(洞民)이 뒤를 따라 산에 올랐다. 자정이 지나고 첫 닭이 울면 산제를 올리며, 새 그릇에 새 음식을 담아 정성을 들였다. 제수(祭需)는 모두 제주가 직접 만들고 축관(祝官)의 독축(讀祝)이 끝나면, 마을 주민 모든 호주의 이름을 적은 종이를 태워 올린다. 농기는 제가 끝날 때까지 그 옆에 세워둔다.

달집 짓기

낮에 달집을 지어놓았다가 보름달이 떠오르면 불을 질러 태우면서 그해 소원을 빌었다. 그동안 날렸던 연을 모아 달집이 탈 때 같이 태워 액막이를 하였으며, 신수가 좋지 않은 것으로 나온 사람은 입고 있던 저고리의 동정을 떼어내어 태우는 것으로 액막이를 하기도 하였다. 달집이 타고 난 뒤 타다 남은 대나무를 부지깽이로 사용하면 아들 못 낳는 사람이 아들을 낳는다고 하여 서로 가져가기를 원했다. 요즘에는 밥을 지을 때 아궁이에서 때는 불이 사라져 그냥 전하는 말로만 남아 있다.

이것은 소지(燒紙)와 같은 소액(燒厄)의 하나로 볼 수 있다.

용왕먹이기

보름날 바닷가나 개울가에 제수(祭需)를 차려놓고 비는 것을 '용왕먹인다.'고 한다. 흔히 행하던 용왕제나 풍어제는 집단적인 마을 단위의 동제(洞祭)인 반면, 용왕먹이기는 개인이 고사를 지내는 작은 행사로 용왕에게 음식을 먹여 마음을 유(柔)하게 한다는 것이다.

까마귀 밥주기

▲ 까치밥

엄동설한에 새들이 먹을 식량은 지극히 제한적일 수밖에 없다. 따라서 보름날 아침 오곡밥을 도마 위에 담아서 지붕이나 담장 위에 놓아두면 새들이 와서 배불리 먹었다. 이것은 내가 먹고 살기 힘들더라도, 먹이가 부족한 겨울철에 주변의 새들을 배려하는 심성을 보여주는 아름다운 풍습이라 할 것이다. 늦가을

감나무 가지 끝에 까치밥을 남겨두었던 선조들의 자연사랑 동물사랑을 확인하는 듯하다.

그을음 쓸기

우리의 옛 부엌은 환기창이 작았던 것은 물론, 연료를 직접 태움으로써 그을음이 앉기 일쑤였다. 그리하여 보름날 그을음을 쓸면서 '그스름 쓸자 그스름 쓸자'고 하면 근심이 없어진다고 여겼다. 당시 부엌은 많은 거미줄과 함께 시커먼 그을음이 있어 어둡게 보였는데, 이렇게 청소를 함으로써 새로운 기분이 들고 위생상에도 좋았을 것이 분명하다. 이제 곧 바쁜 농사철이 되면 이런 청소도 할 수 없을 것이니 한가한 대보름에 미리 청소하던 지혜가 엿보인다.

쥐불놀이

정월 14일 밤이나 혹은 보름밤에 밭둑 혹은 논둑을 태우는 행사로 이것을 쥐불놀이라고 한다. 이렇게 하면 잡귀를 쫓고 풍작을 거둘 수 있으며, 1년 동안 무병하고 액을 미리 방지할 수 있다고 여겼다. 여름내 자랐던 풀을 태워 거름으로 만들어서 농사에 보탬이 되며, 병충해의 서식지를 없애는 것으로 풍년을 예약하는 것과 같았다. 황해도에서는 둑을 경계로 하여 두 마을의 시합이 있었다. 한 편에서는 쥐불을 놓고 다른 편에서는 그 쥐불을 끄는 것으로 겨루었다.

이 놀이는 딱히 정월 14일이 아니더라도, 새해 들어 처음 맞는 쥐날 즉 상자일(上子日)에 실시하기도 하였다. 어린아이들은 깡통에 불씨를 담아 이리저리 옮겨 다니며 불을 질렀다. 이때 발생하는 불의 크기에 따라 농사의 풍흉을 점치기도 하였다. 특히 쥐구멍이 있으면 일부

▲ 쥐불놀이(심재후)

러 불을 놓아 쥐들이 튀어나오면 잡기도 하였는데, 불씨가 오랫동안
남아 있도록 하기 위하여 솔방울이나 작은 장작개비를 넣어 불을 사
르기도 하였다.

아이들이 불깡통을 돌리면 마치 달처럼 둥근 모양을 이루어 망월
곧 '망우리를 돌린다.'고 하였다. 요즘은 쥐불로 인한 병충해의 소각
(燒却)이 농사에 별 효과가 없을 뿐 아니라 오히려 화재의 위험이 있
다고 하여 금지하고 있다.

석전(石戰)

석전은 글자 그대로 돌싸움인데 돌을 무기로 하는 편싸움이라고 보
면 된다. 상원(上元)에 마을과 마을이 싸우는 것으로, 마을을 동서로
혹은 남북으로 나누거나 하천 또는 구릉을 기준하여 가르기도 한다.
서로가 돌팔매질을 하며 미리 정해진 시간 동안 싸우는데, 먼저 도망하는 편이 지는 경기다. 안동과 김해, 황해도, 평안도에서 성행하였으며, 일명 척석희(擲石戱)라고도 부른다. 석전은 대보름과 초파일, 단오를 골라 지방마다 조금씩 다르게 그리고 상대방과의 일정에 따라 다르게 시행되었다.

대체로 대보름보다는 초파일에, 그리고 초파일보다는 단오에 더 성행했던 석전은 신라 시대에 석투당(石投幢)이라 하여 사마귀처럼 전투적인 특수군대를 조직하였었다. 석투당은 고구려와 고려, 조선에 이르기까지 전투 대비용으로 활용되었으며, 그에 따른 민속놀이로 이어져왔다. 그러나 강점기에는 민족의 단결과 응집된 세(勢)를 방지하기 위하여 금지시키기에 이른다. 가장 성행하였던 때에는 34,000명이 참석하였다는 기록이 있는 것으로 보아, 군중이 모이는 더군다나 무기와 다름없는 돌을 들고 있다는 것은 일본에게 언제든지 항거할 수 있다는 뜻으로 비쳐졌을 것이다.

실제로 조선 중종(中宗) 5년에 부산포, 염포, 제포 등에 거주하던 왜인(倭人)들이 난을 일으켰을 때 석전사들이 왜구 토벌의 결정적인 역할을 하였다는 기록도 있다. 『동국세시기(東國歲時記)』에 '다리밟기가 끝난 후 삼문 밖의 아현(阿峴) 사람들은 두 패로 나뉘어 몽둥이와

▲ 석전(김해시청 김미숙)

돌을 들고 떼로 싸웠다. 이것을 물가의 전투 즉 변전(邊戰)이라 하는데, 이기는 편에 풍년이 든다고 하여 사생결단(死生決斷)으로 이어졌다. 그러다가 성안에서도 이를 본따 종로네거리와 비파정(琵琶亭)에서, 성 밖은 만리현(萬里峴)과 우수현(雨水峴)에서 성행하였다.'고 전하는 것처럼 석전은 세세한 규칙이 없어 순간순간 통제하기가 어려웠다. 그러나 전체적인 규칙과 지휘자의 신호에 따라 공격과 방어가 이루어지는 엄연한 놀이에 속했다. 이 놀이는 김해지방에서도 성행하였는데 다치거나 죽는 사람이 나와도 개의치 않아 고을의 수령도 마음대로 제지하지 못했다고 한다.

비슷한 풍속에 대보름달이 떠오를 때 시작되는 횃불싸움이 있다.

줄다리기

줄다리기는 우리나라를 비롯하여 동남아시아의 일본과 중국 등 여러 지역에서 고르게 즐겼던 민속놀이인데, 마을과 마을 또는 면 단위로 편을 나누어 주민 대다수가 참여하던 놀이다. 이들은 정초(正初)가 되면 벌써 집집마다 염출한 짚을 틀어 꼬아서 줄을 만들기 시작한다.

줄은 외줄 혹은 두 줄로 엮었으며, 뱀이 달걀을 삼킨 모

▲ 기지시줄다리기 (고대영)

▲ 칡줄다리기(영월문화원)

양, 중앙이 양끝보다 굵은 구렁이 모양 등으로 만들었다. 줄은 마치 지네다리를 연상하듯 8개로 갈라 작은 줄을 만들고, 남녀 혹은 동서로 나뉘어 시합을 하였다. 그리하여 동쪽이 이기면 풍년이 들고 서쪽이 이기면 풍어가 든다고 믿었다. 대보름에 가물거나 비가 너무 많이 와서 불편해지면 다시 실시하던 지역도 있다.

현재의 일반 행사에서는 짚 대신 화학섬유로 만든 줄을 사용하기도 하는 데, 이렇게 하면 싸움줄을 준비하는 과정에서 얻을 수 있는 마을의 단합(團合)과 상부상조(相扶相助)의 정신을 배울 수가 없다. 이러한 줄다리기는 농경의례(農耕儀禮)의 하나로, 풍년과 다산을 기원하는 기복신앙이었다. 줄다리기에 쓰이는 줄은 용(龍)에 비유되며, 물의 신〔水神〕으로 지역에 따라서는 청룡과 백룡으로 구분하기도 한다. 보통은 암줄과 수줄로 구성되는데, 이는 음과 양을 나타내며, 여자와 남

▲ 입석줄다리기(김제시청 문화관광과)

▲ 1972년 기지시줄다리기(고대영)

▲ 1976년 기지시줄다리기(고대영)

▲ 1982년 기지시줄다리기(고대영)

자, 그리고 태양과 달을 의미하기도 한다.

줄다리기는 주로 여자들이 이기지만 이것은 많은 남자들이 여자줄에 참가하여 승리를 유도하는 것이 대부분이며, 땅에서 얻는 지신(地神)의 도움으로 다산과 풍요를 바라는 마음의 표현이었다. 이런 일을 시작할 때는 지신밟기부터 걸립(乞粒)에 이르기까지 마을 전체의 행사로 승화시켰는데, 이는 힘든 농사일을 서로 돕고 슬기롭게 헤쳐 나가자는 대동(大

▲ 삼척기줄다리기(삼척문화원)

同)의 의미도 담겨 있었다.

전국에 전하는 줄다리기는 매년 농사일이 시작되기 전에 실시하는 것이 대부분이지만 특히 정월대보름을 기하여 지내는 경우가 많다. 전국적으로 주요 18개의 행사 중 6개가 무형문화재로 지정되었으며, 칠석고싸움, 기지시줄다리기, 순흥줄다리기, 입석줄다리기, 당산줄다리기, 양동줄다리기 등이 대보름에 행해진다. 그러나 추석이나 단오, 백중처럼 특별한 날에 즐기기도 하였다. 줄을 당기는 것은 물론이며 서로 엉키면서 승부를 가리는 것이 고싸움이나 차전놀이로 변형되었다고 볼 수 있다. 줄을 만들 때에도 상당 기간에 걸쳐 일정한 금기를 지켰으며, 줄다리기가 끝나면 돌을 세운 입석(立石)이나 마을의 당산에 감아놓는 것도 대동소이(大同小異)하다.

현재의 줄다리기는 국제경기로 발전하여 하나의 정식 종목으로 채택되어 있다.

귀신날

정월 열엿새를 귀신날이라고 한다. 이날은 귀신이 집 안에 범접하지 못하도록 대문에 채를 걸어놓는다거나 문 밖에서 목화씨나 고추씨

▲ 태안 볏가릿대놀이(태안문화원)

를 태운다. 그러면 귀신이 채의 눈을 세는 도중에 날이 밝으면 도망가고, 또 목화씨나 고추씨가 타는 냄새로 겁을 먹고 도망간다는 것이다. 귀신이 사람의 신발을 신어보고 자기 발에 맞으면 신고 간다고 하여 모두 엎어놓거나 감추기도 하였다. 만약 귀신이 내 신발을 신고 간다면 그것은 아주 불길한 일이기 때문이다.

이 밖에도 상원(上元)의 민속놀이로는 탑돌이가 있다. 탑돌이를 하는 동안 잠깐 스치는 사이, 마음에 드는 연인을 만났지만 바로 헤어져서 사랑을 이루지 못하여 얻은 상사병(相思病)을 '보름병'이라 할 정도로 흔한 일이었다. 따라서 조선 세조는 서울 원각사(圓覺寺)의 '탑돌이'로 인한 풍기가 문란하다고 하여 제한하는 금지령을 내리기도 하였다.

또 소머리 싸움이라고 불리기도 하는 나무소싸움, 봉죽놀이, 주지놀음 일명 사자놀이, 고싸움놀이, 당산옷 입히기, 감영놀이 혹은 관원

놀이, 농기 세배, 용호놀이, 돈치기, 사자놀이, 솟대, 영등날에 쓰기 위한 볏가릿대 세우기, 오광대놀이, 섣달그믐의 수세와 같은 보름새기, 제웅치기, 나무조롱달기, 모깃불놓기, 액을 물리치고 수복을 맞이하는 방사(防邪, 放邪)놀이 일명 방실놀이, 차전놀이 일명 동채싸움, 가마니짜기, 곡식 집 밖으로 안 내보내기 등도 있다. 상원에 모깃불을 놓는다는 것이 언뜻 이해가 안 가나, 여름 모기의 상징적 의미 외에 흙집의 광이나 부엌 또는 허청에 살았던 모기가 있었는지는 알 수 없다.

12.5 액(厄)막이 풍속

대보름이 되면 한 해를 잘 지내게 해달라고 복을 빌며, 자신에게 닥칠 액운을 떨쳐버리기를 원한다. 이때 행하는 모든 것이 바로 액막이가 된다.

부럼깨기

보름날 아침이면 전 날 준비해두었던 밤이나 호두 그리고 은행과 잣, 무, 땅콩 등을 깨물면서 '1년 내내 종기나 부스럼이 나지 않게 해주십시오.'하고 기원한다. 이는 건과류(乾果類)가 가진 영양적 효과도 훌륭하였으며, 치아를 단단하게 하는 것이 모든 건강의 시초(始初)라고 믿었던 때문이다.

따라서 부럼을 한꺼번에 톡소리가 나도록 힘차게 물어 깨야 좋다고 믿었다. 부럼은 원래 나이 수대로 깨야 한다고 하였지만, 점차 그 숫자가 줄어들어 밤 세 톨로 대신하기도 하였으나 이제는 그런 말만 전하고 있다. 지방에 따라서는 엿을 먹는 곳도 있었는데, 이것 역시 치아를 단단하게 하는 '이굳히엿'이라 불러 부럼과 같이 대하였다. 이때 깨뜨린 부럼은 먹지 않고 마당에 버림으로 자신의 액운을 뱉어낸다고 믿었다.

부럼에 사용되던 땅콩은 단백질과 지방이 풍부하며, 생리작용을 원활하게 해주는 성질이 있다. 구워서 먹거나 삶아서 먹어도 상관은 없지만, 볶은 후 오래두면 기름이 산화되어 변질되기 쉽다. 특히 땅콩에 피어나는 곰팡이는 독성이 아주 강한 균으로 알려져 있다. 호두는 살을 찌개 하고 몸을 튼튼하게 하며, 피부를 윤택하게 하는 효과가 있다. 또 머리를 검게 하는 작용을 하고, 기혈(氣穴)을 보호하여 하초명문(下焦命門)을 보한다고 알려져 있다. 불포화지방산, 단백질, 마그네슘, 망간, 철분, 칼슘, 비타민A, B, C, E 등이 풍부하여 강정식품으로도 인기가 좋다. 또 호두는 보온성이 좋아 감기와 천식을 예방하며, 뇌세포활성화 및 노화방지를 돕는다. 그런가 하면 불면증이나 탈모증의 치료에 효과가 있다. 그러나 지방도 많아 지성피부인 사람과 다이어트 중인 사람에게는 권장하지 않는 식품이다.

더위팔기〔賣暑〕

상원날 아침은 아직도 춥고 활동하기 어설픈 날이다. 그러나 아침 일찍 일어나 더위를 팔면 다가올 여름을 잘 지낼 수 있다고 믿었다. 이웃 친구를 찾아가 이름을 부른 뒤, 대답을 하면 '내 더위(다 사가라)' 하며 팔았다. 그러나 부름을 받은 친구가 대답 대신 '내 더위 네 더위 먼저 더위'하면 오히려 더위를 팔려던 친구에게 내 더위까지 보태지는 놀이였다. 그래서 이날은 친구가 불러도 대답을 하지 않고 눈치를 보아 더위를 파는 일이 우선이었다. 그러나 이런 일도 해가 뜨고 나면 이미 더위를 맞았으니 아무 소용이 없다고 믿어 더 이상 더위팔기를 하지 않았다. 『경도잡지(京都雜誌)』에도 "남녀들은 꼭두새벽에 갑자기 누가 부르면 대답하지 않고 '내 더위 사가게'라고 한다. 그리하여 온갖 계교로 불러도 여간해서는 대답하지 않는다."고 하였다. 어느 지역에서는 해가 뜨기 전에 동쪽으로 뻗은 복숭아나무 가지를 꺾어 둥글게 만든 다음 개의 목에 걸어주었고, 소에게는 왼쪽으로 꼰 새끼를 목에 매어 주면서 '금년에는 더위를 먹지 말아라.'고 하였다. 또 중국 남송(南宋)의 시인 육방(陸放)의 『세수서사시(歲首書事詩)』에서도 '입춘날 아침에 춘곤(春困)을 파는 아이들이 새벽같이 일어난다.'고 하였다.

액날리기

정월 초 추운 날씨에 특별한 놀이가 없던 아이들은 동네 고샅에 나와 연을 띄웠다. 그 연에는 각자 집안 식구들의 이름과 생년월일을 쓰고 '신액소멸(身厄消滅)'이라는 글자를 썼다. 그리고 연을 띄우다가 해 질 무렵이 되면 연줄을 끊어 날려 보내고 집으로 돌아왔다. 이것은 연이 모든 액을 실어 멀리멀리 떠난다는 의미다. 이 놀이를 연날리기라고도 부른다.

다리밟기〔踏橋〕

『동국세시기』에 의하면 보름날 밤에 서울 장안의 많은 사람들은 종로 네거리인 열운가(閱雲街)에 모여 보신각(寶信閣) 종소리를 들었다. 그 뒤 흩어져 근처의 다리로 가서 거니는데, 이런 행렬은 밤이 새도록 끊이지 않았다. 따라서 사람이 많은 지역에서는 삼 일 밤낮 동안 북적댔다고 한다. 다리밟기는 고려 때부터 내려오는 행사로, 서울에서는 주로 대광통교(大廣通橋)와 소광통교(小廣通橋), 수표교(水標橋)에서 성황을 이뤘다. 이 다리는 사람들로 인산인해(人山人海)를 이루어 북을 치고 퉁소를 불며 매우 소란스러웠다. 이렇게 다리 위를 걸으면 모든 병을 물리치는 액막이가 된다고 믿었기 때문이다. 이것은 튼튼한 다리로 모든 일을 잘 하여 건강하게 지내는 밑거름이 될 것을 믿었다고 풀이된다. 이런 행사는 각 지역마다 처해진 형편에 따라 실시되었다.

다른 해석으로는 다리밟기를 하면 다리에 병이 나지 않고 건강하다고 믿었으며, 1년 12달 동안 건강해지기 위하여 열두 다리를 밟았다고도 한다. 이는 평소 외출이 적은 부녀자들에게 건강을 생각하여 즐겁게 놀면서 운동을 하라는 방편으로 여겨지기도 한다. 이때의 다리밟기는 가족단위 놀이가 마땅치 않던 시절에 모두가 함께 나서는 좋은 놀이에 속했다. 지금도 별다른 준비물이 없어도 나설 수 있는 운동이며, 가족끼리 오순도순 이야기를 할 수 있는 기회도 제공하는 놀이 중의 하나다. 송파다리밟기는 중요무형문화재 제3호로 지정되어 전한다.

아홉차례

대보름에는 밥을 아홉 그릇 먹고, 나무도 아홉 지게를 해야 한다는 말이 있다. 이와 더불어 대보름 전날의 세시풍속으로 '아홉차례'가 있었다. 다른 말로 '아홉차리'라고도 하는 데, 이것은 글자 그대로 아홉 번을 해야 한다는 것으로 글방에 다니는 아이는 천자문을 읽어도 아홉 차례 읽어야 하고, 농부가 새끼를 꼬아도 아홉 발을 꼬아야 하며, 아낙이 빨래를 해도 아홉 가지를 하여야 한다는 말이다. 심지어 물을 길어도 아홉 동이를 길어야 하며, 매를 맞아도 아홉 대를 맞아야 한다고 하였다. 이는 '9'라는 숫자가 길수(吉數)로 꽉 찬 숫자이며, 양의 수 '3'을 세 번이나 더해서 얻어지는 수로 아주 좋게 여겼던 것이다.

이 말의 어원은 고을의 부잣집에서 이날만큼이라도 어려운 사람들에게 대접하려 하였던 것으로, 넉넉하지 못한 사람들은 재산이 많은 부잣집을 돌아다니며 얻어먹는 것을 부끄러워 할까 봐 9그릇을 먹어야 한다고 일부러 지어냈을 것으로 추측된다. 그러나 호사다마(好事多魔)라고 이런 아홉수를 행여 시기하는 악귀가 있을까 걱정하여, 아홉수에는 혼인(婚姻)을 하지 말라는 속설과, 19 혹은 29, 39처럼 나이 아홉수는 좋지 않다는 말이 생겨났다.

12.6 보름의 먹을거리〔上元節食〕

대보름에 먹는 음식은 대보름 풍속에 속하는 것도 있는가 하면 별도의 특별한 음식에 해당하는 것도 있다. 이날은 각기 다른 성바지 집에서 얻어온 밥으로 아홉 번을 먹어야 하며, 그 대가로 땔감나무 아홉 지게를 해야 한다는 말도 하였다. 이것은 아무리 잔치라 하더라도 그냥 먹고 놀기만 해서는 안 된다는 가르침이라 할 것이다. 대보름에는 흰쌀밥만을 먹던 부잣집에서는 체면에 밥을 얻으러 다니지는 못하여, 남의 오곡밥을 서리해서 먹는 풍습도 있었다.

『농부월령가』에서도 '묵은 산채 삶아내니 육미(肉味)와 바꿀쏘냐, 귀 밝히는 약술이며 부스럼 삭는 생밤이라…'라고 적혀 있을 정도로 산채(山菜)는 중요한 음식이었다. 그런가 하면 대보름에 먹어서는 안 되는 경우도 있었다. 대보름의 금기로는 아침밥을 물에 말아먹지 않았으며, 아침상에 생파래를 올리지 않았다. 또 찬물이나 솥에 눌어붙은 밥을 먹지 않았고, 김치처럼 고춧가루가 들어간 음식을 먹지 않았다. 파래는 논에 난 잡초를 연상하여 풀이 무성하면 농사에 좋지 않다고 여겼으며, 고춧가루의 매운 맛은 벌레가 쏘아 아픈 것을 비유하였다. 찬물은 작물의 냉해(冷害)를 의미하며, 눌은밥은 정상적인 소출이 줄어드는 것에 비유하였다.

오곡밥먹기

상원날은 정월대보름을 말하며, 이날 아침밥은 다섯 가지 이상의 곡식을 섞어서 만든 밥을 지어서 먹으니 이것이 바로 오곡밥이다. 원래는 찹쌀과 팥, 콩, 기장, 조를 넣은 잡곡으로 지었으나, 보통은 찹쌀 대신 백미로 짓는 경향이 있다. 오곡밥은 탄수화물 위주의 편식하던 식습관에서 비타민이나 미네랄 그리고 식이섬유 등 여러 잡곡이 가진 영양소를 골고루 섭취함으로써 건강한 신체를 만들 수 있다고 믿었던 때문이다.

속을 따뜻하게 해주는 찹쌀과 비위의 열을 다스리는 차조를 비롯하여 콩과 팥은 쌀에 없는 비타민을 함유한 좋은 영양식이다. 수수는 소화가 잘 안 되지만 몸의 습(濕)을 없애주고 열을 내리며, 콩은 고단백으로 오장(五臟)을 보(保)하고 십이경락의 순환을 돕는다. 또 붉은 팥은 부종을 빼주고 이뇨작용(利尿作用)을 도우며, 화(火)와 열(熱)을 낮추는 작용을 한다. 따라서 차가운 성질을 가졌으니 체질에 따라 주의하여야 한다. 한편 오곡밥은 소화가 잘되지 않는 것도 알아두어야 한다.

오곡밥에 대한 정확한 유래는 알려지지 않으나, 예전에 씨앗으로 받아 놓았던 곡식을 골라 종자를 하고 남은 것을 섞어 지은 밥이라는 설(說)에 일리가 있다. 진채(陣菜) 역시 이제 곧 새로운 풋나물이 나올 터이니 묵은 나물을 모두 먹어 없애야 된다는 데서 비롯한 것이라는 설(說)도 그럴듯하다.

이날은 서로 다른 곡식을 넣어 만든 오곡밥으로 이웃끼리 나누어 먹는 여유도 가졌다. 이것은 나중에 제삿밥을 나누어 먹는 풍속으로 발전하였고, 여유가 있는 집에서는 헛제삿밥을 나누는 풍속까지도 만들어냈다. 제삿밥을 나누어 먹는 것은 제사를 지낸 다음 물린 음식을 나누는 미풍양속에 속한다. 이런 헛제삿밥은 경북 안동에서 성행하였는데 이웃사람들이 굶주린다든지 뭔가 다른 음식을 먹어야 하는 데 없어서 먹지 못하고 있을 때, 이를 가엽게 여겨 제사가 아니지만 제사(祭祀)를 지낸 척하며 거짓으로 꾸며 음식을 나누어 먹는 풍습이다.

백가반(百家飯) 먹기

대보름날에는 여러 집에서 얻어 온 오곡밥을 먹어야 좋다고 하였다. 이는 백(百) 집의 밥을 먹어야 좋다는 말로 해석되어, 일부러 다른 집을 찾아다니며 각기 다른 밥을 얻어오는 풍습이 있다. 이렇게 하면 여러 가지 재료로 만든 밥을 먹음으로써 영양을 골고루 섭취하는 수단으로 삼았었다.

또한 이렇게 걸식(乞食)을 하러 돌아다니면서, 겨우내 굳었던 몸을 풀어주는 효과도 있었으니 백가반을 먹지 않으면 발병(發病)하고 몸이 마른다는 말도 만들어냈다. 한편 걸식을 하여 얻은 밥에 걸맞게 아무데나 걸터앉아, 따라다니는 개에게도 동등하게 나누어 주면서 같이 먹어야 무병(無病)하다고 하였다.

그러나 개에게 보름날 아침밥을 주면 1년 내내 파리가 들끓고 질병이 번진다는 속설도 있다. 따라서 어떤 지방에서는 개를 온 종일 굶기는 경우도 있으며 어떤 지방에서는 오후에만 먹이는 곳도 있다. 이것을 '개보름'이라 하며, 명절에도 먹을 것이 부족한 사람을 일러 '개 보름 쇠듯 한다.'고 하였다.

약밥〔藥飯〕먹기

▲ 약밥(떡보의 하루)

약밥은 대보름 음식 중에 가장 대표적인 음식으로, 찹쌀을 찌고 대추, 밤, 기름, 꿀, 간장, 잣 등을 넣어 함께 버무린다. 여유가 있는 집에서는 그 외에도 호두, 팥, 밀, 조 등 10여 가지 이상을 넣어 만들기도 하였다. 그런데 이 약밥은 작은보름에 만들어서 하룻밤을 식힌 다음 대보름에 먹는 것이 특징하다. 뜨겁게 김이 나는 밥보다는 김을 빼고 식혀 먹는 오곡밥이 밥맛도 더 좋은 것과 무관하지 않다.

전하는 말에 의하면, 신라 소지왕(炤智王) 10년 정월 보름날에 왕이 천천정(天泉亭)에 행차하였을 때 갑자기 까마귀가 날아들었다. 이 까마귀가 지금 내전(內殿)에서 승(僧)과 궁주(宮主)가 잠통(潛通)한다는 사실을 왕에게 알려주었다는 고사(故事)에서 비롯되었다. 따라서 정월대보름을 오기일(烏忌日)이라 하고, 그 뒤로 보름날에는 까마귀 제사상에 까마귀와 같이 검은 약밥을 만들어 놓아 그 은혜에 보답하는 것이다.

약식(藥食)은 좋은 찹쌀을 물에 충분히 불린 후 고두밥을 찌고, 대춧살과 황률(黃栗) 불린 것과 꿀, 참기름, 전래 간장[眞醬], 흑설탕을 넣어 버무린다. 이것을 시루나 질그릇 밥통에 넣고 약한 불에서 오래도록 쪄낸 다음, 잣으로 고명을 얹는다. 이 약밥 혹은 약식은 죽은 사람의 제사상에는 물론이며 각종 잔칫상에도 빠지지 않는 전통 음식이 되었다.

진채(陳菜)먹기

보름날 아침 밥상에는 오곡밥과 작년 가을에 준비해두었던 묵은 나물 즉 진채(陳菜)를 먹었는데 호박고지, 곰취, 박나물, 표고버섯, 시래기, 박고지, 무고지, 외고지, 가지나물, 석이버섯, 표고버섯, 호박나물, 시금치나물, 고사리, 도라지, 숙주나물, 토란줄기, 나물빈대떡, 나물비빔국수 등 여름에 말려 두었던 온갖 나물을 삶아 먹었다. 이때 9가지 이상의 나물을 볶아야 진채먹기가 된다.

무는 한자로 나복(蘿蔔)이라고 하며 청근채(菁根菜)라고도 한다. 시래기나물 역시 청경채(菁莖菜)라는 별도의 이름을 붙여준 것을 보아도 우리 몸에 아주 좋은 채소임을 알 수 있다. 여름에 나는 채소를 겨울에 먹는 방법으로 말리기도 하였지만, 이는 태양에 말리면 없던 영양소가 생겨나고 우리 몸에 더 좋게 변한다는 것을 십분 활용한 셈

▲ 인절미(떡보의 하루)

▲ 영양가래떡(떡보의 하루)

이다. 이렇게 여름에 말린 나물을 먹음으로써 부족한 영양분의 보충을 꾀했던 것이다.

마른 나물은 젖은 나물에 비해 훨씬 많은 식이섬유를 가지고 있어서 변비나 대장암 예방에 효과적이다. 현재는 이런 음식들을 보완하여 쇠고기산적푸성귀냉채, 버섯나물옥수수볶음밥, 복어포찹쌀구이, 삼색나물잡채달걀말이, 쇠고기콩나물매콤찌개, 찐조기매콤양념조림, 물김치, 나박김치 등을 만들어먹기도 한다.

이런 내용은 『형초세시기(荊楚歲時記)』에서 인일(人日)에 일곱 가지 나물로 국을 끓여 먹는다고 하였으나, 언제부터인지 알 수 없으며 정월대보름까지 옮겨와 전하고 있다.

귀밝이술〔耳明酒〕

상원날 이른 아침에 술을 마시면 귀가 밝아진다고 믿어 모두 술 한 잔씩을 마시는데 이를 '귀밝이술'이라고 한다.

귀밝이술은 따뜻하게 데우지 않고 찬 술을 그냥 마시며, 일설에는 귀가 밝아지는 것은 물론 일 년 동안 좋은 소식만을 듣는다고도 믿었다. 그러기에 귀밝이술은 부녀자와 아이를 가리지 않고 남녀노소가 마셨는데, 예전의 술은 다른 약품을 넣지 않고 집에서 만든 전통주로 유산균을 비롯하여 각종 효소가 들어 있어서 과음만 하지 않는다면 몸에 좋았던 것이다.

섭정규(葉廷珪)가 지은 『해록쇄사(海錄碎事)』에는 춘사일(春社日) 아침에 귀밝이술을 마신다고 하였는데 일반적으로 보름날에 마신다. 여기에 나오는 사일(社日)은 춘분 및 추분에서 가장 가까운 앞뒤의 무일(戊日)을 말한다. 풀어보면 입춘(立春)이나 입추(立秋)가 지난 뒤, 각각 다섯 번째로 맞는 무일(戊日)을 말하며 춘분 때는 춘사(春社)라 하고 추분 때는 추사(秋社)라 한다.

복쌈먹기

대보름날 아침밥을 먹을 때 첫술은 꼭 쌈을 싸서 먹는데 이를 '복(福)쌈'이라고 한다. 복을 받아 오래 살라는 의미에서 '명(命)쌈'이라고도 한다. 이렇게 하면 들어왔던 모든 복이 나갈 수가 없어 집안이 1년 내내 좋을 뿐 아니라 여름에 더위를 타지 않는다고 한다. 잎이 넓은 채소에 여러 가지 복을 담은 후 나가지 못하도록 꼭꼭 싸서 먹는 것이다. 요즘의 쌈밥은 넓은 잎채소가 아니더라도 모든 엽채류를 사용하니 직접 비교하기는 그렇지만, 묵은김치 배춧잎에 돼지고기와 홍어 삭힌 것을 싸서 먹는 삼합에 비유하면 더 어울릴 듯하다.

이때 쌈의 재료로는 아주까리 잎이나 취나물, 배춧잎, 토란잎 등을 사용하였고 미처 준비가 되지 않은 집에서는 김을 대용하기도 하였다. 사실 현재도 김은 대보름날의 음식 중에서 필수로 꼽히며, 모든 잔치나 기념일에 등장하여 무병장수를 기원하며 쌈을 싸먹는 음식으로 남아 있다.

청어 구워먹기

대보름에 아침밥을 먹을 때 청어(靑魚)를 통째로 구워서 먹었다. 만약 생선을 자르게 되면 논두렁에 구멍이 나서 물이 새며 쥐가 드나든다고 하여 좋지 않게 여긴 때문이다. 또 날것으로 먹으면 몸에 비루가 생긴다고 하여 반드시 구워먹도록 하였다. 요즘은 청어가 귀하여 다른 생선으로 대체되기도 한다. 비루란 개나 말 따위에 번지는 피부병의 일종으로, 고대소설 『박씨전』에 나오는 비루먹은 말이 유명하다.

12.7 대보름과 현실

대보름이 되면 밥을 아홉 그릇을 먹어야 한다는 말이 있다. 말이 그렇지 하루에 아홉 그릇의 밥을 먹으려면 정상적인 방법으로는 불가능한 일이다. 이런 말은 춥다고 하여 온 종일 방안에서 놀지만 말고 밖에 나가서 땔감을 아홉 지게를 해 와야 한다는 말을 만들었다.

달리 해석하면 서로 다른 아홉 집의 음식을 얻어다 골고루 나누어 먹는다는 의미도 있다. 물론 이때도 자기네와 비슷하지 않고 조금은 색다를 것 같은 아홉 집을 돌아다니면서 음식을 얻어 오기란 쉬운 일이 아니었다. 이것 역시 정적(靜的)인 것보다 동적(動的)인 활동을 강조하였던 것으로 생각된다. 뿐만 아니라 미처 설날에 세배를 드리지 못한 어른들이 있다면 이 기회를 빌려 세배를 다니는 것도 겸했을 법하다.

저녁 무렵이면 동네 아이들이 모여 불놀이를 즐겼다. 대체로 골목에 모이지만 어떤 때는 넓은 들판에 나가는 경우도 있는데 어른들은 따라 나서지 않았다. 그래서 간혹 쥐불놀이를 하다가 초가집에 화재 (火災)가 발생하기도 하였다. 마른 짚은 불에 취약하기 때문에 각별한 주의가 필요한 놀이였다. 추운 겨울날 불을 끄기 위해 부은 물이 얼어붙어 고드름을 만들면, 동네 사람들은 아쉬운 마음을 어쩌지 못하고 걱정하기도 하였었다. 지금이야 불에 잘 타지 않는 재료로 집을 짓고 있어 다행이라는 생각이 들지만, 예전의 쥐불놀이에 안전한 방법을 동원했더라면 좀 더 오랫동안 전(傳)할 수 있는 풍습이 아닌가 하는 생각도 해본다.

대보름을 포함하여 추운 겨울날에도 아이들은 동네 고샅에 모여 연날리기는 물론 널뛰기와 팽이치기, 얼음썰매타기, 제기차기, 팔방놀이, 땅따먹기, 숨바꼭질, 동서남북, 말뚝박기, 자치기, 굴렁쇠굴리기, 고누, 투호, 고리던지기, 구슬치기, 벽치기 등을 즐겼다. 예전의 아이들은 당시 놀이기구가 많지 않아 놀기에 재미가 없었을 것이라고 말할 수도 있겠지만, 위의 놀이를 생각하면 요즘 아이들에 비해 결코 종류가 적지 않았음을 알 수 있다. 어떻게 생각하면 몸과 마음을 동시에 활용하는 놀이로 심신을 단련할 수 있는 더 좋은 기회였다고 할 것이다. 고샅은 동네의 입구 혹은 동네에 막 들어선 곳을 가리지 않고 사람이 많이 다니는 골목 등을 의미한다.

13 영등날〔靈登日〕

조상들은 음력으로 매 달의 1일과 15일을 중시하였다. 그중에서도 2월 1일을 영등날로 부르는데, 이 날은 비바람을 일으키는 영등신이 땅으로 내려오는 날이라고 믿었다. 그래서 2월은 영등달이 되며, 영등신을 모시는 놀이를 영등굿놀이라 한다.

영등신(靈登神)은 주로 영남지방과 제주지방에서 많이 믿었던 신으로, 두 딸을 대동하여 내려오는 때에는 일기가 온화하며 산들바람이 불어 풍년이 들지만 며느리까지 대동하여 내려오는 날에는 거친 바람으로 풍파가 일고 흉년이 든다고 믿었다. 그러나 일부지방에서는 딸을 데리고 올 때는 옷이 화려하게 휘날리도록 바람이 불어 일기가 건조하여 농사가 패농하며, 며느리와 함께 올 때는 초췌하게 보이기 위하여 비가 오므로 물이 많아 농사가 풍년이 든다고 믿는 곳도 있었다.

이런 영등신은 2월 초하루에 왔다가 다음 다음 날인 3일 혹은 2월 15일에 올라가지만, 늦으면 2월 20일까지 있다가 올라간다고 믿었다.

13.1 영등일의 유래

영등신은 농신(農神)이면서 풍신(風神)이다. 그러므로 농어촌에서는 바람의 피해를 막고 풍년을 바라는 마음에서 영등일을 섬기게 되었다고 할 수 있다. 마을 사람들은 풍신제(風神祭)를 지냈는데, 이를 '바람 올린다'고 하였다. 영등일을 2월의 초하루로 잡은 것은 설날과 대보름이 지난 시절로, 이제 서서히 농사일을 준비하고자 하는 일깨움이라 할 수 있을 것이다. 기복신앙(祈福信仰)과 초하루가 가지는 신성함을 엮어 만든 것이라는 뜻이다. 주로 영남지방과 강원, 그리고 제주지방 등 해안가에서 성행하였다.

조선 정조 20년 1796년에 원래는 중국의 명절이었던 '중화절'을 본떠 우리도 중화절(中和節)로 삼았다고 한다. 그러나 중화척을 비롯한 다른 행사들이 민가에 퍼지기까지는 많은 시간이 걸려, 대다수 국민들은 상당기간 그냥 고유의 머슴날로만 여겼었다.

13.2 영등일의 기록

영등일에 대한 기록은 몇 군데에 나타나 있다. 조선 후기 홍석모의 『동국세시기(東國歲時記)』에는 '영남 지방의 풍속에 집집마다 신을 제사 지내는데 그 신을 이름하여 영등신(靈登神)이라 한다. 무당이 영등신이 내렸다고 마을을 돌면 사람들은 다투어 맞이하여 즐긴다. 이 달 초하루부터 사람을 꺼리어 만나지 않는데 15일 혹은 20일까지 간다.'고 하였다. 그런가 하면 '제주의 풍속에 2월 초하룻날 귀덕과 금녕

▲ 무당 깃발

등지에서는 장대 두 개를 세워 놓고 신을 맞이하여 제사를 지낸다. 또 애월에서는 주민들이 말머리 형상을 한 나무를 채색 비단으로 꾸며 약마희를 논다. 이것은 신을 즐겁게 하는 행사로 보름까지 하다가 그만둔다. 이것을 영등이라고 한다.'고 기록하였다. 또 조선 후기 이옥(李鈺)이 쓴 『봉성문여(鳳城文餘)』에 따르면 다음과 같은 내용을 알 수 있다. '매년 2월 길일에 집집마다 영등신에게 제사를 지내는데 3일 전 문전에 붉은 흙을 깔아 사람을 들어오지 못하게 하고… 마당에는 밥과 국, 인절미, 떡, 술, 어육, 나물 등을 정갈하게 차려 놓고, 제사를 지낸 곳에 대나무 하나를 세우고... 15일까지 한다. 이렇게 하면 집 안에 질병이 없고 풍년이 들며… 영남 읍민 모두가 제사를 지낸다… 밤중에 분명히 느끼는 것이 있어 신이 가고 나면 옷이 땀에 젖었다. 대개 옛 두두리(豆豆里)류로 음사(陰祀)의 귀신이다.' 전북 장수군 번암면의 일부 마을에서는 실제로 2월 초하루를 상칭, 초닷새를 중칭, 그리고 스무날을 하칭이라 하여 음식을 장만한 후 세 번의 제를 올리기도 하였다. 이때 하칭은 약식으로 물만 올리는 경우도 있으며, 초닷새 대신에 초아흐레에 행하기도 한다.

이상에서 언급한 것과 같이 영등신(靈登神)은 영남지방과 제주 등지에서 주로 모시던 것으로 보인다. 일부 타 지역에서도 어촌을 중심으로 신앙화되었으나 최근에는 자연에 의지하던 신앙적(信仰的) 성격이 줄어들고, 점차 과학적인 어로에 참여함으로써 이를 신봉하는 사람들도 적어지고 있다. 지금도 어촌에서는 주부가 색깔 있는 옷을 입지 않는 것도 영등일에서 유래되어 전하는 것이다. 심지어 이 기간에는 상가(喪家)에 가지 않는다거나, 부정탈만한 흉한 일을 꺼리는 것도 같은 맥락이다.

13.3 영등풍속

주요 풍속으로는 풍신(風神)에 대한 풍신제를 꼽을 수 있다. 풍신이 비바람을 몰고 다니기 때문에 인간 세상에 미칠 영향을 고려하여 읍소(泣訴)하는 것이다. 이 날 비가 오면 물기가 많은 어촌에 풍어가 들 것이라 하여 물영등일, 바람이 불면 농촌에 풍년이 들 것이라 하여 바람영등일이라 불렀다. 그러고 보면 영등일은 바람이 불고 비가 온다는 전제조건에서 만들어진 것으로 해석할 수도 있다. 다만 그 해석은 우리에게 좋은 방향으로 하고 있는 것이다.

따라서 어촌에서는 영등일 아침이면 하늘을 보고 웃기도 하며 한숨을 쉬기도 하였다. 이는 바닷가에서의 바람은 해일(海溢)과 폭풍우(暴風雨)가 우려되어 안전한 어로(漁撈)에 위험을 초래하기 때문이다.

풍신제(風神祭)

영등 할미가 내려올 때는 거친 비바람을 몰고 오거나 평온한가운데 온다고 믿었다. 그러므로 이날 날씨에 따라 1년 농사의 풍흉을 예견할 수 있었다. 이것은 인간세상의 모녀 지간과 고부 사이가 변화무쌍

▲ 농신제(백중놀이보존회)

▲ 영신제(서산시청 김보성)

함을 표현하는 것으로 해석된다. 옛날에도 고부간의 정이 사나웠다는 것을 알 수 있으며, 이를 개선하여야 한다는 것도 알고 있었음을 지적하는 말이다.

　주부는 이날 새벽 첫닭이 울면 장독대나 뒷간에 정화수를 떠두었으며, 아침이 되면 볏가릿대에 밥을 갖다 놓고 그해 농사의 풍요 및 가정의 안녕을 기도드렸다. 이때 영등할머니를 위해 비린내가 나지 않는 생선이나 비늘 없는 생선인 명태로 탕을 끓이고, 잡곡밥과 나물, 떡, 술, 포, 과일 등으로 제상을 차려놓았다.

　제를 지낼 때는 양푼에 밥을 담은 뒤 숟가락을 식구 수대로 꽂아놓았으며, 팥시루떡이나 수수떡도 쪄서 올려놓았다. 수수떡은 수수쌀에 쑥을 넣고 인절미처럼 납작하게 만들어 콩을 묻혀 낸다. 이때 사용되는 곡식은 1년 농사에서 처음 수확한 것으로 잘 보관하였다가, 제사용으로 사용하는 풍습도 전한다.

　혹시 초하룻날에 제를 올리지 못하였다면 10일 이내에는 올리도록 하였으며, 제를 지낸 다음 날부터 보름까지는 장독대나 광, 마당 등 적당한 곳에 정화수만 떠 놓았다. 이날은 한 해 농사가 시작되는 날로 여러 가지 음식을 마련한 후, 가내 평안과 앞으로의 농사가 잘되기를 빌

▲ 요왕맞이(칠머리당영등굿보존회)　　▲ 영감놀이(칠머리당영등굿보존회)

며 식구 수대로 소지(燒紙)를 올린다. 이때 영등신과 접속한 무당은 가가호호를 돌며 원하는 집에 들러 고사를 지내주었다.

　그러기에 영등할머니가 세상에 머무는 동안에는 인간들이 지켜야 할 금속(禁俗)도 있다. 영등할미를 맞을 때에는 사람이 아직 한 번도 밟지 않은 황토를 파서 문 앞에 뿌리며 신성함을 나타낸다. 요즘말로 하면 최고의 영예를 얻은 자가 밟고 지나갈 레드카펫과 같은 이치일 것이다. 또 대나무에 오색헝겊을 달아 사립문에 매달고 걸인이나 병자 등 부정한 사람의 출입을 금한다. 이때 화려한 옷을 입거나 지나치게 치장하는 것도 금해야 한다. 이는 영등할미보다 좋게 보이면 화(禍)를 입을 것에 대한 방편(方便)이다. 지금도 무속인의 집 앞에 이런 깃발이 걸려 있는 것을 보아 미루어 짐작할 수 있다.

　영등할미는 농신(農神)이기도 하니 들에 나가 논밭을 갈며 일하는 것을 삼가고, 쌀과 같은 곡식을 밖으로 내는 것도 안 된다. 이것은 겉으로는 영등신에게 빌면서 부탁을 하는 것처럼 보이지만, 실제로는 사람들이 자기 마음대로 행한다는 인상을 주어 노여움을 살 수 있었기 때문이다. 영등일에는 어부들도 출어를 삼가며 조신하게 지냈다. 이런 근신은 많게는 열흘 혹은 스무날까지 이어졌다.

또 영등신이 하늘에 올라가는 날에도 소지(燒紙)를 하였다. 찰밥과 명태무왁찌갯국을 장독대에 올려놓고 식구 수대로 수저를 꽂아 빌고, 떡시루에 수저를 꽂기도 하며 세상에 미련을 두지 말고 기분 좋게 가기를 빌었다.

풍신제로 유명한 것은 제주칠머리당영등굿인데, 이는 1980년 11월 17일 중요무형문화재 제71호로 지정되었으며 2009년 9월 30일 유네스코 세계무형문화유산으로 등재되었다.

제주칠머리당영등굿

칠머리당영등굿은 제주시 건입동 칠머리에서 펼쳐지는 굿으로, 영등일에 영등신을 맞는 과정부터 보내는 때까지 펼쳐진다. 영등신이 오는 날은 음력 2월 1일이지만 떠나는 날은 3일 혹은 늦으면 15일이 되기도 하며 지방에 따라 날짜도 다르다. 칠머리당굿은 영등일의 맞이굿(歡迎祭)을 시작으로 14일의 송별제로 끝난다. 주민들은 어촌마을답게 생계수단으로 어로를 택하였고, 비바람에 취약한 어부들이 자연에 대한 순응과 안전 및 풍어를 기원하면서 시작되었다고 볼 수 있다. 칠머리당굿은 대체로 500여 년도 넘는 긴 역사를 가지고 있으며, 국내 유일의 해녀(海女) 관련 굿을 한다.

굿은 모든 신을 불러 굿에 참가한 집안의 행운을 비는 초감제(初監祭)를 시작으로 본향당의 신(神)인 부부신을 불러 마을의 평안을 비는 본향(本鄕)듦굿, 요왕신과 영등신이 오시는 길을 닦아 맞이하고 어부와 해녀의 안전을 비는 요왕(龍王)맞이굿, 마을 전체의 액을 막는 도액(洞厄)막음굿, 해녀가 바다에서 잡은 것들의 씨를 다시 바다에 뿌리는 씨드림굿, 영등신을 배에 태워 본국으로 보내는 배방송(船放送)

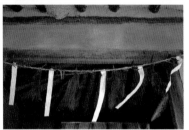

▲ 금줄(조재길)

굿, 처음 불러들인 모든 신들을 돌려보내는 도진(渡津)굿의 순으로 진행된다.

　제주특별자치도 제주시 건입동의 사라봉공원과 제주항 사이에 있는 작은 언덕 별도봉의 입구에서 7개의 머리 모양을 한 곳에 당(堂)을 세우니 칠머리당이며 '도원수감찰지방관(都元帥監察地方官)'과 '요왕해신부인(龍王海神夫人)'의 신위를 모시고 있는데 여기에 영등일의 영등신을 함께 섬기고 있다. 영등신은 '영등할망'으로 불리기도 하는데 바람신이며, 외눈백이섬 혹은 강남천자국에서 왔다가 기한이 되면 본국으로 돌아가는 신으로 상주신(常住神)이 아닌 내방신(來訪神)에 속한다.

　칠머리당영등굿은 일반 문화재와 달리 전문 굿꾼이 진행하는 데, 무속인이면서 본 영등굿 무형문화재 기능보유자로 지정된 장인(匠

人)이 주도한다.

제주의 영등신에 대한 근원은 여러 가지로 전하고 있다. 먼저『동국여지승람(東國輿地勝覽)』에 있는 것처럼 2월 삭일(10일)에 12개의 대나무를 세우거나 말머리 모양의 나무 등걸에 옷을 입히고 약마희(躍馬戲)를 즐겼으며 보름까지 배를 타지 않는다는 내용이다. 다음으로는 물에 빠져 죽은 당나라 상인의 시신이 네 개로 나뉘어 여기저기 흩어져 떠올랐는데, 이 때문에 매해 정월 보름에는 거센 바람이 불어와 배를 띄우지 않는다는 것이다. 그런데 후자는 영등굿의 진풀이에서 영등대왕이 여러 곳으로 나뉘어서 들어온다는 말과도 유사하다. 그렇다면 초감제에 등장하는 모든 신의 개념이 후자(後者)의 진풀이 영등굿의 영등대왕과 연관이 있을 법도 하다.

중화절(中和節)

2월 초하루는 영등날로 농사 혹은 어로와 연관된 바람신[風神]의 날로 여겼다. 이때부터 벌써 농사를 염려하는 시기로, 이에 대한 대비(對備)도 따랐었다. 조선 시대에 궁중에서는 반죽(斑竹)이나 붉은색이 도는 대나무[朱竹], 혹은 붉은색을 들인 향나무나 이깔나무로 만든 중화척(中和尺)을 재상(宰相)과 시종(侍從)에게 나누어 주었다. 중국 당나라의 백거이가 쓴『백씨장경집』일명『백향산집(白香山集)』에서는 홍아(紅牙)로 만든 자와 은(銀)으로 만든 자를 하사받았다는 내용도 나온다. 이때 받은 자[尺]는 현재 시중에서 포목(布木)을 재는 자보다 약간 작게 만들어져 있는데, 이것이 어떤 의미였는지는 전하지 않는다.

『동국세시기』에는 옛 당나라에서 행하던 일을 조선 시대에 와서 정조 20년 병진년 1796년에 본뜬 것이라고 기록하고 있다. 다른 면에서는 당시 중국의 중화정치(中和政治)를 따르던 나라에서 어쩔 수 없이 행하던 제도였다고 보는 시각도 있다. 그러나 옛 당나라의 제도를 따르기보다는 그때그때 강국으로 부상하는 중국의 문물을 받아들였다는 것이 더 현실적이다.

실제로 중앙의 통치편제나 지방의 조직까지도 중화의 영향을 받았던 만큼, 중화척(中和尺)도 정치의 척도를 자로 재서 측량한다는 중국의 의도를 따랐다고 본다. 이런 중화척은 농사에서 필요한 수나 크기를 계산하는 척도로 표현되었으며, 2월에 농사를 시작하는 첫날에 이를 하사(下賜)하는 것은 농사의 중요성을 정치의 중요성에 빗댄 것이라고 볼 수 있다.

노래기퇴치

▲ 노래기(나비이야기 권명상)

이 날은 여름에 생기는 노래기를 퇴치하는 날이기도 하다. 노래기는 지방에 따라서는 노내기라 부르기도 하고, 다리가 많다고 하여 백족충(百足蟲), 몸을 둥글게 감는다고 하여 환충(環蟲), 한자로는 마현(馬蚿) 혹은 마륙(馬陸)이라고도 한다. 이 벌레는 주로 썩은 짚이나 습한 땅속에 서식하는 데, 옛날 지붕은 대부분 짚으로 되어 있어서 노래기가 살기에 안성맞춤이었다. 노래기는 지네처럼 생긴 것이 징그럽게 보이며 냄새 또한 심한 노린내로 아주

고약하다.

따라서 사람들은 이 노래기 퇴치방법으로 집안을 청결하게 청소하여 방지하고자 하였다. 그러나 그것은 충분하지 못한 방법이었기에, 종이를 잘라서 향낭각씨(香娘閣氏)의 노리개를 만들어 주술(呪術)하였다. 만들어진 노리개는 '향낭각씨속거천리(香娘閣氏速去千里)'라는 글자를 써서 서까래에 매달아 두었다. 이는 향낭각씨는 속히 천리 밖으로 도망가라는 뜻으로, 향낭각씨는 바로 노래기를 미화한 표현이었다.

보통의 주술적 부적(符籍)은 대개 붉은색으로 글자를 쓰지만 이 노래기부적은 묵서(墨書)로 쓰는 것이 특이한데, 이는 먹물이 노래기 색과 비슷한 때문으로 풀이된다. 이런 향낭각씨를 만들지 못한 가정에서는 소나무 잎이 달린 가지를 잘라 지붕 위에 올리거나 추녀 끝에 꽂아 넣기도 하였다. 이는 소나무향이 노래기를 쫓는 것은 물론, 송진(松津) 성분이 짚에 묻어 방부제의 역할을 한다고 믿었던 때문이다. 서민들의 경우 대부분 향낭 대신 소나무 가지를 활용하였다.

머슴날〔奴婢日〕

농가에서는 2월 초하루를 머슴날이라 하여 별도로 챙겨주었다. 이는 가을 추수가 끝난 후 오랫동안 편히 쉬었으나, 이제 2월이 되었으니 농사 준비를 해야 하는 머슴들을 위로하는 풍습에서 비롯되었다.

이 날은 머슴들이 즐겁게 쉬며 주인은 술과 음식을 푸짐하게 대접하면서 농악과 노래로 흥을 돋워주었다. 마침 20세가 되는 머슴에게는 성인식을 해주어, 어른이 되면서 다른 성인들과 함께 품을 주고받는 당당한 품앗이꾼으로 인정하는 날이다. 이때 시절음식인 송편〔松餠〕

을 노비들에게 자기 나이 수대로 나누어 먹이고 위로하였다.

이 날은 정월대보름날에 세워두었던 볏가릿대를 털어내어 송편을 만들고, 술과 음식으로 일꾼들을 위해 잔치를 하였다. 이는 한 해 동안 농사를 잘 지어주기 바라며 대접하기 때문에 머슴날이라고 하였다.

▲ 소(나비이야기 권명상)

일꾼들로서는 겨울 동안 쉬었던 몸에 생기(生氣)를 넣고 농사일을 하기 위한 준비를 하는 데, 썩은 새끼줄에 자기 목을 매고 '나는 죽었다'하는 시늉을 하면서 닥쳐올 농사일이 고됨을 비유하였다. 주인은 그런 머슴에게 가외로 용돈을 주면서 부담 없이 쓰도록 하였다.

특히 강원도 화천에서는 머슴들이 농악놀이를 하며 집집마다 걸립(乞粒)을 하였다. 걸립이 끝나면 장가 못 간 노총각들은 씨름판을 벌였으며, 장사로 뽑힌 총각은 혼기에 접어든 가난한 집 처녀와 맺어주었다. 저녁에 이르러 놀이가 절정을 치닫게 되면 주인집 자녀들의 건강을 비는 축문을 양초에 감아 강물에 띄워 보내는 낙화(落火)놀이를 하였다. 이때 마을 사람들은 농악을 벌였다.

이 날 머슴을 제외한 가족들도 나이 수대로 송편을 먹었다. 그러나 대가족에서 나이 수만큼 많은 송편을 장만하기에는 부족하여, 식구들은 열이나 스물 등 일정한 숫자를 빼고 먹기도 한다. 요즘 생일잔치 케이크 촛불에서 큰 촛불 하나를 작은 촛불 10단위로 삼는 것과 같다.

한 해 농사를 시작하면서 땅을 처음 갈아엎는 것을 초경(初耕)이라 한다. 초경은 소의 머리를 동쪽으로 하여 기운을 받게 하였다. 마침 논밭의 길이가 남북으로 길게 되어 있다 하여도 먼저 동쪽의 가로 방향으로 갔다 온 뒤에 땅의 모양에 따라 길이 방향으로 갈아엎었다.

좀생이보기

저녁 하늘에서 좀생이 별 즉 묘성(昴星)이 달의 전후에 있는 것으로 풍흉을 점쳤다. 예를 들어 별이 달의 앞에 있으면 풍년이 든다고 하였으며, 또 좀생이별이 밝으면 풍년이 든다고 하였다. 좀생이별은 플레이아데스성단에 속한 6~7개의 밝은 별을 의미하며, 황소자리의 이타성이 가장 주된 별이다.

날씨 점

영등신이 마지막으로 올라가는 2월 20일의 날씨로 풍흉을 점치는 풍속이 있다. 이때 저녁이 되면 마당가에 매어둔 소 말뚝 위에 올라가서 자기 그림자를 보면서 머리가 선명하면 풍년이고 흐려서 잘 보이지 않으면 흉년이 든다고 하였다.

콩볶기

이 날은 콩을 볶아 먹었는데, 콩을 볶을 때 '새 알 볶아라, 쥐 알 볶아라, 콩 알 볶아라' 하는 주문을 외웠다. 이는 들녘에서 피해를 주는 새와 쥐를 막기 위한 방편으로 그들의 생명이 탄생하는 것을 방해하는 의미였다. 이것 또한 무사태평(無事太平)과 농사의 풍요(豊饒)를 기원하는 행사에 속한다. 또 콩을 볶을 때 그릇이 뜨거워지면 콩이 톡톡 튀는 것에 비유하여, 노래기들이 모두 톡톡 떨어져나가기를 바라는 마음도 있었다. 노래기를 건드리면 마치 쥐며느리 일명 콩벌레처럼 몸을 마는데, 쉽게 말해 콩을 연상시키는 것과 연관이 있다.

연(鳶)놀이

겨울이 되면 청소년들이 즐기던 놀이 중에 연날리기가 있는데, 대체로 12월 중순께부터 설날과 대보름 사이에서 가장 많이 놀았다. 연은 창호지에 대나무살을 붙였는데 주로 방패연을 만들었다. 연실은 지방에 따라 자새 또는 감개라고 불리기도 하는 얼레에 필요한 만큼 감아 사용하였다. 연을 바람에 맞보게 한 후 연실을 풀었다가 감았다가 하면서 상승바람을 타고 오르게 하는 기술을 필요로 한다. 연실은 주로 명주실(常白絲)이나 무명실, 그리고 당백사(唐白絲)를 사용하였다. 간혹 연싸움을 하는 아이들은 연실에 날카로운 금속조각이나 사금파리조각 등을 가루로 만들어 부레풀이나 밀가루풀로 붙여놓기도

▲ 지붕위 솔가지

한다. 연날리기는 지금도 성행하는 민속놀이로, 오락성은 물론 민속신앙적인 양면성도 지니고 있다.

연날리기의 민속신앙적인 면은 '액막이연 날리기'가 있는데, 이는 보름날 많이 하는 놀이로 연에 액(厄)이나 송액(送厄)이라는 글자를 쓰고 연줄을 끊어 날려 보낸다. 이로써 자신의 1년 액운(厄運)이 모두 사라진다고 믿었다. 연의 오락적인 면으로는 연싸움을 꼽을 수 있다. 이는 두 사람 이상이 연을 띄우고 연줄을 서로 얽어 잡아당김으로써 줄이 먼저 끊어지는 사람이 지는 경기다.

이외에도 음력 2월에 맞는 첫 번째 정일(丁日)을 봄 상정일(上丁日)이라 하는 데, 이때부터 점심을 먹기 시작하는 날이다. 그러다가 가을 상정일 즉 음력 8월 첫째 정일(丁日)이 되면 다시 점심을 거르게 된다. 농가에서는 겨울철 해가 짧고 일이 적은 기간에는 점심을 걸러 식량을 아끼면서 실질적으로 합리적인 절식(絶食)을 하였던 것이다. 이 두 날이 밤과 낮의 길이가 같다고 여겼기 때문이다. 종묘에서는 연중 2월과 8월의 상정일 두 번에 석전례를 치른다. 여기서 말하는 석전(釋奠)이란 문묘에서 공부자(孔夫子)에게 제사를 지내는 의식이다. 따지고 보면 조상에 대한 예의는 모든 중요한 일이 있을 때마다 차렸으니, 없는 집에서는 제사에 대한 부담이 컸을 것이 이해가 된다.

13.4 영등일 음식

요즘 사람들은 송편(松餅)이 추석의 대표 음식인 줄 알고 있지만, 사실은 2월 초하루인 영등일의 시절음식에서도 등장한다.

▲ 송편(떡보의 하루)   ▲ 일반찹쌀팥시루떡(떡보의 하루)

『동국세시기(東國歲時記)』에 의하면 정월대보름에 세웠던 볏가릿대를 내리고, 그 속에 넣었던 곡식으로 송편이나 떡을 만들어 먹었다고 한다. 이 떡은 앞으로 농사일을 하게 될 머슴들이 힘을 내라는 의미로 주먹만 하게 만들었는데, 콩을 불려서 속을 넣고 솔잎을 깐 시루에 담아 쪄냈다. 푹 익은 송편은 물기를 없애고 참기름을 발라서 머슴의 나이 수대로 먹게 하였다. 따라서 2월의 송편은 머슴송편 혹은 노비송편이 되기도 한다.

소(巢)는 팥, 밤, 검은 콩, 푸른 콩 등은 물론이며 꿀이나 대추와 같이 단 음식을 넣어서 만들기도 하였으며 약용인 미나리를 넣기도 한다.

또 영등날에는 정월대보름에 세워두었던 볏가릿대의 곡식을 풀어 솔떡을 쪄서 먹기도 한다. 그러나 뭐니 뭐니 해도 볶은 콩을 빼놓을 수는 없을 것이다.

13.5 영등일과 현실

영등일을 크게 기억하는 사람들은 별로 많지 않다. 그것은 농어촌의 특정한 사람들만이 지켜왔던 풍속이기 때문일 것이다. 그러나 콩을 볶아 먹었던 것은 누구나 생각하고 있다. 왜 2월 초하루에 콩을 볶아 먹었는지 그 이유는 알지 못하였지만, 정월대보름이 지난 후 이제는 명절이 되어 맛있는 음식을 먹으려면 한참을 기다려야 한다는 생각이 들 때쯤에 영등일이 온다.

이와 더불어 초가지붕에 소나무 가지를 던지며 '노래기 물러가라'를 외치던 것도 흔한 기억에 속한다. 당시에는 초가지붕이 많아 곤충들이 서식하기 좋았다는 반증이다. 요즈음은 콘크리트나 아스팔트가 많다고 하지만 지금도 습하고 어두운 곳에서는 노래기가 흔히 발견된다. 물론 예전과 비교하여 많은 숫자는 아니다. 노래기를 퇴치하는 소나무 가지는 콩을 볶는 당일 아침에 꺾어야 했지만 추운 날씨를 생각하여 전날에 꺾어다 놓는 것이 대부분이었다.

실제로 영등일이 머슴날이라고는 하더라도 머슴을 부리거나 머슴을 살러 간 특정사람들에게는 특별하였겠지만 보통의 서민들 간에는 다소 미약한 풍습일 수밖에 없어 약간의 차이가 난다.

14 삼월삼짇날

음력으로 3월 3일을 삼월 삼짇날이라 부르며, 발음상 '삼월 삼질'이라고도 한다. 이날은 양(陽)의 기운인 홀수가 두 번 겹친 날로 단오, 칠석, 중양과 함께 길일(吉日)로 여겨왔다. 이날을 한자로는 상사(上巳), 원사(元巳), 중삼(重三) 또는 상제(上除)라고도 한다.

14.1 삼월삼짇날의 환경

이날은 강남에 갔던 제비가 다시 돌아온다고 하였는데, 그만큼 따뜻해져서 겨울철새가 가고 여름철새가 온다는 날이다. 그러나 요즘은 농촌에서도 제비 구경하기가 쉽지는 않다. 예전보다 먹이가 부족하여 그렇다고 하지만, 사실은 한반도의 평균기온이 올라감으로 인해 원활한 부화(孵化)가 어려워지자 좀 더 북쪽으로 올라간 것에 더 큰 원인이 있을 것이다.

한편 봄을 알리는 나비 중에 흰나비를 먼저 보면 그해에 상복(喪服)을 입게 되고, 색이 있는 나비를 보면 길한 일이 있을 것이라고 믿는 나비점도 있었다. 또 동면에서 깨어난 뱀을 보는 것은 매우 재수가 좋은 일이라 여겼다.

삼짇날은 만물이 활기를 띠는 계절로 사람들은 겨울 동안의 묵은 때를 씻는다 하여 동천(東川)에 몸을 씻고 머리를 감았다. 일본에도 삼월삼짇날은 있지만, 이날은 양력으로 계산하며 여자아이들이 자신의 건강과 장래의 소원을 비는 날로 통한다. 또 이날이 지나면 3월 말부터 5월 말까지 벚꽃을 감상하는 기간으로 알고 지낸다.

14.2 삼월삼짇날의 유래

삼짇날을 정확하게 알려주는 내용은 없으나, 최남선은 신라 이래로 이날 여러 가지 행사가 있었으며 이 풍속은 조선으로 이어져 오고 있다고 하였다. 또 옛사람들은 3월의 첫 뱀날(巳日)을 상사(上巳)라 하여 기렸으나, 상사일이 들쭉날쭉함으로 불편하여 마침내 3월 3일로 정착되었다고 한다. 이때의 뱀은 지혜와 생명에 관계되는 동물로 여겨진 것이다.

고구려의 삼짇날은 왕과 대신 그리고 군사와 백성 모두가 사냥대회를 열고, 그날 잡은 짐승으로 하늘과 산천에 제사를 지냈다. 또 뛰어난 활약을 펼친 사람은 신분을 불문하고 장수로 뽑았는데 바보 온달이 장수로 뽑힌 날도 이날이었다. 신라 때에는 재액(災厄)을 털어내는 의식을 치렀다.

고려 시대에는 답청을 하였으며, 궁중의 뒤뜰에 여러 관리들이 굽이굽이 휘어져 흐르는 물가에 둘러 앉아 임금이 띄운 술잔이 자기 앞에 오기 전에 시를 짓고 술잔을 들어 마시는 곡수연(曲水宴)을 행하였다. 조선 이후에는 조정에서 기로연(耆老宴)을 베풀었는데 이는 덕망이 높은 노신(老臣)들을 모아 베푼 잔치였다.

14.3 삼짇날의 풍속

겨우내 집 안에만 있었던 여자들이 음식을 준비한 후 오랜만에 산과 들로 나가 즐겼으며, 진달래꽃을 따서 화전놀이도 하였다. 이날 여러 가지 놀이를 하면서 '화전(花煎)'을 주제로 하는 가사(歌辭)를 지

▲ 1. 남방노랑나비 2. 거꾸로여덟팔나비 3. 공작나비 4. 왕은점표범나비   (권명상)

은 후 좌상(座上) 노인의 평(評)을 받아 장원을 뽑기도 하였다.

또 구성원 전체가 돌아가면서 가사 한 구절씩 불러서 장편가사인 '화수가(花酬歌)'를 지었던 곳도 있다. 특정 지역에서는 용왕당(龍王堂)이나 삼신당(三神堂)에 가서 아들을 점지해달라는 기원을 하기도 하고, 농사가 풍년들기를 바라는 춘경제(春耕祭)를 지내기도 하였다.

제비맞이

삼짇날의 상징은 제비가 으뜸이다. 따라서 강남에 갔던 제비가 돌아오면 그해 처음 본 제비에게 세 번 절을 하고 왼손으로 옷고름을 풀어헤쳤다가 다시 여미는 풍습이 있었다. 이는 겨우내 웅크렸던 몸에 강남에서 제비가 몰고 온 봄기운을 듬뿍 받는다는 것이다. 또 제비가 처마 밑에 둥지를 틀면 복을 가져다주며 질병과 더위를 이겨낸다고 하였다. 이런 제비를 향하여 해코지를 하면 부정(不淨)한 일이 생긴다고 믿었다. 우리의 전래소설『흥부전』에도 나오는 내용이다.

화전놀이(花煎놀이)

양력 4월 초순이나 중순에 해당하는 이날은 들판에 꽃이 만발하는 때이다. 따라서 유생(儒生)들은 경치가 좋은 곳에 모여 음식을 먹어가며 시조를 읊거나 춤과 노래로 하루를 즐기는 풍속이 생겼다. 이렇게 즐기는 것을 화류놀이(花柳놀이)라 하고 이때 먹었던 음식들을 포함하여 화전놀이라 불렀다. 이날을 한자로 풀어 푸르름을 밟고 온다는 뜻으로 답청절(踏靑節)이라고도 부른다.

부녀자들도 봄맞이놀이를 하였는데 시집살이의 구속에서 벗어나 하루를 즐기게 되었다. 그리고 산에서 내려올 때에는 활짝 핀 진달래

▲ 화전(떡보의 하루)

꽃을 꺾어 머리에 꽂거나 꽃방망이를 만들어 아쉬운 홍을 담아오기도
하였다.

함남 영흥 지방에서는 삼짇날 동류수(東流水)에 몸을 씻으면 한 해
의 재액(災厄)을 떨어 버린다고 믿어, 시인(詩人)과 묵객(墨客)들이
강변을 찾았으며 이때 정자에 모여 화전놀이도 병행하였다고 한다.
화류(花柳)라는 단어가 마치 왜색(倭色)이 짙은 듯하나 사실은 화전
놀이에서 파생된 우리말이다. 꽃놀이는 본래 3월 삼짇날에 파란 풀을
밟고 거니는 답청(踏靑)놀이에서 비롯되었다. 서울에서도 현 종로구
필운동인 필운대(弼雲臺)의 살구꽃, 성북구 성북동 북둔(北屯)의 복
사꽃, 동대문인 홍인지문(興仁之門) 밖의 버들이 가장 유명했던 곳들
이다. 따라서 우리 전통의 화류(花柳)를 되찾고 조상들이 즐겼던 올바
른 상춘(賞春)에 빠져보는 것도 좋을 듯하다.

풀각시놀이

삼짇날 무렵에는 여러 종류의 풀들이 자라나고 나뭇가지에도 물이
오른다. 이때 아이들은 풀과 나뭇가지로 여러 가지 장난감을 만들어
놀았다. 특히 소녀들은 담 밑에 나는 각시풀을 추려서 한쪽 끝을 실로

▲ 빨래(조재길)

묶어 머리채를 만든 후, 나뭇가지에 묶어 풀각시놀이를 하였다. 풀각시의 머리는 땋거나 쪽을 지었고, 예쁜 색색의 헝겊으로 치마와 저고리를 만들어 입혔다. 간혹 풀각시 주변에 헝겊으로 이불이나 베개, 머리 병풍들을 만들어서 방안처럼 꾸며 놓는 경우도 있었다. 화창한 봄날 겨우내 웅크리고 있던 동심(童心)들이 양지바른 곳에 모여 다정하게 노는 모습들은 꿈을 길러주고 생활의 지혜를 쌓는 정서적인 놀이라고 할 수 있다. 다른 말로 풀놀이, 삘기놀이라고도 한다. 이때의 삘기는 작은 억새풀만큼이나 키가 자라는데 소풀 또는 띠풀이라고도 하는 억센 풀이다.

호드기놀이

소녀들이 풀각시놀이를 했다면 남자아이들은 들과 냇가로 모여 물이 잘 오른 버드나무로 피리를 만들었다. 호드기는 버드나무의 껍질을 비튼 후 겉껍질 속의 나무를 빼낸 것으로, 둥글고 긴 악기 모양이 되어 굵기와 길이에 따라 각기 다른 소리를 냈다. 이때 피리처럼 작은 구멍을 내어 좀 더 다양한 소리를 낼 수도 있었다. 그러나 아이들은 버들피리소리가 잘 나고 안 나고가 문제가 아니라, 이렇게 모여 같이 즐길 수 있다는 것이 중요하였던 것이다. 게다가 자신의 힘으로 피리를 만들었다는 것도 뿌듯한 자신감을 키워주기에 충분하였다.

활쏘기

　삼짇날 이후로 활쏘기 대회를 갖는데, 활쏘기는 위험하므로 대체로 장년층에서 많이 시행되었다. 오늘날에는 활쏘기를 하나의 스포츠로 즐기고 있지만 예전에는 무술로서 익혔던 병과(兵科) 과목에 속했다. 우리 민족은 말을 타고 활쏘기를 즐겨했으며, 활쏘기는 기품 있는 자세를 갖추는 데도 한몫하였다.

　궁술(弓術)은 고대에서부터 중요한 덕목 중의 하나였으며, 지금도 일부지역에 사정(射亭)이 있어서 활쏘기를 하고 있다. 예전에 활쏘기 대회를 열면 남녀노소 할 것 없이 많은 구경꾼들이 구름처럼 모여들었고, 심지어 기생들도 궁사들의 뒤에서 소리를 하며 기운을 돋우어 주었다. 강원도 평창과 충남의 연기군에서는 각각 무형문화재로 지정하여 전통을 이어오다가 보존에 한계성 및 행정구역 개편에 의해 문화재 지정이 해지되고 말았다.

▲ 활쏘기(국궁신문 이건호)

활쏘기 대회에는 여러 명의 궁사들이 한 줄로 서서 차례대로 활을 쏘는데, 누가 과녁을 많이 명중시켰는가로 승부를 낸다. 화살이 과녁에 못 미치면 깃발을 아래로, 화살이 과녁을 넘으면 깃발을 위로, 과녁에 맞으면 깃발을 둥글게 원을 그린다. 과녁이 중앙에 명중하면 북을 울리고 기생들은 지화자 노래를 부르며 손을 흔들어 춤을 추면서 한바탕 흥을 돋운다. 이 활쏘기는 조선 시대에 하나의 예절로 여겨 3월 3일과 9월 9일에 연 2회 실시하였다. 이때 노인들을 모신 가운데 고을의 규칙을 낭독하여 규약(規約)을 확인하고, 술을 마시면서 벌이는 하나의 잔치이기도 했다.

풀놀이

▲ 질경이

풀로 하는 놀이를 통틀어 말하며 여러 종류의 풀을 뜯어다가 누가 많은 종류의 풀을 뜯었는지 내기를 하거나, 질경이 풀을 뜯어다가 서로 얽어서 잡아당기는 질경이싸움도 하였다. 또 '솔잎걸기'는 크고 굵은 솔잎을 따서 서로 얽어 잡아당기는 놀이로 먼저 끊어지는 쪽이 지는 것이다.

그런가 하면 야산이나 들판에서 띠풀의 어린 새 순인 삘기를 뽑는데, 누가 더 긴 것을 뽑았는지 겨루는 놀이도 있었다. 삘기는 지방에 따라 삐비라고도 불렀다. 어떤 지역에서는 삘기를 한 움큼 뽑아서 누가 많이 뽑았는지 개수로 겨루기도 하였다. 삘기는 얇은 겉껍질을 벗겨내고 하얀 속살을 먹기도 하는 데, 오래 씹으면 부드러우면서 달착지근해진다. 그러나 이것으로 식량을 대신한 것은 아니었고 그냥 아이들 간식으로 먹었던 풀이었다.

머리감기

이날 머리를 감으면 마치 물결처럼 부드러워지고 소담스럽다고 하여 부녀자들 사이에는 머리감는 풍속이 전해진다. 그러나 어느 특정한 비누를 사용한 것도 아니니 삼짇날 머리감았다고 특별히 부드러워진다면 어느 누구의 머리가 부드럽지 않을 것인가. 아마도 이것은 한겨울 추위 때문에 마음대로 감지 못하던 머리를 삼짇날을 기하여 추위를 이기고 머리를 감아보자고 하는 의미가 아니었을까 생각해본다.

청춘경로회(靑春敬老會)

강릉(江陵)지방에서 노인을 공경(恭敬)하는 의미로 좋은 계절에 해마다 70세 이상의 노인들을 초청해서 명승지(名勝地)로 모셔다가 위안잔치를 벌인다. 이때 70세 이상 된 노인이 비록 머슴이나 노비(奴婢)라 할지라도 모두 이 잔치에 참가하도록 초청을 받았다. 경주에서는 사절유택이라고 하여 각 계절마다 실시하였고, 익산의 용안에서는 향음주례(鄕飮酒禮), 남원에서는 음주가무와 활쏘기대회를 하였다. 이런 것들은 모두 환난구휼(患難救恤)이며 효우충신(孝友忠臣)을 공고히 하는 행사였다.

장담그기

농가에서는 삼짇날에 장(醬)을 담갔는데, 주로 이른 봄에 담았다.

장은 길일을 택하여 고사를 지낸 후 담글 정도로 부정(不淨)을 멀리하였는데, 정월의 말날(午日) 또는 그믐날, 손 없는 날, 정묘일(丁卯日), 제길신일(祭吉愼日), 정일(正日)에도 담았다. 여기서의 장이란 간장, 고추장, 된장을 의미한다.

어떤 집의 음식 맛을 알려면 그 집의 장맛을 보면 안다는 말이 있다. 이때는 된장을 의미하며, 대대로 내려오는 장담기 비법이 있기도 하다. 이때 담근 지 2년 이하의 새 맛장은 '청장(淸醬)', 적어도 5년 이상 숙성된 된장은 '진장(眞醬)', 그리고 10년 이상 된 된장은 '수장(壽醬)'이라 할 정도로 묵을수록 귀하게 여기는데, 시간이 지나면 검게 변하는 특성이 있다.

간장 역시 큰 항아리의 묵은 간장에 새로 담근 간장을 계속 섞어서 먹는데, 오래된 간장 즉 대략 30년 이상 묵은 간장은 '씨 간장'이라 하여 약처럼 귀한 대접을 받는다. 이때의 간장도 오래될수록 검게 변하는 데, 짠맛은 줄어들면서 특유의 단맛이 가미된다. 종가(宗家)에서 100년 혹은 300년 묵은 간장이라는 말은 포도주처럼 어떤 항아리를 밀봉한 채로 300년이 지났다는 말은 아니며, 씨간장에 계속 첨가하여 이어져온 것으로 동일한 맛을 유지하고 있다.

시제(時祭)

『열양세시기(洌陽歲時記)』를 보면 유현(儒賢)과 사대부(士大夫)가 많아지면서 시제를 중히 여겼으나 연간 네 차례 지내던 것인데, 대개는 가난하여 사시제(四時祭)를 지내지 못하여 두 번만 지냈다. 봄의 중삼(重三), 그리고 가을의 중구(重九)에 행하는 자가 많다고 하였다. 현재의 사전에서도 2월, 5월, 8월, 11월에 사당(祠堂)에서 지낸다고 적고 있다. 이때는 설날, 한식, 중추, 동지에 5대조(代祖) 이상의 조상에 대하여 드리며, 절차는 집에서 지내는 4대조까지의 기제사(忌祭祀)와 같다. 하지만 근래에는 봄이나 가을에 정한 특정한 날에 한 번만 드리는 경우도 많이 생겨났다.

▲ 남사당(조재길)

이 밖에도 깨금발싸움 일명 외발닭싸움, 중요무형문화재의 남사당놀이 일부와 무형문화재로 지정된 '박첨지놀이'도 전한다. 또 김유정의『동백꽃』에 등장하는 닭싸움도 있다.

14.4 삼월삼짇날 시절음식(時節飲食)

3월은 양춘(陽春)의 계절로 특정한 풍속을 찾는 것보다 한 달 내내 다양한 놀이가 이어지는 달이다. 이때는 만물이 생동(生動)하는 시기답게 산해진미(山海珍味)가 있어 다양한 시절음식(時節飲食)을 만날 수 있다.

탕평채(蕩平菜)

탕평채는 묵청포를 말하며 이는 녹두로 청포묵을 만들어 잘게 썰고, 돼지고기와 미나리, 김과 함께 초장에 무쳐 먹는 음식이다. 탕평채는 차게 먹을수록 맛이 좋다. 초나물에 녹말묵을 썰어 넣고 섞은 근래의 묵청포와 같이 혼용된다.

　탕평채는 조선 중기 당쟁(黨爭)이 심할 때에 여러 당파가 모여 서로를 아우르는 탕평책(蕩平策)을 구상하는 자리에 녹두묵에 채소를 섞어 무친 음식이 나온 이후로 붙여진 이름이다. 탕평채를 만드는 재료는 겨자채, 죽순나물, 죽순찜, 달래나물, 냉이국, 쑥국, 산갓김치 등이다.

쑥국

　쑥국은 다른 말로 애탕(艾蕩)이라고도 하며, 들에 무시로 나는 쑥을 뜯어다 끓이는 국이다. 입춘 전에 세 번만 끓여 먹으면 소 한 마리로 보양한 것과 같다고 할 정도로 몸에 좋은 것이 쑥이다. 혈액순환을 돕고 특히 부인병과 관련하여 특효가 있다. 그런데 이른 봄에 줄기째 국으로 끓이는 쑥은, 가루를 내어 만드는 떡과 달리 어린잎으로 조리해야 먹기에 좋다.

쑥떡

　옛사람들은 방울 모양의 흰떡을 만든 후 속에 팥을 넣고 쪘다. 이 떡에 다섯 가지 색깔을 넣었는데, 작은 것은 다섯 개씩 혹은 큰 것은 세 개씩 이어 산떡이라 불렀다. 또 찹쌀과 송기 그리고 쑥을 넣어 만든 고리 떡도 있었다. 한편 부드러운 쑥 잎을 따서 찹쌀가루에 섞어 쪄서 쑥떡을 만들었고, 쑥을 줄기째 넣고 쌀가루와 대충 버무려서 쪄내면 쑥 버무리가 되었다.

산병(散餠)과 환병(環餠)

　산병(散餠)은 산떡이며 달리 밥풀과자로 풀이되고, 환병(環餠)은 둥근 모양을 한 떡이다. 멥쌀로 작은 방울 모양의 흰떡을 만드는 데, 그 속에 콩으로 소(巢)를 넣은 후에 머리 쪽을 오므린다. 이때 오색물감을 들여 다섯 개를 포개어 구슬처럼 꿴 떡이라 해서 산떡이다. 혹은 송편처럼 만들어 작은 것은 다섯 개, 큰 것은 두세 개를 대나무 꼬치에 꿰어 먹는다. 꼬치에 꿰어 적을 부치는 것을 산적이라 하는 것과 같다. 환떡은 소나무의 속껍질인 송기와 쑥의 한 종류인 제비쑥을 찧어 오색의 둥근 모양으로 만들기도 하였다. 이때 크게 만드는 떡을 말굽떡 [馬蹄餠]이라고도 한다.

소어(蘇魚)와 제어(鱭魚)

경기도 안산 앞바다에서 소어(蘇魚)가 많이 잡혀 풍어를 이룬다. 이 소어는 밴댕이의 다른 말이며 반지, 근어, 해도어 등으로 불리기도 한다. 제어(鱭魚)는 한강 하류의 고양과 행주지역에서 나는데, 조선조 궁중의 음식을 관장하던 관청인 사옹

▲ 우어(웅어, 위어)

원(司饔院)의 관리가 임금께 진상(進上)하였다고 한다. 제어는 위어(葦魚), 싱어, 웅어, 우어, 멀어, 열어로도 불리는데 갈대잎 모양을 한 은백색의 풍천물고기로 귀한 물고기에 속한다. 여기서의 풍천은 바닷물과 민물이 뒤섞이는 포구를 의미하며, 제어 역시 해수와 담수가 만나는 곳에서 잘 잡히던 물고기의 일종이다.

민속전통주(民俗傳統酒)

민속주는 주로 봄철에 많이 빚는 술로 우리와 친숙한 술이다. 가을에는 각종 열매와 뿌리를 이용하지만 봄에는 화려한 꽃을 이용하는 것이 특징이다. 맛 좋은 술로 전하는 전통주(傳統酒)는 개인 혹은 술집에서 직접 만드는 것으로 고유의 맛을 자랑하는 술에 속한다.

진달래는 황화(黃花)와 함께 떡을 만드는 데 가장 많이 사용되었으며, 다음으로는 두견주라 하는 술을 만들기도 하였다. 참고로 꽃을 이용한 술로는 도화주, 국화주, 개나리주, 매화주, 연화주, 해당화주, 인동꽃주, 송화주 등이 있다. 그중에서도 진달래꽃에는 꿀이 많아서 술이 매우 달다.

화전(花煎)

▲ 화전(떡보의 하루)

찹쌀을 이용한 전병(煎餠)에 진달래꽃을 부쳐 먹는 풍속은 우리 한국만이 가진 독특한 문화다. 이것은 꽃을 음식 재료로 하였다 하여 화식문화(花食文化)라 한다. 이것은 일본의 음식문화인 화식문화(和食文化)와는 전혀 다른 것이다. 음력 9월 9일인 중양절에는 진달래꽃 대신 국화꽃으로 화전을 만들어 먹었다.

그런가 하면 음식에 황색을 내는 재료로 쓰이는 꽃을 황화(黃花)라 부르고 이런 채소를 황화채라 한다. 이 황화채는 궁중에서 도라지나 미나리, 목이버섯, 숙주 등과 함께 고유의 색을 내는 재료로 쓰였다.

훤화(萱花)라 불리는 참나리꽃도 황화채(黃花荣)의 원료가 되고 두견화도 두견화채를 만드는 재료에 속한다. 조선 후기에 간행된 『동국세시기(東國歲時記)』에 의하면 '진달래꽃을 따다가 찹쌀가루에 반죽하여 둥근 떡을 만드는 데, 이것을 화전(花煎)이라 한다. 또 진달래꽃을 녹두 가루에 반죽하여 화전을 만들기도 하며, 녹두로 국수를 만들기도 한다. 녹두가루에 붉은색 물을 들여 익힌 후 잘게 썰어 꿀물에 띄운 것을 수면(水麵)이라 불렀고 제사상에도 올렸다.'고 하였다. 지역에 따라서는 이 수면에 오미자국물을 넣는 경우도 있었다.

화면(花麵)

화전을 하기 위하여 진달래꽃을 녹두 가루와 섞어서 반죽하는 데, 이때 꽃이나 오미자 등 색깔 있는 재료로 붉게 물들여 만든 반죽을 꿀에 타서 만들면 모두 화면(花麵)이 되었다. 여기서의 화면은 면발을 뽑기 전의 반죽 상태를 의미하며, 이 재료를 사용하여 각종 음식을 만들 수 있는 것이다.

이 밖에도 녹두떡, 절편, 쑥굴레떡, 청면, 청주 등이 삼월삼짇날의 시절음식에 해당한다.

14.5 삼월삼짇날과 현실

옛날 서당은 삼월 삼짇날에 학업을 시작하여 중양절(重陽節)인 구월 구일에 끝내는 것이 관례였다. 학부모는 유월 유두일이 오면 자식을 잘 가르쳐서 사람으로 만들어 달라는 의미로 싸리나무 회초리를 한 아름 들고 서당을 찾았다. 말하자면 지금의 촌지(寸志)였던 셈이다.

요즘 학교에서 봄소풍이나 가을소풍을 가는데 이는 봄 답청(踏靑)놀이나 가을의 중양(重陽)나들이에서 비롯되었음도 짐작할 수 있다. 산천경개(山川景槪)가 좋은 곳에서 자연을 만끽하고 호연지기(浩然之氣)를 기르며, 실내에 갇혔던 답답함을 푸는 심신단련의 목적이 예나 지금이나 같은 것은 결코 우연의 일치가 아니다.

그런데 화전을 먹던 삼짇날을 전후하여 봄소풍을 가는 날에는 으레 송충이를 잡았었다. 정해진 시간 동안 송충이를 잡은 후에야 본연의 봄소풍이 이루어졌던 것이다. 당시 전국적으로 산림녹화(山林綠化)와 사방공사(砂防工事)를 하던 때이니 성장한 수목을 지키는 일 또한 매우 중요한 일에 속했었다. 당시 학생들은 공무원과 함께 인력을 동원하기 쉬운 대상의 하나였다. 그러나 요즘에는 각종 방제(防除)와 수종(樹種) 변경의 영향으로 송충이 개체 수가 현격히 줄어들었다. 좋은 현상인지 나쁜 현상인지는 따져 보아야 하겠지만 자연의 순리를 거스르고 화학약품을 많이 사용한다는 것은 결코 바람직한 일이 아닐 것이다.

15 한식(寒食)

　한식(寒食)은 동지 후 105일째 되는 날을 말하는 데, 음력으로 3월이 되는 수도 있지만 2월에 드는 경우가 더 많다. 한식이 음력 2월에 들면 철이 빠른 경우로 2월 한식은 꽃이 피어도 3월 한식은 꽃이 피지 않는다고 하였다.

　양력으로는 4월 5일이나 6일경에 들어 춘분은 지났으나, 곡우에는 아직 닿지 않은 청명에 더 가깝다. 그래서 '한식에 죽으나 청명에 죽으나 마찬가지다.'는 말도 생겨났다. 사실 청명(淸明) 절기(節氣)와 겹치는 날도 많아서 한식과 청명을 같이 취급하는 사람들도 많이 있다. 그런데 고려 중기 이전에는 동지 후 105일째가 아니라 동지로부터 98일 후인 3월 30일경이었다는 기록이 전하고 있다. 그렇다면 고려 때에는 '한식에 죽으나 청명에 죽으나'는 마찬가지가 아닌 일이었을 것이다.

15.1 한식의 유래

한식(寒食)은 찬 음식을 먹는다는 뜻이므로, 이날은 불을 사용하지 않고 전날 만들어놓았던 음식을 먹어야 한다는 말이다. 그러면 아주 더운 삼복도 아닌데 어찌하여 찬 음식을 먹어야 하는지 궁금하지 않을 수 없다.

중국의 고사(故事)에 의하면 춘추시대(春秋時代) 진(晉)나라의 문왕 즉 진문공(晉文公)이 망명하였을 때 목숨을 걸고 도와주었던 개자추(介子推)가 있었다. 어느 날 개자추는 왕의 주위에 간신들이 들끓어 간언(姦言)이 계속되자 관직을 버리고 금산(錦山)으로 피신하여 은둔(隱遁)하게 되었다. 이런 사실을 안 문공(文公)이 뒤늦게 후회하면서 직접 산에 찾아가서 개자추에게 어서 나오라고 하였지만 이 말을 듣지 않았다.

왕은 지난날을 회상하면서 계속하여 나오라고 하소연하여도 말을 듣지 않자, 마지막 수단으로 산에 불을 지르면 나올 것이라는 생각에 불을 놓았다. 그러나 개자추는 죽으면 죽을지언정 간신들과는 어울릴 수 없다는 듯 그냥 불에 타죽고 말았다. 이것을 본 왕은 이날을 기려 불을 사용하지 말 것을 명하니 음식 만드는 일에도 불을 사용하지 않게 되었다. 따라서 한식 때는 차가운 음식으로 제사를 지내는 풍속이 생겼다.

또 다른 얘기로 불을 보관하는 불씨에 관련된 내용도 있다. 예전에 불씨가 귀한 시절에는 각 가정에서 불씨를 꺼트리지 않는 것이 아주 중요한 일과에 속했다. 그만큼 불씨가 귀한 것이었기에 조정에서 신하들에게 불씨를 하사하기도 하였다. 이때 불씨는 청명한 봄날에 만들었다가 일정한 날에 하사하였고, 불씨를 받은 사람들은 새로운 불씨를 사용하고 묵은 불씨는 사용하면 안 되었다. 불에도 정령(精靈)이 있고 수명(壽命)이 있어 지켜야 할 법도가 있었던 것이다. 그런데 이 날 불씨를 얻지 못한 사람들은 차가운 밥을 먹을 수밖에 없었다. 그것은 시한(時限)이 지나 오래된 불씨로는 밥을 지을 수 없었던 때문이다. 이때 각 고을의 형편과 지리적인 조건에 의해 새로운 불이 도착하는 시기가 일정하지 않았으므로, 마지막 도착하는 날을 기준으로 하다 보니 하루는 불을 사용하지 못하도록 했다는 애기도 그럴듯하다.

그런데 조선 세종 13년 1431년에는 한식뿐 아니라 이후 3일 동안 불을 사용하지 못하도록 하는 명령을 내린 적도 있다. 지금처럼 자유자재로 불씨를 만들 수 없었던 옛날을 생각하면 오히려 이런 말이 더 설득력이 있어 보인다. 한식이 동지로부터 105일째 날이라고 하는 데, 이때에 심성(心星) 즉 별자리 28수(宿) 중 불을 관장하는 별이 뜨는 것도 무관하지 않다.

한편 다른 측면에서 본다면 한식청명은 조상께 차례를 지내고 성묘하는 날이다. 이날 많은 사람들이 산에 올라 묘소를 돌보기도 하지만, 제사 음식을 준비하느라 불을 사용하기도 한다. 그러면서 계절적으로 메마른 산에 산불이 번지는 일도 종종 발생하였다.

그리하여 가장 건조하면서 계절적으로 바람까지 많이 부는 한식청명에는 불을 사용하지 않는 풍속이 생겼다고 한다. 전자(前者)나 후자(後者)나 어떤 말이 맞는지 알 수 없으나 생각해보면 모두가 다 맞는 말로 여겨진다.

15.2 성묘(省墓)와 차례(茶禮)

조상들은 수많은 차례와 제사를 지냈으나, 특히 묘소에 가서 제사를 지내는 날은 설날과 한식, 단오, 추석에 국한되었었다. 어떤 분류에서는 동지(冬至)를 합하여 다섯 가지 절기에 지키는 제사를 다섯 절사(節祀)로 규정하기도 한다. 이렇게 성묘(省墓)하면서 지내는 제사(祭祀)를 묘사(墓祀)라 하는 데, 설날이나 단오에 비하여 계절적으로나 농사 시기적으로 여유가 있는 한식과 추석에는 반드시 지키는 풍속이었다.

한식에 종묘(宗廟)와 각 능원(陵園)에 제향(祭享)을 지내는 것은 물론이고, 민간에서도 조상의 묘소에 술과 과일, 포(脯), 식혜(食醯),

▲ 성묘(이강모)

떡, 국수, 탕(湯), 적(炙) 등의 제물(祭物)로 제사를 지내는데 이것을 한식차례(寒食茶禮)라고 한다.

이 시기에 먹는 음식으로는 쑥탕과 쑥떡도 별미에 속한다.

▲ 파묘

15.3 사초(莎草)

이 날은 산소에 흙을 덮거나 석물(石物)을 하는 등 손을 대도 탈이 없는 날에 속한다. 그래서 많은 사람들은 지금도 한식날을 골라 묘를 손보고 있다. 성묘를 하면서 묘소에 잔디를 다시 입히거나 풀을 심어주는 것을 사초(莎草)한다고 하는 데,

▲ 띠풀

기존에 있던 띠를 다시 손본다고 하여 개사초(改莎草)라고 부르기도 한다.

사초(莎草)란 원래 사초과(莎草科)에 속하는 풀을 말하는 데, 바닷가의 척박한 모래땅에서도 잘 자란다. 그래서 묘소에서도 잘 자라라는 의미로 잔디, 향부자(香附子), 산사초, 선사초 등을 활용하였는데, 사용하는 풀의 종류가 약 220여 가지나 되었다. 하지만 지금은 풀 자체뿐 아니라 사초를 입히거나 묘소를 손질하는 모든 행위를 통틀어서 부르는 말이 되었다. 이때 비석을 세우거나 상석(床石)을 펴고, 벌 안을 손질하는 등 묘소에 관련된 일체의 일을 통틀어 사초라 부른다.

음력 3월 즉 사초가 끝난 양력 5월이 되면 묘소의 풀들이 이미 싹이 나면서 자리를 잡은 상태이며, 9월이 되면 여름내 자란 풀들이 겨울 준비를 시작함으로 성장이 멈추기 때문에 사초를 하지 않는 것도 불문율이다. 이를 두고 3월 이전과 9월 이후에는 무덤에 관련된 일을 하지 않는다고 하여 '삼구부동총(三九不動塚)'이라 하였다.

이 외에도 달걀에 그림을 그려 누가 잘 그렸는지를 겨루는 투란(鬪卵)도 즐겼다.

15.4 한식의 농사일

이때는 아직 본격적인 농사일이 시작되지 않은 시기다. 그래서 농사일과 별로 상관이 없는 일로 산소나 집 주위에 나무를 심는다든지, 채전(菜田)에 상추씨를 뿌리는 등 가벼운 일을 하면서 앞으로의 농사에 대해 준비하는 과정이라 할 수 있다. 특히 상추는 파종하는 시기를 따로 정하지 않았고, 한여름과 한겨울을 제외하고 내가 길러 먹기 좋은 때에 파종하는 편리한 식물에 속한다.

이날 하늘에서 천동(天動)하면 농사가 흉년이 든다고 하였다. 그러고 보니 한식에는 대체로 맑고 건조하며, 하늘도 갠 청명한 날이 더 많았던 것 같다. 한식을 양력 4월 6일로 보면, 1971년부터 2000년까지의 30년간 전주지방의 평균 강수량은 청명 전날 그리고 다음 날에 비해 0.65mm가 적었으며, 평균풍속은 0.1m/s가 빨랐다.

15.5 한식과 현실

한식은 어린아이들에게 특별한 날이 아니다. 예전 아이들은 성묘하고 차례를 지내는 일에 억지로 끌려가 동참하였다고 하지만, 요사이는 어른들도 성묘 대신 사초하는 정도에 그치기 때문이다. 또 한식이

찬밥을 먹는 날이라고 하지만, 사실 그날에 찬밥을 먹는 사람은 아무도 없기 때문에 별도로 기억될 만한 날이 아니다.

한편, 요즘 한식은 식목일과 겹치는 날이 많다. 따라서 식목일을 조금 앞당겨야 한다는 말들도 나오고 있는데, 그만큼 기후변화가 일어나고 있다는 말이다. 해마다 식목일에 많은 사람들이 노력하여 나무를 심지만, 일부는 산불을 내어 더 많은 나무들이 소실되기도 한다.

2005년 4월 5일에 난 양양의 산불도 많은 나무와 문화재를 태우고 나서 진화되었다. 이때 관동팔경의 하나에 속했던 강원도 유형문화재 제35호인 낙산사(洛山寺)도 전소되었다. 산불은 소방헬기 10여 대와 진화인력 1천여 명을 동원하고도 보물 제479호인 낙산사동종(洛山寺銅鐘)을 열기(熱氣)로 녹여버려, 문화재 지정에서조차 해제시키는 결과도 빚었다.

해마다 식목일에 되풀이되는 산불은, 식목일이 한식과 겹치거나 바로 전후에 있었는데도 그 의미를 잘 알지 못했던 우리의 세태(世態)가 아닌가 하여 아쉽기만 하다.

예전의 중국에서도 한식은 동지 후 105일째 날을 정설로 여겨왔다. 후한시대에는 동지 105일에 각각 전후 하루씩을 더하여 3일간을 한식으로 정했으며, 한식과 청명이 겹치게 되면 청명(清明)이 동지 후 107일째 날로 밀리던 시기도 있었다. 그런가 하면 명나라 때에는 한식이 아예 폐지되기도 하였었다.

16 초파일〔初八日〕

기본적으로 초파일이라 함은 음력 8일을 말한다. 이는 매월 초에 있는 8일에 해당하는 날로, 모든 달의 8일에 공통으로 적용된다. 그런데 불교에서 말하는 석가탄신일(釋伽誕辰日)이 마침 4월 8일이어서 초파일행사가 겹치는 바람에 더욱 중요한 날로 여겼다가, 이제는 4월 초파일이 그냥 불교행사의 초파일로 굳어진 것이다. 한편 원래의 초팔일(初八日)은 국어의 음운법칙(音韻法則)에 따라 초파일〔初八日〕로 부르게 되었다. 초파일에 행하는 행사로는 욕불행사(浴佛行事), 연등행사(燃燈行事), 제등행렬(提燈行列), 방생(放生)을 들 수 있다.

16.1 초파일의 유래

불교에서는 부처님 오신 날이 음력으로 4월 8일이라 하여 이날에 행사를 하였다. 이날이 석가모니의 탄생일이니만큼 특별히 기리고 축원하여 왔기에 계속하여 기념하고 있는 것이다. 가장 두드러진 행사로는 연등행사를 꼽을 수 있고, 대표 사상인 살생금지(殺生禁止)에 따라 방생(放生)하는 일이다.

초파일은 석탄일 혹은 불탄일 등 많은 이름으로 불리다가, 현재는 '부처님오신날'로 통용되며 국가의 공휴일로 지정되어 있다. 동남아국가에서는 음력 4월 15일을 석가탄신일로 치며, 일본은 양력 4월 8일, 1956년 11월 세계불교도대회에서는 양력 5월 15일로 정하였고, UN에서는 1998년 스리랑카의 세계불교도대회 결의안을 인용하여 양력 5월 중 보름달이 뜨는 날로 정한 바 있다.

16.2 연등행사

초파일이 되면 절에서는 등을 밝히고 축원을 하는 데 이것을 연등행사라 한다. 원래는 등에 불을 밝히는 것이 연등(燃燈)인데 이것이 연꽃의 연(蓮)과 발음이 같기도 하지만, 불교의 상징이 연꽃을 표방하기도 하여 많은 사람들은 연꽃 모양의 등을 설치하는 행사로 받아들이고 있다. 이 행사는 다음 날인 초아흐레까지 이어졌다. 특별히 이날은 야간통행의 제한이 풀리는 날이었다.

연등(燃燈)의 유래

초파일의 연등 행사는 신라 때부터 전해오는데, 농사(農事) 기도(祈禱)와 국가발전을 기원하던 종합예술제 즉 연등회(燃燈會)에서 비롯되었다고 보는 설이 많다. 그런가 하면 고려 시대에는 궁중의 팔관

▲ 연등(조재길)

▲ 연등

회(八關會)와 함께 민간의 연등회(燃燈會)가 거행되었다고 한다. 이는 호국불교를 주창하던 국가적 차원의 성대한 불교의식(佛敎儀式) 행사로 발전하게 되었다.

한편, 『동국세시기(東國歲時記)』에 따르면 중국의 연등행사가 정월대보름에 열리는 것과 같이 우리나라도 정월대보름에 열려왔으나, 여말선초(麗末鮮初)의 문신(文臣) 최이(崔迤)가 4월 8일로 옮겼다고 한다.

연등의 종류

등(燈)의 종류로는 수박등, 마늘등, 연꽃등과 같이 채과류(菜果類) 모양을 한 등이 있는가 하면, 종등, 북등, 누각등, 화분등, 가마등, 병등, 항아리등과 같이 기물(器物)의 모양을 한 등도 있다. 또 용등, 봉황 등, 학등, 잉어등, 거북등, 자라등과 같이 동물(動物)의 모양을 한 등도 있고, 칠성등, 오행등, 일월등과 같이 천문(天文)의 모양을 한 등(燈)도 있으며, 수복등(壽福燈), 태평등(太平燈), 만세등(萬歲燈), 남산등(南山燈)과 같이 상징적인 문자나 의미를 부여한 등(燈)처럼 아주 다양한 등들이 설치되었다.

연등

불교에서는 이날을 욕불일(浴佛日)로 삼아 부처의 몸을 목욕시키고 있다. 이것은 완벽하다고 믿는 부처를 더 깨끗해지라고 목욕시킨다기보다는 부처처럼 자신도 깨끗해지기를 바라는 마음에서 행하는 대리행위라고 볼 수 있다.

이날은 누구든지 절에 찾아가서 축원하면서 식구들 수만큼 연등을 한다. 이때 등은 형형색색을 띠며, 모양도 그냥 단순한 것부터 꽃 모양이나 물고기 모양 혹은 동물 모양과 같이 다양하다. 쓰이는 재료로는 종이와 비단을 사용하였으며, 각종 글씨와 그림을 그려 화려하게 만들었다. 그림의 소재로는 고사(故事)에 나오는 인물상이나 동물 등으로 천태만상(千態萬象)을 표현하였다. 그러나 요즘에는 바쁜 일상으로 인하여 연꽃을 형상화한 등(燈)이나 그냥 둥근 기둥 모양을 한 연등(燃燈)을 공장에서 대량생산하며, 색도 단순하게 칠하여 사용하는 정도다.

연등행사를 실시하던 시기를 봐도 신라 때에는 정월대보름에 행해지다가 고려 때에는 정월 14일 즉 소회일과 15일인 보름 즉 대회일에 실시하였으며, 근래로는 석가모니의 탄생일에 불을 밝히는 데서 유래하였다. 이날은 과일과 술〔果酒〕, 그리고 노래와 춤〔歌舞〕을 통하여 제불(諸佛)과 천지신명(天地神明)께 기원하던 제전이다.

이런 연등회(燃燈會)가 고려 태조에는 1월 15일, 현종 때는 2월 15일, 고려 공민왕 때는 4월 8일에 행해졌다. 조선 시대에 와서는 억불숭유정책(抑佛崇儒政策)에 따라 왕실의 자체 연등회에 그쳤다가 그것마저 사라지게 된다. 하지만 사찰과 조선의 백성들은 꾸준히 지켜와 현재의 민간행사로 굳어졌다.

이렇게 일정한 날에 실시하던 연등행사가 고려 고종 때에 4월 초파일로 옮겨온 것은 불교국가답게 석가탄신일을 중요시한 데서 연유한다.『고려사(高麗史)』에 최충헌의 아들 최이(崔怡)가 주도하였다는 것도 그런 맥락이다.

그러나 연등행사는 초파일에 그것도 절에서만 하는 것은 아니다. 바닷가에서는 1년 동안의 무사를 빌며 풍어를 기원하는 연등도 성행하였다. 또한 섣달 그믐날에 연등을 하여 정월까지 걸어두었다. 일부에서는 정초(正初) 연등행사를 하면서 음식을 얻고, 이것으로 간단한 제사를 지낸 후 형편이 곤란한 사람들에게 나누어 주면서 끝내는 곳도 있다.

연등놀이

초파일이 되면 절에 등을 다는데, 단 하루만 달기로 하면 아주 싱거운 일이 되고 말 것이다. 그래서 고려 풍속에는 초파일이 되기 수십 일 전부터 초파일 당일을 재촉하는 행사를 벌이고 있었음이 보인다. 아이들은 종이를 잘라 등불을 달 장대 즉 등간(燈竿)에 매달아 깃발을 만든 후, 등간을 들고 거리를 돌아다니면서 돈이나 쌀을 얻는 걸립(乞粒)을 하였다. 이런 행위를 통틀어 호기(呼旗)라 하는 데, 보통은 4월

▲ 낙화희(무주군청 김진만)

초아흐레 즉 초파일 다음 날에 그쳤다. 등간을 만들 때는 집에 있는 자녀 수만큼 만들고, 등간의 꼭대기에는 꿩의 깃을 세워 장식도 하였다. 이런 등(燈)을 바라보는 것이 관등(觀燈)이며, 이런 때를 관등절(觀燈節)이라 한다.

연등놀이를 하는 초파일 저녁을 특별히 등석(燈夕)이라 부르는데, 이날은 모든 사람들이 산에 올라가 달아 놓은 등(燈)을 구경하였다. 흥이 오른 사람들은 등을 들고 거리를 쏘다니거나 악기를 연주하였는데 이를 제등행렬(提燈行列)이라고 한다. 이런 제등행렬은 밤새도록 이어지기도 하였다.

한편에서는 낙화희(落火戱)라고 해서 일종의 불꽃놀이를 즐겼다. 등간(燈竿)의 등이 달린 줄에 불주머니를 매달고 불을 붙여 터뜨리는 놀이다. 이 불주머니 속에는 오래 탈 수 있는 숯과 함께 깨뜨린 사금파리 조각을 넣어두었는데, 이는 발갛게 달궈진 사기조각이 땅에 떨어지면서 화려하게 퍼지는 것을 감상하는 것이다.

16.3 초파일의 풍속

초파일의 풍속은 불교의 풍속에 속한다고 보아도 무방하다. 따라서 대표적 행사인 연등행사와 종교적인 세부 사항은 생략하고, 일반적으로 전하는 몇 가지만 살펴본다.

물장구 놀이〔水鼓戲〕

아이들은 물이 담긴 물동이를 등(燈) 아래에 갖다놓고, 바가지를 엎어 놓은 다음 바가지를 두드리는 놀이다. 이때 물 위에 바가지가 뜨면서 공간이 생기고, 그곳에 공기가 들어가서 두드리면 둔탁한 소리를 내게 되는 것이다. 이는 물속에서 북을 치는 것과 같아 수고희(水鼓戲)라 하며, 우리말로 물장구놀이라 부르게 되었다.

봉숭아물들이기

초파일은 양력으로 5월에 해당한다. 이때 소녀들은 들과 길가에 피어 있는 봉숭아꽃을 따다가 손톱에 봉숭아물을 들였다. 붉은 꽃을 따다가 찧으면 진액이 나오는데 여기에 백반을 섞으면 색도 더 진하게 되고 물도 잘 든다. 요즘에도 이 풍속은 계속 전해오고 있다.

봉숭아물을 들인 손톱도 자라나면 계속하여 잘라주는데, 첫눈이 올 때까지 흔적이 남아 있으면 첫사랑이 이루어진다는 속설도 전한다. 그러나 봉숭아물을 들인 후 첫눈이 오기까지는 대체로 5개월이 걸리며, 혈기가 왕성한 사람은 손톱이 빨리 자라서 그간에 다 없어지는 시점이 된다. 그렇다면 봉숭아물을 늦게 들인 사람이라든지 손톱이 천천히 자란 사람들만이 첫사랑을 이룰 수 있게 된다는 결론인데, 이는 그럴 수도 있고 아닐 수도 있다는 말을 둘러 붙인 선조들의 해학(諧謔)이 돋보인다.

탑돌이

이 날에는 절에 있는 탑을 돌면서 자신의 소원성취를 빌었다. 그런데 하나의 탑을 반복하여 돌면 지루하기도 하여 쉽게 그만두고 만다. 따라서 계속하여 탑을 돌게 하는 방편으로 3개 이상의 절에 있는 탑을 돌면 더 많은 소원을 성취한다고 하였다. 그러나 사실 여러 개의 절을 돌아다니면서 열심을 내면 그만큼 더 정성을 드리게 되는 것이므로, 자신이 수양됨은 물

▲ 탑돌이(심재후)

론이며 남들도 그렇게 보아줄 것이기에 소원이 이루어질 확률이 더 높아지는 것은 당연하였을 것이다. 특별히 윤달에 세 곳의 절을 찾아 기도를 드리면 액운을 물리칠 수 있다고 하여 3사순례(三寺巡禮)가 성행하였다.

사찰 불공

▲ 불공(심재후)

윤달이 되면 부녀자들은 전국의 큰 사찰(寺刹)에 찾아가서 부처를 모셔 놓은 제단 즉 불탑(佛榻)에 돈을 놓고 불공(佛供)을 드려왔다. 이는 치성(致誠)을 드리면 죽은 후에 극락(極樂)에 간다고 믿었기에 지금도 윤달이 시작되자마자 정성껏 불공을 드리는 사람들을 만날 수 있다.

윤달은 덤으로 있는 달이니 귀신들도 달력으로 계산을 하지 못하는 달이다. 따라서 윤달에 수의를 해놓거나 집을 고치는 등 궂은일을 하였다. 사찰에서 윤달에 행하는 특별한 일을 꼽는다면 불탑을 돌고 불공을 드리는 일이라 할 것이다. 이것은 평상시에 해도 되는 일이지만 특히 윤달에 하면 아주 좋은 효험을 본다고 믿었던 때문이다.

방생(放生)

불교에서는 해마다 다른 사람들이 잡아 온 들짐승이나 물고기를 자연으로 살려 보내는 행사를 하는 데 이를 방생회(放生會)라 한다. 주로 초파일과 8월 보름에 실시한다.

초파일에 불교와 관련이 없어 보이는 풍습으로는 충남 천안에서 행하던 촛불태우기가 있다. 초파일에 초를 태워 잘 타지 않으면서 검은 연기와 그을음이 많이 나면 그해에 좋지 않다는 것을 의미하는 점괘다. 촛불태우기는 전북 진안에서도 행해지던 풍습이다. 또 이날 비가 오면 물이 풍부하여 농사가 잘된다고 믿었다. 또 정월대보름부터 시작된 석전(石戰)도 초파일과 단오를 포함하여 봄에 행해지던 풍속이다.

16.4 초파일의 시절음식(時節飲食)

봄이 지나가고 여름이 시작되는 음력 4월은 실제로 입하(立夏)에 즈음한다. 이때는 계절의 미각(味覺)을 자랑하는 각종 나물과 다양한 음식들이 즐비하다. 그러나 초파일의 시절음식이라 함은 날짜 자체에 관련된 음식이 아니라 종교적인 초파일에 관련된 음식이므로 지극히 제한적일 수밖에 없다. 이날 절에서는 절을 찾은 모든 사람들에게 소반(素飯)으로 점심을 대접하는 풍속이 있다.

소반(素飯)
불가(佛家)에서는 살생(殺生)을 금하기 때문에 동물의 고기가 들어간 음식은 먹지 않는다. 또한 향이 진하거나 맛이 강한 식재료도 사용하지 않는다. 이에 준하여 초파일에는 느릅떡〔楡葉餠〕이나 볶은 콩 그리고 삶은 미나리 등 식물재료로 상을 차리고 손님을 맞아 음식을 대접하였다. 이는 본래의 기본만 갖춘 소박한 밥상이라는 뜻으로 소반(素飯)이라 부른다.

증편〔蒸餠〕

찹쌀가루를 반죽하여 조각조각 떼어 술을 넣고 찌면 부풀어 오르는데 이것을 동그란 방울 모양으로 만든다. 콩을 삶아 소(巢)를 만들고 꿀과 함께 동그란 떡 속에 넣는다. 그 위에 대추의 살을 발라 쪄내면 먹음직스런 증편〔蒸餠〕이 된다. 증편은 당귀잎 가루를 섞어서 푸른 빛깔을 내기도 하는 데, 한식날의 시절음식인 밀가루 증편에서 유래되었다고 보여진다.

화전(花煎)

4월에도 삼월 삼짇날에 즐겼던 화전을 먹는다. 이때는 두견화 대신 장미꽃을 찹쌀가루에 섞어 반죽한 후 기름에 지져 먹었는데, 기름에 지지기 때문에 유전(油煎)이라 부르기도 한다. 모든 꽃을 사용하여 밀가루에 무쳐 지져 먹으면 화전(花煎)이 되고, 모든 재료를 기름에 지져 먹으면 유전(油煎)이 되는 것이다.

이밖에도 연한 느티나무 잎을 쌀가루에 섞어 만든 느티설기떡과 상추와 멥쌀을 섞어 만든 상추떡, 대추떡, 볶은 콩, 녹두편, 비빔국수, 어만두, 미나리나물 등을 들 수 있다.

위어(葦魚)

『열양세시기(洌陽歲時記)』에 의하면 4월 초에 바다의 조수를 타고 한양으로 거슬러 오는 물고기가 있는데, 행주지방에서 가장 많이 나고 맛도 가장 좋다고 하였다. 따라서 3월과 5월 사이 이 물고기를 배불리 먹지 않은 사람이 없을 정도라고 하였다. 덩치가 크지 않은 생선인데다 이 시기를 지나면 뼈마저 억세어져서 먹기가 곤란해진다. 또한 산란 등 생육을 위하여 고유의 독성이 발생하여 먹기가 쉽지 않다. 이 물고기가 위어로 일부 부여나 개성에서도 나온다고 하였으며 다른 말로 제어(鱭魚)라고도 하는 데 지방에 따라 우어라고도 한다. 우어의 표준말은 웅어다. 요즘은 강 하구를 막아 둑을 쌓은 관계로 해수유통이 잘 되지 않는 곳에서는 찾아보기 힘든 물고기가 되었다. 간혹 잡힌다고 하여도 예전의 위어와 달라 민물에서만 자라는 변종(變種)으로 보아야 한다.

16.5 사찰의 일반사항

기독교인들이 교회에 가는 것과 비교하여, 불교도가 아닌 사람들도 사찰에 간다는 것이 특이하다. 물론 교회도 일반인들에게 주차장을 개방하고는 있지만, 그에 비해 사찰이 가지는 넓은 정원과 자연환경 그리고 사찰마다 다른 뭔가가 있는 것도 하나의 차이점이라 할 것이다. 오랜 역사를 거치면서 차별화를 시킨 경우도 있겠으며, 오래 보존하다 보니 희귀성에 기인한 독창성 등이 존재하는 것도 포함된다. 반면 우리나라에 들어 온 기독교는 불교에 비해 그다지 오래지 않는 역사의 세월로 인해 차별화되지 못했으며, 일상사와 보편 일반화된 것을 비교할 수 있다.

우선 사찰에 가는 길은 꼬불꼬불한 산길이 연상되며, 조용하고 아늑한 산세(山勢)를 떠올리게 한다. 정말 그런 곳에서 수양을 하면 더욱 정진할 수 있으리라는 생각도 해본다. 삼국시대나 고려시대처럼 호국불교이던 시절에는 사찰이 도심에 있었지만, 조선의 유교정책에

▲ 욕불행사

의해 점차 민가에서 먼 곳으로 이격되어 만들어졌다. 그런 사찰에 들어가 처음 맞는 것은 뭐니뭐니해도 일주문이다.

일주문은 기둥이 하나라는 문이다. 문(門)의 기둥이 하나라면 어떻게 서 있을까. 물론 진짜 하나라는 뜻은 아니며, 횡(橫)으로는 일련의 나열된 기둥을 가지고 있으며, 종(縱)으로는 하나의 문이다. 그래도 외발로 서서 태풍도 맞고 눈도 견뎌내는 것을 보면 참으로 신기하기만 하다. 일주문은 속세와 성스러운 세계를 이어주는 문이기도 하며, 때로는 둘을 구분하는 문이기도 하다.

다음에 만나는 것은 천왕문(天王門)이다. 천왕문은 불법(佛法)을 수호하는 외호신(外護神)인 사천왕(四天王)이 동서남북에 있는 곳이다. 외호신은 불국정토(佛國淨土)의 외곽 둘레를 맡은 신(神)을 말한다. 다음은 당간(幢竿)으로 사찰에 따라 고유의 학풍(學風)이나 사찰 특유의 규율(規律) 등을 알리는 표식을 의미한다. 이는 높이 메달아 놓아 멀리서 보아도 한눈에 알고 조심하라는 뜻도 된다. 대개는 한 사찰에 하나의 당간이 있는데, 전북 익산의 미륵사지나 경북 경주의 황룡사와 같이 두 개의 당간이 있는 경우도 있다. 이런 때는 사찰 중의 으뜸이 되거나 국가사찰에서만 그랬을 것이라는 해석이 뒤따른다.

사찰에서 당간(幢竿)처럼 높게 세워 놓은 것은 바로 탑이다. 탑에는 목탑(木塔)과 석탑(石塔)이 있는데, 일부에서는 벽돌로 쌓은 전탑 혹은 돌을 벽돌처럼 깎아서 만든 전탑도 발견할 수 있다. 시대별로 다루기 쉬운 목탑에서 정교한 기술로 다루어야 하는 석탑으로 변이되어왔음도 짐작할 수 있다. 그러나 전탑(塼塔)은 일본이나 중국에서 성행하였던 것으로 우리의 고유 양식과는 약간 다른 맛이 있다.

하나의 사찰을 대표하는 탑은 하나가 보통이나 역시 미륵사지에서는 세 개의 탑이 있었던 것으로 밝혀졌다. 두 개의 석탑은 동서(東西)에 있고 그 중앙에 목탑이 있어서 아주 큰 규모였다는 것은 물론, 사찰의 구조면에서도 특이했던 것을 짐작할 수 있다. 경주 불국사에서 두 개의 석탑이 발견된 것도 예삿일은 아니다.

탑은 부처의 사리를 보존하는 곳이다. 따라서 탑은 불교의 상징이며, 종교행위의 대상이 되는 것이다. 그러나 부도는 부처가 아닌 구도자 즉 보살의 유물을 보관하는 곳이지만, 현재는 부처의 탑이 아닌 스님의 탑을 승탑이라 명명하여 부르기도 한다. 이러한 승탑(僧塔)과 부도(浮屠), 탑비(塔碑)를 모아 놓은 곳이 부도전(浮屠殿)이다. 그러나 현재는 부도 역시 신앙의 대상으로 삼는 경향이 있다.

다음으로 불상(佛像)을 모시고 진리를 탐구하는 본당(本堂)을 만날수 있다. 본당은 대체로 대웅전(大雄殿)이라 부르기도 하며, 사찰에서 모신 부처나 보살의 종류에 따라 미륵전이나 대적광전, 극락전, 원통전, 명부전, 삼성각처럼 다른 이름을 붙여 사용하기도 한다. 보통은 1부처에 2보살을 협시불로 하여 양쪽에 봉안한 경우가 대부분이다. 대웅전도 하나의 사찰에 하나씩 대응하는 1원1가람이 보통이나, 미륵사지에서는 세 개의 대웅전을 하여 세 개의 탑이 있는 것은 물론 두 개의 당간이 함께 존재하는 1원3가람배치로 다른 곳에서는 찾아볼 수 없는 구조를 하고 있다.

▲ 당간지주

▲ 부도군

　대웅전과 불탑 사이의 중간에 석등이 있는 것이 일반적이다. 석등(石燈)은 불을 밝히는 등을 놓은 곳이다. 비바람에 견뎌야 하는 이유로 돌로 만들었던 석등들이 지금까지 전하는 원인이 된다. 석탑에 비해 목탑이 있었다는 기록은 있어도, 석등 대신 목등이 있었다는 기록은 아직 발견하지 못하였다.

　다음에 연상할 수 있는 것이 회랑이다. 회랑(回廊)은 글자 그대로 둘러싸여 있는 복도를 말한다. 이는 대웅전을 둘러 있는 선원(禪院) 혹은 강원(講院)과 요사채 즉 승방(僧房) 등의 건물을 돌아다닐 수 있도록 복도로 연결한 것을 말한다.

16.6 사찰에서의 행동

　절에서는 떠들거나 경거망동하는 행동을 하면 안 된다. 하긴 이것은 절뿐만 아니라 교회나 다른 어떤 신앙의 공간에서도 지켜져야 할 덕목(德目)이라 할 것이다.

　절에는 모든 생명을 존중하는 마음이 담겨져 있는데, 이는 기독교에서 다른 동물들은 사람의 생존을 위하여 다루어도 되는 것과는 다른 면이다.

또한 절이 위치한 곳의 주변 경개가 좋으니 이를 보는 어떤 한 사람의 목적만을 위하여 훼손하여서도 안 된다. 여러 사람들이 같이 즐기고 같이 감상할 수 있는 기회를 제공하여야 하기 때문이다.

절에서의 복장은 너무 화려해서도 안 된다. 그것은 사찰의 스님들이 속세를 잊고 수행하는 과정이기 때문에, 이들을 자극하는 것은 도리(道理)에 어긋나는 행동이며 진리탐구에 도움이 되지 않는다는 이유에서다.

법당(法堂)에 들어설 때에도 일반 신도들은 건물의 좌우에 난 문을 이용하여야 한다. 전면(前面)의 중앙에 있는 문은 부처 즉 주지승이나 가르치는 사람들이 드나드는 문이다. 그리고 좌우에 난 문을 통해 들어섰다고 해도 불상을 바라보면서 중앙에 앉는 것도 피해야 한다. 이곳 역시 일반수행자의 자리가 아닌 때문이다. 이런 내용들은 아직도 엄격히 지켜오고 있는 부분이다.

사찰에 가서 향불을 피울 때에도 기다란 막대 모양을 한 향을 불사를 경우가 있다. 이때는 기존에 붙여져 있는 촛불을 이용하거나 새로 성냥을 그어 불을 붙이면 된다. 그리고 불은 입으로 훅하고 불어서 끄면 안 되며, 그냥 좌우로 흔들어서 끈 후 향을 꽂아야 된다.

예불은 정확하지는 않지만 새벽 3, 4시경의 아침과, 점심, 오후 6, 7시경의 저녁예불로 세 번에 나누어 드린다. 이때는 더욱 조심하여 소란스럽게 해서도 안 되며, 특히 북을 친다든지 뛰어다닌다든지 하는 행동은 삼가야 한다.

16.7 초파일과 현실

불교도가 아닌 사람들에게도 초파일은 특별한 날이다. 우선 전 국민이 하루 휴일로 맞아 기리고 있기 때문이다. 그럼에도 많은 사람들은 연등행사를 하였거나 제등행렬에 참가해본 적이 없다. 일부러 절에 찾아가서 격식을 갖추는 것은 더더욱 그렇다. 이것은 초파일의 행사가 너무도 불교적인 면에 치우쳐 있기 때문이라 말할 수 있다. 풀어보면 많은 사람들이 다양한 종교를 가지고 있으며, 그중 대다수는 기독교 계통에 적을 두고 있기 때문에 초파일은 관심사(關心事) 밖에 있다는 것이다.

이런 이유에서인지 몰라도 초파일에 대한 새로운 문화가 생겨나고 있다. 각 지자체마다 초파일에 커다란 행사를 개최하고 있는데, 따지고 보면 특이할 것도 없이 각설이타령이나 난장을 마련하여 그냥 하루를 즐기고 지내는 수준에 그친다. 다시 말하면 하나의 풍속을 지키거나 하나의 다른 풍속을 만드는 것이 아니라, 그냥 우선 행하고 보는 일과성이라는 말이다. 이것은 새로운 풍속으로 이어서 후세에게 전해줄 만한지를 따지지 않고 있다는 말이다.

그럼에도 불구하고 초파일의 행사가 많이 열리는 것은 옛 풍속의 보존이라는 측면에서는 바람직하다고 할 수 있다. 여러 사람들이 알고 같이 느끼는 것이 바로 진정한 풍속이기 때문이다.

17 단오(端午)

17.1 단오의 의미

단오(端午)는 음력 5월 5일로 양력으로는 6월 초순에서 중순에 달해 초여름에 속하며, 5월의 첫 번째 맞는 말의 날인 오일(午日)에서 비롯되었으나 세월을 거치면서 양(陽)의 날이 겹쳐진 5월 5일로 굳어졌다. 만물에 생기를 불어넣은 후 어느 정도 안정이 된 상태로, 본격적인 성장이 시작되는 단계다. 논에서는 모내기가 끝나고 어느 정도 땅맛을 알았으며, 밭곡식도 벌써 뿌리를 내려 웬만한 가뭄에도 살아날 생명력은 갖추었다. 그래서 단오에는 봄에 심은 곡식의 풍성한 수확을 기원하는 날이기도 하다.

예전의 모내기는 기계로 모를 심는 것이 아니었기에, 어린 모를 준비하는 과정부터가 현재와는 달랐다. 우선 모를 심을 논의 한쪽에 작은 공간을 만들고, 물에 불려 싹이 트인 나락을 직접 흩뿌려 파종을 한다. 이것이 모판인데 그 크기는 가로 1m에 세로 10m 정도가 된다. 모

▲ 구례잔수농악(구례잔수농악보존회)   ▲ 그네(남원문화원)

판에서 나락이 물에 잠길 정도로 물을 댄 후, 잎이 나고 뿌리가 내려서 키가 10cm 이상이 되었을 때 모내기를 한다.

물론 이때도 손으로 모를 뽑고 한 움큼씩 묶어서 해당하는 논의 모내기할 장소로 이동을 시킨다. 옮기는 수단 역시 지게에 바작을 얹고, 그 속에 한 주먹씩 묶어 놓은 못단을 실어 등짐으로 져 나르는 방법이었다.

계절적인 단오는 농경사회에서 이제 막 바쁜 시기가 지나고 약간의 휴식을 맞는 때이다. 그런가 하면 겨울을 난 보리는 벌써 수확을 하기도 한다. 그러므로 이날을 전후하여 지친 심신을 달래기도 하며 조였던 긴장도 풀었다.

한편 추위가 늦게까지 이어지는 북쪽지방은 단오가 되어서야 비로소 날이 완전히 풀리기 때문에 매우 의미 있는 날로 여겼다. 따라서 남쪽지방에서는 수확의 기쁨을 나누는 한가위를 중요하게 여기는 반면, 북쪽지방에서는 단오를 더 중시했던 문화가 남아 있다.

17.2 양(陽)의 날

예로부터 3월 3일, 5월 5일, 7월 7일, 9월 9일 등과 같이 월과 일이 홀수로 겹치는 날은 양기(陽氣)가 가득한 날이라 하여 남자의 날이며 길일(吉日)로 알려져 왔다. 그중에서도 5월 5일을 가장 양기가 센 날 이라고 여겼다.

시절에 따라 단오에 제사를 올리던 것을 비롯해 정월 초하루와 한 가위, 한식을 아울러 4대 명절이라 불렀던 데는 다 이유가 있었다. 지 금 우리가 말하는 4대 국경절은 개천절, 광복절, 제헌절, 삼일절로 예 전과는 서로 비교하는 기준이 다르다.

탑이 홀수 층을 이룬 것은 양의 기운으로 하늘의 숫자를 의미하며, 4각형 탑신 혹은 8각형 탑신 등 탑신이 짝수 도형으로 굽혀 둘러있는 것은 음의 기운으로 세상의 수 즉 땅의 수를 의미한다. 이러한 개념은 우리뿐 아니라 피타고라스나 플라톤 같은 서양 학자들도 동일시하였 던 내용이다. 아주 특이한 경우로 화순 운주사에는 원형을 이룬 탑신 도 있다.

이날은 수릿날〔水瀨日〕, 천중절(天中節), 중오절(重五節), 단양(端 陽) 등의 다양한 이름으로 불리기도 한다. 수리라는 말은 고(高), 상 (上), 신(神)을 의미하는 옛말이니 수릿날은 1년 중 최고의 날이란 뜻 도 된다. 천중절은 5월 5일 오시(午時) 즉 11~13시 사이에 천체(天 體)가 하늘의 중앙에 놓인다는 말이니 얼마나 기가 센 날이 될지 짐작 하고도 남는다. 또 중오절은 숫자의 기초인 9까지의 숫자에서 가운데 에 해당하는 5자가 겹친 날이니 그렇고, 단양이란 햇볕이 곧고 바르게 시작해 나오는 날이라는 뜻이니 이보다 더 좋은 날도 없을 것이다.

그러나 천중절(天中節)의 진정한 말뜻만 풀어보면 하지(夏至)에 나타나는 것이니 단오는 하지와 겹쳐야 맞을 것이나 실제로는 그렇지 않다. 이것은 설명하기 어렵지만 단오는 음력 5월 5일이며, 양의 기운인 태양이 중앙에 오는 하지는 양력이니 둘의 기운이 어느 지점에서 딱 맞아떨어지지 않은 것을 의미한다.

17.3 단오의 유래

자세한 기록으로 폭넓게 전하는 것은 없으나 설날 그리고 추석과 함께 단오를 명절로 정한 조선 중종 13년 1518년으로 거슬러 올라간다. 한편에서는 중국 초나라 회왕(懷王)의 죽음을 초래한 왕의 둘째 아들 '자란'이 간언(姦言)한 내용을 들은 충신 '굴원'에서 기인한다. 내용을 보면 왕의 아들이 꾀하는 일에 반대하던 굴원(屈原)이 멱라수(汨羅水)에 몸을 던져(BC 277년?) 충절을 표하였는데 이날을 기원한다는 설도 있다. 이때 굴원이 뛰어든 곳은 잔물결이 일렁이는 강가〔江邊〕 즉 수뢰(水瀨)였기에 훗날 수리로 변하였다는 설도 있다.

17.4 단오풍속

우리 선조들은 예로부터 흥과 멋을 일상에 접목시키는 뛰어난 감각을 표출하였다. 농사일을 하다가도 혹은 농사일을 끝냈을 때에도 시간만 나면 노래를 불렀으며, 고유의 기예를 행하는 데도 익숙하였다.

따라서 단오에도 전하는 풍속이 여러 가지 있는데 그중에서도 대표적인 것이 단오굿이며, 또한 창포물에 머리감고 그네를 타는 것이다. 한편 남자들은 씨름으로 힘을 겨루며 농사일로 굳어진 근육을 풀어주는 지혜도 발휘하였다.

단오는 이제 시작될 논농사의 고단함을 미리 풀고 가자는 하나의 놀이에 속한다. 부지런한 사람들은 단오 전에 모내기를 끝내기도 하지만 이제부터 본격적인 농사가 시작됨을 알리는 시기라고 보면 된다. 일본에도 단옷날이 있으나 당고마쯔리라 하여 양력 5월 5일로 계산하고 있다. 이날은 남자아이들이 자신의 건강과 소원을 비는 형식을 취하며, 3월 3일의 여자아이들 축제인 히나마쯔리와 대별된다.

단오제와 단오굿

단오에는 농악놀이가 으뜸이다. 오늘날에도 단오절을 지키는 곳이 많이 있는데 해서지방(海西地方)에서는 봉산(鳳山)탈춤, 강령(康翎)탈춤, 은율(康翎)탈춤 등을 놀며, 강릉지방에서는 남대천의 넓은 공터에서 단오굿판을 전승하고 있다.

국가에서 추천하는 종목을 모두 아우르는 정통단오제는 중요무형

▲ 강릉단오제(강릉단오제보존회)

▲ 경산자인단오제(자인단오제보존회)

문화재 제13호 강릉단오제와 제44호 경산자인단오제, 제123호 법성
포단오제가 있다. 이중에서도 가장 널리 알려진 행사는 강원도의 강
릉단오제(江陵端午祭)다. 한 달 전인 음력 4월 5일부터 단오행사에 쓰
일 술빚기를 시작으로, 여러 준비를 단오직전까지 실시한다. 영신제
(迎神祭)를 비롯하여, 대관령의 서낭신과 여서낭신을 모셔다 제사를
지내는 등 여러 굿판을 벌인 후 5월 8일 송신제(送神祭)를 끝으로 막
을 내린다. 2005년 11월 25일 유네스코 인류구전 및 무형유산걸작으
로 등재되었다.

경산자인단오제(慶山慈仁端午祭)는 원래 변복을 하고 춤을 추다가
왜병을 무찌른 한장군놀이로 전해왔는데, 1971년 중요무형문화재 제
44호로 지정되면서 자인한장군놀이로 명칭을 바꾸었다. 그 후 1991
년에는 한묘대제, 호장굿, 여원무, 무당굿, 자인8광대 등을 합하게 되
었으며 2007년에 다시 경산자인단오제로 바꿔 부르게 되었다.

법성포단오제(法聖浦端午祭)는 굴비로 유명한 전남 영광군 법성포
에서 펼쳐지는데, 조창과 파시가 열렸던 법성포에 난장(亂場)을 개설
하면서 단오제가 태동되었다. 포구인 점을 고려하여 뱃사람의 안전을
기원하는 용왕제, 난장기, 부녀자의 선유놀이(船遊), 법성포에서 열리

▲ 법성포단오제(법성포단오제보존회)

는 예인(藝人)들의 경연이 특이하다.

　이 밖에도 각 지자체에서 경쟁적으로 단오제를 열고 있어 많은 볼거리를 제공하고 있다. 창녕의 영산단오제는 음력 5월 1일부터 6일까지 계속되며, 10여 명의 무당들이 모여 악사와 주민 모두를 아우르는 큰 굿이다. 영산단오제는 전설적인 인물 문호장(文戶長)을 기리는 제례가 문호장사당에서 올려지는 것이 다른 점이다. 조선의 4대 도시에 속했던 전주에서도 덕진 연못가에서 제법 성대한 단오제가 열린다.

창포놀이

　이날은 모두 새 옷으로 갈아입고, 흥겨운 마음으로 창포놀이와 물맞이 그리고 그네타기와 씨름을 즐겼다. 어린아이들은 창포탕에 세수를 하고 홍색과 녹색의 옷을 입었으며, 여자들은 창포 잎에 맺힌 이슬을 모아 화장수로 사용하고 창포를 삶은 물에 머리를 감고 단오장을 꽂았다. 예나 지금이나 검고 윤기 나는 머리카락은 여인들의 자랑이었으니 단오에 창포물 머리감기는 자신을 소중히 여기는 하나의 예(禮)였다. 창포는 물을 정화시키는 효험이 있으니 창포물을 이용하여 머리를 감아도 좋을 것은 당연한 이치로 보인다.

▲ 창포머리감기(자인단오제보존회)

단오장(端午粧)

단오장은 창포뿌리로 비녀를 만들어서 수(壽) 또는 복(福)자를 새기고 그 끝에는 붉은색 연지를 바른 것으로, 머리에 꽂으면 재액을 물리친다는 속설이 있다. 붉은 색은 양색(陽色)이므로 액(厄)을 가져오는 마귀(魔鬼)를 물리치는 축귀(逐鬼) 풍속으로 남자들은 액을 물리치는 방법으로 단오장 대신 창포 뿌리를 허리에 차고 다녔다.

단오분(端午粉)

단오에 바르던 가루분을 말하는 데, 단오 아침에 상추에 맺힌 이슬을 받아 분을 개서 발랐다. 이렇게 함으로써 피부가 고와지고 버짐이 안 생긴다고 믿었다. 또 아이들에게는 그해 땀띠가 나지 않는다고도 하였다. 그러나 지역에 따라서는 앵두, 벼, 오이순, 분꽃나무, 창포, 참깻잎에 앉은 이슬을 받아 만들어 사용하기도 하였다. 특별히 창녕, 고

성, 거제, 진안처럼 단오분 대신 순수한 이슬을 받아 사용하는 곳도 있었다.

족탁(足濯)

단오가 되면 남정네들은 더위를 피해 시원한 개울에서 등물 일명 등목을 하는가 하면, 약수터에서 약수(藥水)를 마시고 몸에 바르는 물맞이도 하였다. 그러나 체면을 중시하던 양반들은 겨우 발만 담그는 족탁 정도로 만족하기도 하였다.

▲ 족탁

그네타기

여자들이 그네를 타는 것은 삼국시대 이전부터 전해오는 놀이로, 고려 이후에 본격적으로 성행하였다. 몸을 높이 올릴 수 있었던 그네타기는 오랜만에 외출한 여인들이 남의 집 담장 안을 들여다보는 유일한 수단이었다. 발을 힘차게 굴러 높이 올라가 보면 울안에서는 또 다른 세상이 펼쳐졌다. 그것도 잠깐잠깐 나뭇가지 사이로 보이는 풍경은 신기하기만 하다.

전통 그네의 줄은 3m에서 11m에 이르기까지 다양하다. 만약 11m의 줄에서 몸을 흔들어 내달리면, 그것은 정말 노래 가사처럼 창공을 날던 제비도 놀라지 않을 수 없었을 것이다. 그네타기가 그냥 앉아서 쉬는 놀이로 생각하면 안 된다. 이것은 정말 온몸을 허공에 띄울 만한

에너지를 필요로 하는 전신운동으로서 강한 체력을 바탕으로 한다.

한편 광한루에서 춘향이가 그네를 타던 날도 단오였으니, 이몽룡의 마음을 사로잡았던 날이 단오였다는 말이다. 태양의 기운이 양중양(陽中陽)일 때 치마폭에 음기를 담아 거풍(擧風)하던 청춘남녀가 사랑을 불태우는 것은 어쩌면 당연한 일일지도 모르겠다. 남원에서도 이를 기려 춘향제를 단오에 맞춰 열고 있다.

그네타기는 고려의 『한림별곡(翰林別曲)』에서 언급될 정도의 오랜 풍속으로 전해온다. 처녀들이 타면 댕기그네, 남자들이 타면 장정그네, 아이들이 타면 떼떼그네, 두 사람이 타면 쌍그네라고 하였다. 그러니 일반적으로 혼자 타는 것은 모두 외그네라고도 하였다. 이때 그네를 타는 여인들은 치마 속에 속바지를 입어 보는 사람들에게 예의를 갖추었다.

널뛰기

▲ 널뛰기

유득공이 쓴 『경도잡지(京都雜誌)』에는 널뛰기를 초판희(超板戲)라고 하였다. 또 판재를 이용하여 높이 도약(跳躍)하여 담장 안을 들여다보는 놀이라는 뜻으로 도판희(跳板戲)라 부르기도 하였다. 푸른색 저고리와 붉은색 치마(綠衣紅裳)를 입은 여인들이 널뛰는 모습은 젊음의 약동 그 자체라 할 수 있다. 전후좌우로 흔들리는 널빤지에서 혼자 중심을 잡기도 어려운데, 몸을 공중으로 띄워 보내는 기술은 가히 일품이다.

고려시대에는 여성들도 격구나 기마와 같은 활동적인 운동을 하였으며, 널뛰기 또한 하나의 놀이가 되면서 전신운동으로 심신을 단련시키는 데 필요한 기예(技藝)라 할 것이다.

약초말리기

단오에 캔 약초는 모두 효능이 좋다고 하였으며, 익모초(益母草)를 비롯한 쑥 등 여러 가지 향이 진한 약초를 준비하였다. 익모초는 더위 먹은 데 입맛을 돌려주며 한방에서는 산모의 지혈제, 강장제, 이뇨제로 사용하였다.

▲ 쑥말리기

한편 게르만족은 하지 전후에 쑥을 채취했다고 한다. 이들은 약초에 약효를 가진 요정이나 여신이 들어 있다고 믿었다. 예를 들면 쑥은 아르테미스 여신이 주관하므로 쑥의 속명이 '아르테미시아'로 정해졌다. 그런데 기독교 측에서는 '요하네스 약초'로 바꿔 부르는데 이는 기존의 신앙과 기독교적 관점을 결합시킨 것으로 풀이된다. 우리가 생각할 때에도 단오 이후의 쑥에는 독소가 있다고 믿었는데, 이것은 하지가 지나면서 성장이 멈추고 줄기가 강해지면서 리그닌이나 헤미셀룰로오스와 같이 섬유질이 축적되는 현상으로 나타난다.

산멕이기

강원도 명주 일대에 전하는 풍속의 하나로 단오날 새벽 동틀 무렵에 각자의 집에 보관하고 있던 산을 가져다 예를 드린다. 여기서의 산은 왼손으로 꼰 새끼를 말하기도 하며, 짚이나 싸리 등으로 만든 오쟁이 혹은 항아리를 일컫기도 한다. 부녀자들은 자기 식구들 이름으로 된 각각의 산을 가지고 산(山)에 오른 후, 식구 개개인의 소나무 혹은 가족을 대표하는 소나무에 얹어놓고 준비한 예물로 기원한다. 이때 해당하는 신은 성주신, 조상신, 혹은 산신이다. 더불어 이웃에서 가져온 음식의 일부를 덜어 산에 얹어 놓는 풍습도 전한다. 이것은 고수레라는 풍속과도 연관이 있다.

씨름

씨름 역시 아주 오래전부터 전해오는 민속놀이로, 단오가 되면 넓은 마당이나 백사장에서 서로의 힘과 기술을 겨루는 대회가 벌어진다. 이때는 장정들과 어른, 그리고 어린아이 씨름으로 나누어 시행하였다. 중국에서는 고려기(高麗伎)라고 하여 별도로 이름을 붙여 부를 정도로 성행하였다. 이때 최후 승자인 장사는 황소를 상품으로 받아

▲ 씨름(아침신문)

기세를 높였다. 요즘에도 설장사씨름대회와 추석장사씨름대회 등으로 명맥을 이어가고 있다.

기타

이렇게 경사스런 날에 행여 마(魔)가 낄까 근심된 선조들은 부적을 붙였으며, 남자들은 창포주를 마시면서 재액(災厄)을 예방하였다. 가정에서는 대추가 많이 열리기를 바라는 마음에서 대추나무의 가지 사이에 돌을 끼워 넣는 기원풍습도 전해온다. 이런 행사를 두고는 대추나무를 시집보낸다고 하였다. 대추는 대체로 하지 직전부터 꽃이 피기 시작하여 추석이 지나고도 피는 과실이다.

농사에서 가장 요긴한 노동력이었던 소는 생후 10개월부터 12개월 사이의 단오에 코뚜레를 하였다. 코뚜레는 송아지의 코를 뚫는 작업임과 동시에 코를 뚫는 도구이며, 코를 뚫은 자리에 꿰어 놓은 막대기를 말하기도 한다. 이 도구는 1회용이며, 다래넝쿨이나 대나무뿌리, 혹은 노간주나무, 향나무를 불로 구워 소독도할 겸 휘면서 모양을 갖춘다. 코는 대추나무 송곳으로 뚫는데, 사람들이 소의 힘을 활용하기 위한 수단으로 송아지가 겪는 할례의식에 속한다.

▲ 대추나무시집보내기

▲ 소코뚜레(이천쌀축제위원회)

단오 음식

▲ 수수경단(떡보의 하루)

흥겨운 날에는 잔칫상이 빠질 수 없듯이, 단오절에는 화전놀이와 수리취떡이 유명하다. 수리치떡은 취의 일종인 수리취나물을 뜯어 만든 수리취떡의 잘못된 표현이며, 다른 말로 부를 때에는 수리떡이라고 해야 맞다. 수리떡은 쑥떡보다도 더 쫄깃쫄깃한 맛이 있다. 이때 만든 떡은 수레바퀴 모양으로 둥글었으며, 바퀴살 문양을 넣어 얇게 만드는 관계로 차륜병(車輪餠)이라고 부르기도 한다. 또한 수레바퀴떡이 변하여 수리떡이 되었다는 설도 전한다.

수리취로 떡을 하였는데, 수리취는 중국에서 산우방(山牛蒡)이라 부르며 이는 산에서 나는 우엉을 일컫는다. 반면에 밭에서 나는 우엉은 그냥 우방이라고 한다. 그래서 수리취를 구하기 힘든 지역에서는 몸에 좋은 여러 가지 나물을 넣고 만든 약떡이 대신하기도 한다.

이때 사용된 수리취는 지혈작용(止血作用)을 하며 부종(浮腫)이나 각혈(咯血)치료에 효과적이다. 또 뿌리는 강장약으로, 당뇨병이나 위염 또는 십이지장궤양 치료에도 사용된다.

소화제나 구풍제(驅風劑), 탈모완화제로 쓰이며, 폐결핵과 폐렴 그리고 기침을 치료하는 데도 사용된다. 또 해독(解毒)이나 고혈압치료 등 두루두루 좋은 약재다. 그러나 실상은 우리에게는 약재(藥材)로 먹는 것보다 맛으로 먹는 음식으로 알려져 있다.

화전(花煎) 놀이는 꽃잎을 따서 전을 부쳐 먹으며 춤추고 노는 것으로, 주로 진달래꽃잎을 사용하였다. 이때 모양이 비슷한 철쭉꽃은 사용하지 않았으니 이는 독성이 강하여 몸에 해로운 때문이었다.

한편 이때는 빨갛게 익은 앵두가 제철과일로 가정에서 앵두화채를 만들어 먹기도 하였다. 따라서 단오의 차례상에는 갓 따온 앵두가 올려지고, 앵두편을 만들어 먹는 시절이다. 또 복숭아와 살구로 만든 떡인 도행병(桃杏餅)도 빼놓을 수 없는 단오 음식이다. 아이들 간식용으로 옥수수나 쌀을 튀겨 주기도 한다.

생선으로는 준치국과 붕어찜이 제철이며 준치만두도 유명하다. 이밖에도 산에 가면 산딸기가 제 빛을 발하고, 밭에 가면 오디가 검붉게 익어가는 계절이다. 다른 간식으로는 아직 덜 익은 옥수수를 튀겨 먹거나 쌀을 볶아 먹는가 하면, 항간에서는 장을 담그기도 한다.

특히 제주지방에서는 보리를 빻아 만든 누룩을 이용한 기루떡, 곤떡, 새미떡, 인절미, 표적, 율적, 해어, 과실 등으로 제사를 지낸다.

17.6 궁에서의 단오

단오풍속은 개인뿐만 아니라 궁궐에서도 전해왔다. 임금은 짚을 이용하여 호랑이 형상을 만들고, 그 위에 쑥 잎을 대고 비단조각으로 묶은 쑥호랑이 즉 애호(艾虎)를 신하들에게 하사하였다.

단오부채

임금은 초여름이 다가오기 전에 부채를 나누어주었는데 이것이 단오부채다. 커다란 부채는 부챗살이 4, 50개나 되는 것도 있었는데, 대나무 부챗살에 옻칠을 하지 않은 백첩(白貼)과 옻칠을 한 칠첩(漆貼)이 있다. 백첩을 하사받은 신하는 아직 완성되지 못한 부채이므로 시원한 바람이 불도록 하기 위하여 주로 금강산 1만 2천 봉을 그렸고, 기생이나 무당들에게 전해졌을 때에는 버들가지나 복사꽃 또는 연꽃이나 흰 붕어 혹은 해오라기 등을 그렸다. 이때 최고의 상품으로는 전주부채나 나주부채가 꼽혔다.

지금도 부채 장인(匠人)은 무형문화재 예능보유자로 인정받아 전

▲ 부채

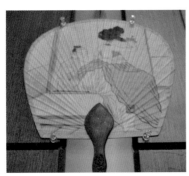

▲ 부채 : 풍속도   ▲ 부채 : 사진을 붙인 것

통을 이어가고 있다.

단오부적

관상감에서 부적(符籍)을 만들어 궁안으로 들이면 문설주에 붙여 상서롭지 못한 기운을 막도록 하였는데 사대부 집에서도 부적을 붙였다.

제호탕과 옥추단

왕은 내의원에서 만들어 올린 제호탕(醍醐湯)과 금박을 입힌 옥추단(玉樞丹)을 하사(下賜)하여 신하들과 함께 들었다. 제호탕은 까마귀가 씨를 날라 자란 매실인 오매(烏梅) 즉 산매(山梅)와, 아주 작은 모래알인 사인(沙仁), 박달나무와 비슷하며 백색으로 불상을 조각하는 백단향(白檀香), 그리고 열매가 가지만 하고 씨가 굵으며 맛이 신 초과(草果) 등을 가루로 만들어 꿀에 재었다가 찬물에 타서 마시는 청량제이다. 여기서 사인과 초과는 소화제에 속하는 성분이었다.

옥추단은 음식을 잘못 먹어 갑자기 토하거나 설사를 할 때, 또는 더위로 지쳐 체하였을 때에 사용하는 상비약이다. 그런데 임금은 옥추단을 오색실에 꿰어 단오날 신하들에게 나누어 주었으며, 허리춤에 차고 다니다가 급할 때 사용하도록 하였다. 이 재료들은 따뜻한 성질을 가진 것으로, 여름철에 열기 즉 양기(陽氣)가 피부로 모여 몸의 내부가 차가워져서 음기(陰氣)가 퍼지는 것을 막아준다.

발영시(拔英試)

궁에서는 왕비가 단오 전날에 겹옷에서 홑옷으로 갈아입고 추석 전날에는 홑옷에서 겹옷으로 갈아입는 풍습이 있었다. 그러면 내명부 여인들은 다음 날인 단오와 중추를 기하여 계절에 맞게 옷을 갈아입었다. 조선 세조는 이날을 기념하여 5월 10일 임시 과거를 치르니 이것이 바로 발영시다. 이때 등용된 인물 중에는 강희맹을 비롯하여 우리가 아는 신하들이 다수 있으며, 특별히 천거하고 싶은 사람이 있을 경우 추가로 시험을 치르기도 하였다.

17.7 단오회고

어느 나라 어느 시대를 막론하고 세월이 흐르면서 옛것은 잊혀지기 마련이다. 과거의 문화와 현재의 문화가 시대적 환경에서 서로 공존하기 힘들기 때문이다. 그래서인지 우리의 귀중한 단오풍습이 생활에서 자꾸 쇠퇴되는 느낌을 받는다. 다행히 최근 들어서는 각 지자체마다 부분적인 단오풍습이나마 재현하는 곳이 늘어 명맥을 유지하고 있는 실정이다.

단오에 떠오르는 것은 단연 그네와 창포물에 머리감기다. 요즘 그

▲ 봉산탈출(봉산탈춤보존회)

네타기는 일부러 운동 삼아 재현하는 곳이 많이 있으나, 어디까지나 하루 반짝하는 행사에 그치고 있다. 그런가 하면 일상생활에서 창포 물에 머리를 감는 사람은 아예 한 사람도 없다. 단오행사에서 체험으로 창포물을 만들어 놓고 체험객을 유치하고 하지만, 그렇게 하면 머리를 다시 감아야 하는 번거로움 때문에 그리 호응을 얻지 못하고 있다.

창포는 수질을 정화하는 성질이 있어, 지방의 연못이나 밭가 어디에 가더라도 만날 수 있다. 단오의 옛 정취를 되살리는 방법으로 창포를 널리 보급하고 있기 때문이다. 대체로 창포와 꽃창포를 혼동하기 쉬운데 꽃창포라 불리는 붓꽃은 꽃대가 마치 한 줄기 붓대 모양으로 곧게 올라오지만, 창포는 꽃대가 올라오다가 이리저리 가지를 치면서 여러 개의 꽃을 피우는 게 가장 큰 차이점이다. 꽃잎에서도 가장 밑에 달린 3개의 꽃잎은 서로 비슷한 형태를 취하지만, 두 번째로 달린 3개의 꽃잎은 창포가 아주 작고 수평을 바라보는 반면 꽃창포는 아주 커서 처음에 달린 3개와 비슷한 크기이며 하늘을 향하고 있다. 그리고 마지막으로 가장 안쪽에 달린 3개의 꽃잎 역시 창포는 약간 작은 크기이며 꽃창포는 대체로 아주 크게 달린다.

▲ 황창포　　　　　▲ 백창포　　　　　▲ 청창포

전국적으로 규모나 내용면에서 가장 잘 보존되었다는 강릉단오제
는 1967년 국가지정 중요무형문화재 제13호로, 2005년 11월 25일에
는 유네스코지정 세계인류구전 및 무형문화유산걸작에 등록되었다.
남들도 인정해주는 우리의 고유 문화유산 단오절 행사에 대해 자긍심
을 가지고, 앞으로도 후손에게 잘 보전해줄 수 있기를 바란다. 시끌벅
적한 시골 단오장(端午場)에서 엿판을 끼고 엿치기를 하던 생각이 스
쳐지나간다.

18 유두(流頭)

음력으로 6월 15일을 유두 또는 유두일(流頭日)이라 하는 데, 유두라는 말은 원래 '동류두목욕(東流頭沐浴)'에서 비롯된 말이다. 다시 말하면 유두일에 맑은 개울에 찾아가서 목욕을 하거나 머리를 감으며, 푸른빛이 돌아 참신한 데서 하루 동안 즐겼다는 것이다. 이것이 바로 청유(淸遊)로, 이렇게 하면 소서와 대서가 들어 있는 음력 6월 즉 한여름에 더위를 먹지 않는다고 믿었다.

18.1 유두의 유래

유두의 풍속은 신라 때에도 있었으며, 동쪽에서 흘러오는 냇가에 가서 머리를 감는 이유로는 동쪽은 맑은 청(淸)이요 양기(陽氣)가 왕성한 곳이기 때문에 동류(東流)를 택했다고 한다. 이는 상서(祥瑞)롭지 못한 기운을 제거하여 부정타지 않음으로써 신(神)의 노여움을 사지 않는다고 믿었던 때문이다.

이런 내용들은 고려 명종(明宗) 때 김극기(金克己)가 지은 『김거사집(金居士集)』에서 '신라 동도(東都) 지방에 전해 내려오는 풍속'으로 기록하고 있다. 여기서 동도는 현재의 경주를 의미하는 데, 문사(文士)들

▲ 동류

은 술과 안주를 장만하여 계곡이나 정자를 찾아가서 풍월을 읊고 하루를 즐기는 유두연(流頭宴)을 행했다.

우리 조상들은 매월 초하루와 15일이 되면 각종 행사를 하여 신에게 의지하고 자연과 동화되려는 노력을 기울였다. 기존의 24절기와 별도로 매월 15일이 되면 유두나 백중처럼 여러 명칭을 가진 시절풍속이 있음이 그것을 증명하는 것들이다. 특히 유두에 대해서는 인근 국가인 일본이나 중국에서도 행하지 않는 우리 고유의 풍속이다.

18.2 유두풍속

유두는 농사로 말하면 농한기에 속한다. 따라서 잘 성장하여 많은 열매를 맺도록 제사를 지내기도 하였는데, 통틀어 농신제라 부른다. 그러나 언제 어디에 제사를 지내는가에 따라 유두고사, 칠석고사, 복제, 용왕제, 논고사, 밭고사, 참외제, 원두제 등으로 부르기도 한다. 강원도에서는 복제와 밭고사, 전북에서는 논고사, 전남에서는 용신제 등

▲ 사당

이 대표적 예다.

이날 제사에 사용된 음식은 물이 새어 나가지 말라고 논의 물꼬에 찰떡을 떼어 놓기도 하였다. 호박전은 전을 붙일 때 사용된 기름 냄새로 인하여 해충이 달아나도록 하는 기원이기도 하다.

유두일에는 유두천신(流頭薦新)을 하였는데 이는 새로 나온 햇과일을 준비하고 떡을 만들어 사당(祠堂)에 제사를 올리는 것이다. 지역에 따라서는 이를 유두차사(流頭茶祀)라 하는 데 간단한 제사(祭祀)라는 의미를 가진 차사(茶祀)에서 인용한 것이다. 이때 올려진 음식으로는 유월에 수확하는 밀과 옥수수, 감자 등이 있었고, 과일로는 자두와 참외, 수박이 있다. 특히 감자탕은 무를 넣지 않고 고기를 곁들여 맛을 내었다. 이런 행사는 내가 노력하여 수확한 것을 조상께 먼저 드림으로써 효성을 드러내고 선조의 음덕에 감사하는 마음을 표현하는 것이었다.

천신이 끝나면 유두연(流頭宴)을 열었고, 동쪽으로 흐르는 물에 머리를 감아 불길함을 씻어냈다. 또 폭포수 아래 들어 물을 맞는 물맞이를 하였다. 물맞이는 몸을 시원하게 하는 것은 물론 부스럼을 낫게 하여 건강한 피부를 가진다고 믿었다. 이러한 풍속은 경주와 상주에 전해오고 있다. 이런 6월이 오면 문학을 하는 사람들은 산에서 술을 마시며 피서를 즐기기도 하였다. 서울에서는 삼청동의 탕춘대, 천연동의 천연정, 정릉의 수석에서 성행하였다.

유두날에 천둥치면 유두할매 뱅이가 운다고 하여 떡을 해서 논두렁에 뿌리기도 하는 데, 이는 떡을 먹고 노여움을 풀어 많은 수확을 하게 해달라는 기원의 의미다. 이런 일련의 행사를 전답제(田畓祭)라고 한다. 그러나 일부에서는 유두할매뱅이가

▲ 활쏘기(국궁신문 이건호)

일찍 울면 이른 곡식에 풍년이 들고, 늦게 울면 늦은 곡식에 풍년이 든다고 믿었으니 지역에 따라 믿는 속설이 달랐던 것을 알 수 있다. 대체로 유두에 비가 오면 천수답에도 마지막 모내기를 할 수 있어 풍년이 든다고 믿었던 곳이 많았다. 그리고 유두날에 팥죽을 쑤어 먹으면 풍년이 온다는 말도 전한다. 한편, 호남지방에서는 유두할머니 대신 유두할아버지가 온다고 믿었다.

궁중에서는 건단(乾團)에 가루를 입힌 후 황금쟁반에 놓고 활쏘기를 하던 풍습도 있었다. 이는 비오는 날에 고온다습하여 훈련하기에 딱히 마땅하지 않은 때에도 유비무환의 한 끈을 놓지 않으려는 지혜라고 할 것이다. 군대는 항상 긴장하고 무장함으로써 일단 유사시에 즉각 활용하는 것에 그 목적이 있어 임무에 충실하였음을 알 수 있다.

궁궐(宮闕)에서는 종묘(宗廟)에 피, 기장, 조, 벼 등을 올려 제사(祭祀)를 지내고, 각 관청에는 여름철의 특별 하사품(下賜品)으로 얼음을 나누어주었다.

18.3 유두의 농사일

음력 6월이면 한창 논매기를 하는 때이다. 모를 심고 처음 김매기를 하면 이것을 초벌매기 혹은 애벌매기라 하였다. 여기서 말하는 애벌매기는 여러 번 매는 중에 처음 맨다는 뜻이다. 이 말은 다른 애벌빨래, 애벌구이, 애벌찧기 등에서도 쓰이는 말이다. 다른 말로 아시매기라고도 하지만 잘 사용하지 않는 단어이며, 애나 아시나 모두 일찍 혹은 처음이라는 뜻으로 같은 말이다.

다음은 두벌매기를 하고 마지막으로 세벌매기를 하는 데 이를 만물이라 불렀다. 한편, 초벌매기와 두벌매기는 호미를 사용하지만 세벌매기는 손으로 대충 훔쳐서 마무리한다. 이때는 잡초가 성장을 멈춰 더 이상 자라지 않기 때문에 그 수도 적어 일하기가 편하다는 증거다. 어떤 농가는 네 번 매기를 하는 데 이때를 만두리라 하기도 한다. 그러나 이것은 형편에 따른 것이지 원칙적으로 다른 것은 아니다. 이때의 만두리는 만물과 같은 의미이다.

밭에서도 풀매기가 한창이며, 잘 익은 고추를 초벌따기 혹은 두벌따기 하는 시기다. 논에서 사용하는 호미는 밭에서 사용한 호미보다

▲ 논매기(고령문화원)

▲ 모찌기(고령문화원)

훨씬 크다. 그 이유로는 논에는 물기가 많아 잘 파지는 원인도 있지만,
논에 난 풀은 남자들이 손으로 매던 관습도 그 한 원인이다.

18.4 두레

예전 농촌에서는 모내기철과 논매기철에 두레날을 잡았다. 두레는
마을 단위의 공동 작업으로, 힘든 일을 혼자 하기 어려운 때에 서로 돕
는 풍속을 만들어 냈던 것이다. 물론 공동작업이라 하여 무상으로 하
는 것은 아니어서 그 일에 해당하는 사람은 적정한 금품을 내어 공동
기금으로 적립하였다. 이는 협동과 상호부조 및 공동휴식의 의미를
지녔으며, 농자천하지대본(農者天下之大本)이라고 쓴 농기(農旗)를

▲ 작업풍장(고성농요보존회)

앞세우고 농악(農樂)을 치며 마을 전체의 행사로 이끌었다.

공동작업인 두레에 참석한 사람들은 좌상(座上)의 구령에 따라 일사분란하게 움직였으며, 일할 때는 작업풍장, 행사나 특별한 날을 기릴 때는 의식풍장을 쳐서 사람들을 규합하였다. 지금도 풍장친다는 말이 있는데, 이는 농악을 앞세우고 어떤 목적을 이루기 위해 벌이는 공동의식을 말한다.

마침 김매기를 하는 동안 농악이 펼쳐지면 힘든 일을 수월하게 끝낼 수 있는 것은 물론이며, 마을의 협동심도 이끌어낼 수 있다. 이를 지역에 따라 김매기춤이라 부르기도 한다.

이때 빠지지 않는 것이 농요다. 우리의 농요는 각종 농사일을 하면서 힘들고 지쳤을 때 혹은 보다 많은 성과를 내기 위하여 피로를 더는 목적으로 불려졌다. 농요는 국가지정 중요무형문화재 제8호인데, 8-1호에 고성농요 그리고 8-2호에 예천 창명농요가 있다. 또 일부에서는 지방무형문화재로 여러 군데에서 지정하고 있다.

이런 농요는 모찌기, 모내기, 김매기 등 힘든 일을 하면서 부르던 농사용 노래를 말한다. 우리나라 민속 중 등짐을 져 나르는 농요와 몸짓이 함께 어우러진 것을 찾자면 유일하게 익산목발노래에서 만날 수 있다. 익산목발노래는 전라북도 무형문화재 제1호로 지정되었는데, 초동(樵童)이 나무를 하거나 농부가 수확한 곡식을 나를 때 지게의 목발을 두드리면서 부르던 노동요에 속한다. 참고로 익산목발노래보존회는

▲ 익산목발노래

2012년부터 '전국 농촌사랑농요부르기대회'를 개최하고 있다.

18.5 유두의 먹을거리

음력 6월은 액달이다. 이것은 한여름의 더위와 습도로 인하여 음식이 빨리 상하여 자칫 액운을 몰고 온다는 말이다. 그러니 모든 음식은 신선하게 보관하는가 하면 만들어서 바로 먹을 수 있도록 하였다.

유두날 먹는 음식으로는 유두면, 수단, 건단, 밀전병, 밀쌈, 상추쌈, 규아상, 구절판, 연병 등이 있다. 유두면은 햇밀가루로 만든 국수를 닭국물에 말아먹는 것이다. 지금의 기다란 국수와 달라, 마치 염주 모양으로 만들며 오색물감을 들인 후 3개씩 꿰어 차고 다니거나 문지방에 매달아놓기도 한다. 이것은 3과 5라는 숫자가 양의 숫자로서 축귀(逐鬼) 효과를 얻는다고 믿었던 것이다. 이 유두면을 먹으면 장수하며, 다가오는 여름에 더위를 먹지 않는다고 해서 즐겨 먹었다. 원래 유두면은 참밀가루로 구슬 모양으로 만든 누룩을 사용하여 빚은 것을 일컫는데, 조선시대 음식에 사용된 가루는 대체로 메밀가루를 사용하였던 것이 특징이다.

그러나 자연에서 얻어지는 제철과일이 가장 중요한 먹을거리일 것이다. 참외, 수박, 오이, 토마토 등 풍부한 햇과일은 별도의 수고를 하지 않아도 입을 즐겁게 한다. 그런데 오이와 참외, 수박은 여름철의 대표적인 음(陰)의 음식이니 너무 많이 먹지 않도록 하여야 한다. 옥수수, 수수 등과 함께 한여름에 자라는 과일로 여름의 양기에 맞서 품고 있던 음기를 내뿜는 식물이라 할 것이다.

수단과 건단

유두에는 수단이나 건단을 즐
겨 먹었다. 찹쌀이나 멥쌀가루
를 빻아 잘 반죽한 후 구슬 모양
으로 새알을 만든 후 떡을 빚는
것이 일반적이다. 이 떡을 꿀물
에 담그고 얼음에 재워 두었다
가 먹기 때문에 수단(水團) 또
는 백단(白團)이라 부르고, 유

▲ 화전(떡보의 하루)

두천신(流頭薦新)하는 제단에도 사용하였다. 한편 꿀물에 넣지 않은
것을 건단(乾團)이라 하여 마른 채로 그냥 먹기도 하였다. 보리수단에
시원한 과즙이나 오미자즙을 넣으면 훌륭한 음료가 된다.

또 『동국세시기(東國歲時記)』와 『세시잡기(歲時雜記)』에서 수단보
다 작게 하여 물방울처럼 정교하게 만들어 먹는 것도 있다고 하면서,
이를 적분단(適粉團)이라 하였다. 그러나 수단은 단오와 유두를 가리
지 않고 먹었던 음식으로 전한다. 물론 일자별로도 5월 5일인 단오와
6월 15일인 유두는 그리 멀지 않은 날짜로 이어진다.

각서(角黍)와 종(粽)

각서와 종은 각기 웃기떡의 하나로 찹쌀가루에 대추를 이겨 섞은
뒤 꿀에 반죽하고 송편 모양으로 만든 떡이다. 안에 들어가는 소는 팥
이나 깨를 넣었으며, 기름에 지져내는 것으로 모양은 송편과 같으나
조리하는 과정이 다를 뿐이다. 또 각서와 종은 내용상으로 같으나 모
양이나 위치 등 외형적인 면만 다르다. 이때 대추를 넣으면 대추주악,

밤을 넣으면 밤주악이 된다.

웃기떡은 합이나 접시에 떡을 담거나 괴고, 그 위에 모양을 내기 위하여 얹는 떡을 말한다. 요즘으로 말하면 냉면 위에 얹는 고명과 같으며, 세부적으로는 주악, 색절편, 산병 등이 있다. 주로 참기름을 발라 긴 꼬챙이에 꿰었으며, 혼례나 회갑처럼 큰상차림의 장식용으로 많이 쓰인다.

상화병과 연병

콩이나 깨에 꿀을 섞어 만든 소를 넣고 밀가루를 반죽으로 싸서 찐 것을 상화병이라고 한다. 또 연병은 밀가루를 기름에 지지고 나물로 만든 소를 싸서 각기 다른 모양으로 오므려 만든 음식이다. 입 모양은 만두와 같이 주름을 잡아 오므려 붙이고 찜통에 쪄내면 맛있는 연병이 된다.

수교의

수교의는 만두의 일종으로 밀을 갈아 고운채로 쳐서 밀기울은 버리고 가루를 사용한다. 물에 섞어 반죽을 하고 조금씩 떼어 방망이로 밀어 손바닥만 하게 만든다. 만두소의 재료로는 다진 쇠고기와 느타리버섯, 석이버섯, 고추, 계란지단을 채썰어 양념하여 볶아 만든다. 미리 밀어 놓은 밀가루에 소를 넣고 싸서 양쪽을 오므려 빚으면 만두와 같은 모양이 되고, 이것을 깔아 놓은 감잎에 놓고 찐 다음 참기름을 묻혀 낸다.

구절판

구절판은 아홉 칸으로 나누어진 그릇이라는 뜻으로 붙여진 이름에서 시작하여 거기에 담은 음식을 가리키는 이름이 되었다. 예부터 밀전병, 칼국수, 수제비, 밀쌈 등 밀가루 음식은 햇밀이 나오는 초여름에 많이 먹는 시절음식인데 유두의 구절판도 밀쌈의 일종에 속한다.

구절판을 이루는 음식의 재료에는 쇠고기와 전복, 불린 해삼, 오이, 당근, 표고버섯, 달걀, 숙주나물, 밀전병 등이 들어간다.

구탕(狗湯)

예전에도 그랬지만 현재도 삼복에는 구탕(狗湯)을 먹어 기운을 보강해주는 것을 연례행사로 알고 있다. 육질이 부드럽고 소화가 잘되어 흡수가 빠른 구탕 즉 보신탕(補身湯)은 여름철 보양 음식의 대표라고 할 만하다. 오죽하면 하고많은 음식 중에 개고기를 분리하여 보신탕이라는 별명까지 붙여주었을까. 이런 보신탕은 된장을 많이 넣었다고 해서 개장국이라고도 부르는데 먹는 방식은 산초가루를 치고 흰밥을 말아 먹는 등 지역마다 차이가 있다.

그러나 구탕(狗湯)과 같은 경우는 너무 많이 먹어 영양분 과다흡수로 인한 부작용에도 신경 써야 한다. 요즘 일부 국가에서는 우리의 고유 음식인 보신탕을 놓고 서양문화의 해석에 따라 혐오식품(嫌惡食品)으로 치부하는 것은 옳지 않다고 본다. 우리는 그들의 애완견 정책이 나오기 전부터 전통적으로 개를 소나 닭처럼 길러서 음식으로 먹던 문화를 가진 민족이기 때문이다. 애완돼지를 키우면서 돼지고기를 먹는 것은 어떻게 해석해야 할까.

삼계탕

더위가 한창인 삼복에는 삼계탕(蔘鷄湯)도 빼놓을 수 없는 시절음식이다. 닭에다 인삼을 비롯하여 마늘과 밤 그리고 대추 등을 넣은 삼계탕은 냄새나는 개고기를 먹지 못하는 사람들도 즐겨먹던 보양식이다. 이때 삼계탕에는 아직 1년이 안되어 충분히 자라지 않아 조금은 작은 닭을 사용하였으니 이를 '약병아리'라고 부른다. 그러나 요즘은 다 자란 어미 닭이라 할지라도 크기는 약병아리와 같지만 맛이 쫄깃쫄깃하고 야무진 종이 개량되어 각광을 받고 있다. 약병아리는 크기가 적당하여 혼자 먹기에 부담이 적은 편이며, 살이 부드러워 먹기도 쉽다. 또한 봄에 부화한 병아리를 길러 쉽게 사용할 수 있는 장점도 따른다.

기타

밀가루를 반죽해서 판 위에 놓고 방망이로 밀어 넓게 만든 후 기름에 튀기거나 콩을 묻혀 꿀에 발라 만든 연병(連餠)도 먹었다. 그런가 하면 밀가루를 반죽하여 콩이나 참깨로 소를 만들어 넣고 찐 상화병(霜花餠)도 있다. 밀가루로 전을 부쳐 볶은 채소나 깨소금을 넣은 밀전병이 있는가 하면, 밀전병에 오이나 당근, 계란지단채를 넣고 돌돌 말아서 쌈을 싸먹는 밀쌈도 계절 음식에 속한다.

규아상은 궁중에서 먹었던 만두로, 쇠고기와 표고버섯, 오이, 풋고추 등이 들어가서 삼복더위를 이겨내는 체력보강에 좋은 음식이다. 또 얼음을 동동 띄워 만든 오이냉국은 여름더위를 몰아내는 아주 훌륭한 음식이라 할 수 있다. 국수를 아욱과에 속하는 어저귀국(白麻子湯)에 말아 먹거나 미역국에 익혀 먹기도 하고, 호박전을 부쳐 먹거나 호박과 돼지고기에다 흰떡을 썰어 넣어 볶아서도 먹었다. 또 유두의 대표 과일로는 참외와 수박이 있는 데, 이들은 수분이 많아 더위를 쫓는데 효과적인 과일이다. 햇볕에 화상을 입었을 경우 오이마사지를 하는 것에서 알 수 있듯이 참외와 오이, 수박은 차가운 성질을 가지고 있다.

18.6 유두와 현실

유두(流頭)가 되면 삼복이 따라온다. 삼복은 초복(初伏)과 중복(中伏) 그리고 말복(末伏)을 합쳐 부르는 이름이며, 초복은 하지가 지난 후 세 번째 맞는 경일(庚日)을 의미한다. 따라서 초복은 늦으면 하지 후 30일이거나 빠르면 20일이 지난 날이다. 중복은 초복 다음의 경일(庚日)로 10일 후에 오지만, 말복은 입추(立秋)가 지난 후 첫 번째 경일(庚日)을 지칭한다. 따라서 초복과 중복 사이는 10일로 정해져 있어도 중복과 말복 사이의 간격은 일정하지 않고 들쭉날쭉하게 된다. 이 초복과 말복 사이를 삼복(三伏)이라 하고 1년 중 가장 덥다고 여기는 기간이다.

삼복(三伏) 더위가 오면 더위를 피하여 계곡으로 들어가서 개고기를 먹는 사람들도 많다. 이것은 예전의 청류(清遊)에 해당하며, 동류두목욕(東流頭沐浴)의 답습(踏襲)이다. 개고기를 먹으면서 술과 여흥이 없을 수 없으니 이것 또한 유두연(流頭宴)이 된다. 또 복날에 붉은 팥으로 팥죽을 쑤어 먹으면 재앙을 물리칠 수 있다고 믿어 무더위를 넘기는 방편으로 삼기도 하였다. 보통은 찹쌀가루로 만든 경단(瓊團)

즉 새알심을 넣어 끓였다. 지금도 복날에 개를 잡아 먹는 풍습이 전하며, 더운 여름날에도 팥죽을 사철 음식으로 먹고 있다.

▲ 최근 피서방법

19 칠석(七夕)

칠석은 음력 7월 7일을 말하며, 삼월 삼짇날과 오월 단오 그리고 구월 양구일과 함께 양의 기운이 넘치는 날이라 하여 주요 명절로 삼아왔다. 이때는 여름 더위가 최고조에 달한 때로, 이 고비만 넘기면 대체로 여름을 나는 시기다.

여름 밤하늘의 양쪽에서 서로를 그리워하던 견우와 직녀가 만나는 날로, 해마다 칠석날에는 비가 온다. 만약 그렇지 못하면 그냥 몇 방울이라도 들어 그들의 애틋한 사랑을 잊지 않도록 일깨우는 날이라고 한다.

19.1 칠석의 유래

최남선의 『조선상식(朝鮮常識)』에 의하면 칠석(七夕)은 중국에서 지내던 풍속에서 우리나라에 전래되었으며, 고려 공민왕 때 내정에서 견우성과 직녀성에 제사를 지내고 백관들에게 녹(祿)을 주었다고 한다. 또 조선 시대에 와서는 궁중에서 잔치를 베풀고 성균관 유생들에게 과거를 행하였을 정도로 오래된 풍습이며 의미 있는 날이다.

그러나 좀 더 거슬러 올라가면 5세기 초 광개토대왕의 묘(墓)로 평안남도 대안시 덕흥리에 있는 덕흥리고분의 안쪽 벽화에 견우와 직녀가 등장하고 있어 삼국시대에도 이미 전해졌던 것을 알 수 있다.

이는 한국과 중국 그리고 일본의 전설에 따라 견우와 직녀가 만나는 날이며, 일본에서는 양력 7월 7일을 칠석으로 부른다. 일본의 음력 칠석은 타나바따마쯔리라 하며 은하수의 양쪽에서 견우와 직녀가 만난다는 것은 동일한 내용이다. 일본에 다신교도들이 많은 것처럼 이날 역시 일본 고유의 신앙과 연결된 형태를 취한다.

한편 칠석이라는 단어가 『시경(詩經)』에 등장하고 있는 것으로 보아 아마도 춘추전국 시대 이전부터 존재했던 것임도 짐작할 수 있다.

19.2 견우와 직녀

전설에 의하면 하늘나라의 목동(牧童)인 견우(牽牛)와 옥황상제의 손녀인 직녀(織女)가 결혼을 했다. 그러나 두 사람은 항상 놀고 먹으며 게으름을 피우니 이를 본 옥황상제가 노하여 둘을 떨어뜨려 놓았다. 그래서 견우는 은하수의 동쪽에 있고 직녀는 서쪽에 있음으로 넓고 깊은 은하수를 건널 수 없게 되었다. 그러나 둘은 여전히 근심과 그리움으로 나날을 보내니 흐르는 것은 눈물뿐이었다. 이 눈물이 어찌나 많았는지 세상에는 커다란 고통이었다. 보다 못한 까마귀와 까치

▲ 남원 광한루의 오작교(남원문화원)

가 은하수에 다리를 놓고 1년에 한 번은 만날 수 있도록 도와주었다. 이날이 7월 7일이라 칠석날이며 다른 말로 칠성날이라 부르기도 한다. 이때 놓은 다리를 까마귀와 까치가 놓았다 하여 오작교(烏鵲橋) 또는 칠성교(七星橋)라 부른다. 성춘향과 이몽룡이 만난 곳도 광한루 오작교였으니, 견우와 직녀처럼 간절한 사랑을 그리는 연인에게 오작교는 우연한 일이 아닌 것이다.

다리를 만든 까마귀와 까치는 뒤에 있는 동료의 머리를 움켜쥐고, 자기 머리는 다시 앞에 있는 동료가 감아쥘 수 있도록 하였다. 그리하여 은하수를 건널 수 있는 아주 커다란 다리를 만들었던 것이다. 그래서 칠석날이 지난 직후에는 머리가 벗어져서 털이 해성하다고 한다.

한편 칠석날 당일에는 까마귀와 까치를 찾아볼 수가 없는데, 혹시 세상에 날아다니는 것이 있다면 이는 필시 몸이 아파 하늘나라까지 올라갈 수 없는 병든 새라고 한다. 또 칠석날에 내리는 비는 까마귀와 까치가 목숨을 걸고 만든 다리에서 상봉하는 견우와 직녀의 마음을 표현하는 눈물인 셈이다.

그러나 비는 칠석날에만 오는 것이 아니니 그 전에 내리는 부슬비를 세차우(洗車雨)라 부른다. 이 비는 견우와 직녀가 타고 가기 위하여 1년 동안 묵혔던 마차를 깨끗이 닦아주는 비라고 한다. 또 칠석날 저녁에 내리는 비는 견우와 직녀가 상봉하여 흘리는 기쁨의 눈물인 상봉우(相逢雨)이며, 이튿날 새벽에 내리는 비는 이별의 슬픔을 담은 이별우(離別雨)이다. 이들을 통틀어 견우와 직녀의 눈물이 비가 되어 내린다고 하여 쇄루우(灑淚雨)라고 한다. 자세히 보면 칠석날 저녁의 견우성과 직녀성은 마치 다리를 건너기 위한 준비인 양 머리 위로 높게 떠올라 마주하는 것처럼 보이기도 한다. 그런데 이러한 현상은 계절에 따른 자연적인 결과임도 알아야 한다.

견우성(牽牛星)은 천문학적으로 독수리자리(鷲星座)의 알타이어(Altair)별이며, 직녀성(織女星)은 거문고자리(琴星座)의 베가(Wega)별을 가리키는 것이다.

이 둘은 원래 은하수의 동쪽과 서쪽에 위치하고 있는데, 태양의 황도상(黃道上)을 운행한다. 따라서 가을하늘 초저녁에는 서쪽에서 보이며, 겨울하늘에서는 태양과 함께 낮에 떠 있고, 봄하늘 초저녁에는 동쪽에 나타난다. 그리고 칠석 때가 되면 정중앙 천장 부근에서 볼 수 있어 마치 1년에 한 번씩 만나는 것처럼 여겨진다.

19.3 칠성신앙의 역할

위에서 언급한 칠성교(七星橋)는 칠석교(七夕橋)와 발음이 비슷하기도 하지만 칠성신앙과도 밀접한 관계가 있다. 여기서 말하는 칠성(七星)이란 북두칠성을 이루는 7개의 별을 뜻하는 데, 이 별은 인간의 복덕(福德)과 수명(壽命)을 관장하는 별자리로 여겨져 숭앙되었다.

▲ 김동수가옥(정읍시청 김병옥)　　　▲ 깻다리마을 우물(정읍시청 김병옥)

또 다른 의미의 칠성은 태양, 달, 화성, 수성, 금성, 목성, 토성을 말하기도 한다.

그러면 어찌하여 칠성이 칠석과 연계가 되는가 하는 문제다. 이 부분에 대하여 명확한 해석은 없으나, 바쁜 농사일을 끝내고 잠깐 쉬면서 어쩔 수 없는 인간의 한계를 느낀 때문이라 할 수 있다. 애써 지은 농사의 풍성한 수확을 기대하는 데 신의 도움을 빌리지 않을 수 없는 나약한 존재였으며, 다른 측면에서는 인간의 생사화복을 7월성군(七月聖君)이 주관하고 있다고 믿었다. 한편 인체에도 7개의 구멍이 있으며 얼굴에도 7개의 구멍이 있는 등 7이 지니는 의미는 생명의 기본이었던 것이다. 따라서 우주 만물을 이루는 완벽한 수가 7이었으니 그 중에서도 7월 7일은 아주 완벽한 칠성(七星)의 날이었던 것이다.

칠성은 북쪽하늘의 작은곰자리인 북두칠성을 의미하는 데, 그중에서도 특별히 북극성은 그 자체가 바로 신앙의 대상이었다. 여인이 목욕재계하고 칠성제를 올리는 것은 인간의 생사화복을 주관하는 별에 대한 경외이며, 당대의 안녕과 화평을 비는 것은 물론 세세토록 대(代)를 이어 나갈 아들을 얻는 것 등과 연관이 있다.

칠석날의 세시풍속

　칠석이 되면 지방에 따라서는 칠석제 또는 칠성제(七星祭)를 지낸다. 칠성제는 도교와 불교의 영향을 받아 생긴 것으로 집에서 조용히 지내는 가신제(家神祭)의 일종이다. 칠성제는 북두칠성을 제신(祭神)으로 하며, 칠석날이면 땅에 내려온다고 믿었다. 그리하여 칠성단(七星壇)을 만들고 제물을 차린 뒤 자손들의 무병장수와 복을 빌었다.

　일부에서는 이때 가묘제(家廟祭)를 지내기도 하였다. 경사대부(卿士大夫) 집에서는 칠석에 올벼가 익으면 사당에 먼저 올리고 알리는 천신(薦新)을 하였으며, 상(喪)을 당한 집에서 매달 초하룻날과 보름날 아침에 제사를 지내던 것처럼 삭망전(朔望奠)에 행하였다. 지금도 새로 수확한 곡식으로 국수나 전(煎)을 만들고 햇과일을 차려 조상에게 천신하는 풍습이 남아 있기도 하다.

용신제

　전북 익산과 군산지방에서는 샘제 또는 정주제(井主祭)를 지내며, 경남의 영산(靈山)지방과 부산의 가덕도(加德島)에서는 굿을 하거나 기복제(祈福祭)를 지내는 용알먹이기 일명 용신제(龍神祭)를 지낸다. 용신제는 주부가 새벽에 목욕재계하고 새 옷으로 갈아입은 뒤, 바닷가나 냇가 혹은 우물가처럼 물이 있는 곳에 제물을 차려 놓고 절을 하며 가내평안과 소원성취를 비는 것이다. 이때 소지(燒紙)하여 기원(祈願)하는 종이를 태워 날려 보내고 제물(祭物)은 물속에 던진다. 용신제는 정초와 5월 혹은 7월에 지냈으며, 이날은 특별히 용의 날을 고르기도 하였다.

▲ 1. 동학농민군 우물(정읍시청 김병옥) 2. 드라마 「서동요」 세트장 3. 정씨제각의 우물
4. 정해마을우물(정읍시청 김병옥)

고창, 정읍, 봉화, 예천, 안동 지방에서는 칠석날 새벽에 수박이나
참외 또는 오이처럼 1년생 초과류(草菓類)를 차려놓고 조상에게 제사
를 지냈으며, 여타 지방에서도 약식으로나마 풍속 일부가 행해지기도
하였다.

농신제

이북지방에서는 이날 크게 고사를 지내거나 밭에 나가 풍작을 기원
하는 밭제(田祭)를 지냈고, 중부지방에서는 단골무당에게 부탁하여
자녀의 무사성장(無事成長)을 기원하는 '칠석맞이'를 하였다. 또 칠
석다례(七夕茶禮)라 하여 음식을 사당에 천신하는가 하면, 칠석제(七
夕祭)라 하여 부인들이 밤에 단을 모아 놓고 집안의 부귀와 복을 빌

었다. 그리고 어떤 집에서는 떡을 빚어 논에 가지고 가서 농신제(農神祭)를 지내기도 했다.

이런 것들은 이날 신이 직접 땅에 내려와 둘러본다고 믿었기 때문이며, 특히 이른 아침에는 지금까지 가꾸어 놓은 상태를 점검하고 농사의 수확량을 점지해 준다고 믿었다. 그러기에 이 날은 일하러 가지 않았으니 근신(謹身)하는 날이기도 하였다. 그리고 보면 칠석날은 머슴이 허락받고 마음 편히 쉴 수 있는 공인(公認)된 머슴의 날이었던 것이다. 반면에 전주, 광주, 의왕에서는 농부들이 가만히 있을 수 없어 수확량을 점지해주는 농신에 대한 예의로 들에 나가기도 하였으나, 여자들은 오후 늦게 나가는 풍습이 있었다. 칠석 외에 공인된 머슴날로는 음력 2월 1일인 영등날도 있다.

걸교

견우성과 직녀성을 바라보며 바느질 솜씨가 늘기를 비는 풍습이 있었다. 어떤 처녀들은 장독대 위에 정화수(淨化水)를 떠 놓은 다음, 그 위에 고운 재를 평평하게 담은 쟁반을 올려놓고 빌기도 하였다. 다음 날 아침 초과류를 놓은 상(床)에 거미줄이 쳐 있거나 쟁반에 놓인 재 위로 무언가 지나간 흔적이 있으면 자신의 기도에 영험이 있다고 믿었다. 이를 두고 재주가 좋게 잘 되도록 해 달라고 빈다는 뜻으로 걸교(乞巧)라 한다.

우물청소

호남에서는 특히 '술멕이날'이라 하여 마음 놓고 피로를 푸는 날이기도 하였다. 이때는 '어정어정 칠월, 건들건들 팔월'이라 하였듯이 7

▲ 부사칠석놀이(대전중구문화원 박경덕)

월은 한가한 시기이다. 그러나 부지런한 농부들이 마냥 놀기만 하는
것은 아니어서 마을의 우물을 청소하고 깨끗한 물이 잘 나오도록 장
마에 막힌 물길을 손질하는 날이기도 했다. 아울러 우물가의 도랑을
쳐서 건수(乾水)가 들어가지 않도록 하는 일도 병행하였다. 이때의 건
수는 땅속에서 자연 정화가 되지 못한 물로, 땅 위에서 바로 우물에 들
어간 흐린 물을 말한다.

　대전 중구 부사동에서는 설화를 바탕으로 부사칠석놀이를 재현 중
에 있다. 백제의 부용과 사득의 사랑 이야기를 칠석날 견우와 직녀의
내용에 비유하고, 정제(井祭)에 관한 내용을 포함하는 것으로 모두 7
마당으로 구성되어 있다. 주민 약 120여 명이 참석하는 부사칠석놀
이는 1993년 대전시 민속예술경연대회에서 최우수상을 수상하였고
1994년도 전국민속예술경연대회에서 대통령상을 수상한 바 있다. 이
놀이를 국가적인 풍속이라고 말하기는 아직 미흡하지만 칠석날의 의

미는 포함하고 있는 것으로 보인다. 아직 문화재 지정에는 이르지 못하였다.

쇄서폭의

칠석부터 날이 무더워지고 볕이 이글거리는 계절이 된다. 따라서 장마철에 습기가 차고 좀이 슬던 옷과 책을 꺼내 말리는 쇄서폭의(曬書曝衣)를 하였다. 선비는 책을 말리는 사폭서(士曝書), 농부는 곡식을 말리는 농폭맥(農曝麥), 부녀자는 옷을

▲ 써래씻이

말리는 여폭의(女曝衣)를 하였다. 또한 귀중한 약초를 캐어 말리는 작업도 이때 행해졌다. 이런 일들은 바람을 쐰다하여 거풍(擧風) 또는 햇볕에 말린다 하여 포쇄(曝曬)라고 불렀다.

한편 농가에서는 호미를 사용할 필요가 없어져 호미를 씻어 말리는 호미씻기 즉 세서연(洗鋤宴)을 하였으며, 일부 지방에서는 써레를 씻어 두는 써레씻이도 하였다.

19.5 칠석에 먹는 음식

그런데 따지고 보면 이날은 농사 절기상으로는 세벌 김매기가 끝나고 휴식기에 든 때이다. 사람들은 이때 휴식을 취하며 술과 안주를 준

비하여 풍물과 함께 즐겼
다. 이때 등장하는 음식들
이 밀전과 밀개떡을 비롯
하여 수수나 감자로 만든
떡 등이다. 일부에서는 부
침개를 해 먹기도 하는 데
이때는 호박이 제철이므

▲ 잉어

로 호박부침이 별미로 통한다. 제철에 나는 과일로 시원한 화채를 만
들어 먹는 것도 빼놓을 수 없는 대표 음식이다. 마침 단오에 장만한 부
채가 한 몫 하는 계절이 된다.

　칠월칠석은 절기로 보아 입추와 처서의 중간에 있다. 이때는 입추
의 기간에 해당하며 먹는 음식도 같이 보면 된다. 대표 음식을 보면 새
로 수확한 햇밀로 국수를 만들고 밀전병을 하였다. 또 증떡(蒸餠) 또
는 기주떡이라 불리는 증편(蒸片)과, 계피가루를 넣어 만든 계피떡
(桂皮餠)도 하였다. 밀국수와 팥시루떡도 칠석에 먹는 음식이다.

　생선은 잉어구이와 잉어회가 제철이며, 채소로는 오이김치와 열무
김치 그리고 과일로는 복숭아와 수박으로 만든 화채가 계절별미에 속
한다. 산나물로는 고비나물과 취나물을 꼽고, 수랏상에 올렸던 규아상
도 대표 음식에 든다. 특별 음식으로는 꿀을 넣어 만든 백설기 즉 밀설
기(蜜雪糕)와 찹쌀가루에 대추를 이겨 섞고 꿀에 반죽하여 송편처럼
만든 주악(角黍)을 먹었고, 막바지 더위를 몰아내는 방법으로 어린 닭
을 찐 영계찜도 좋은 보양식으로 먹었다.

19.6 칠석과 현실

칠석이 되면 힘든 농사일을 하면서 잠시 짬을 내어 유용하게 보내던 우리 조상들을 만나는 듯하다. 터를 고르고 파종(播種)하며 가꾸는 일은 농부의 몫이지만, 팔월이 되어 건들바람이 불면서 곡식이 여물고 거두기까지는 사람의 힘으로 어쩌지 못하는 영역(領域)이었다. 그런 시기에 의지할 곳은 역시 대자연을 다스리는 신(神)뿐이었고, 당시의 신은 하늘에 있는 별이 제격이었을 것이다.

평상에 누워 하늘을 보면서 촘촘히 박힌 미리내〔銀河水〕가 그냥 흘러가도록 게으름을 피우면서 가만 놓아두지는 않았을 조상들이다. 말없이 하늘을 바라다보면 귀여운 옥토끼가 방아 찧던 달과 넓고 긴 강을 건너는 견우직녀가 그려진다. 그런가 하면 칠석날 우물을 푸고 나무 그늘에 앉아 수박과 복숭아로 더위를 쫓는 것이 제격이다. 물론 지방에 따라 조금씩 다르기는 하겠지만 조금은 한가로우면서도 작은 행사를 하는 것이 칠석이다.

지금 우리가 알고 있는 견우별은 천문학적인 의미에서의 견우별은 아니다. 잘못 알고 있는 이 별이 원래의 견우별이든 견우별이 아니든 그것이 중요한 것이 아니라, 별을 보면서 그런 생각을 하고 평상시에도 그런 마음가짐으로 지낸다는 것이 중요하다 할 것이다.

20 삼복

삼복(三伏)은 1년 중에서 가장 무더운 혹서(酷暑)기로, 세 번의 더위가 있다는 말이다. 여기에서 말하는 삼복은 태양의 열을 받아 더워진 것이므로 양력으로 계산하는 데, 하지(夏至)로부터 세 번째 돌아오는 경일(庚日)을 초복(初伏)이라 하고, 네 번째 경일(庚日)은 중복(中伏), 입추(立秋)로부터 첫 번째 맞는 경일(庚日)을 말복(末伏)이라고 한다. 흔히들 삼복을 그냥 숫자상으로 계산하다 보면 이들의 날짜를 알아내는데 어려움을 느끼는 이유가 바로 이때문이다.

2013년의 초복은 양력으로 7월 13일, 중복은 7월 23일, 말복은 8월 12일에 들었다. 삼복 중에서 중복(中伏)이 지난 다음, 시간상으로 20일 동안이 넘은 후에 말복(末伏)이 오는 경우는 생각보다 조금 늦게 온다는 뜻으로 월복(越伏)이라고 한다. 월복은 이제 계산상으로 복(伏)을 넘겼다는 뜻이며, 더위가 한풀 꺾였다는 것을 의미하기도 한다.

20.1 삼복의 환경

삼복(三伏)은 7월 중순부터 8
월 중순까지 이어진다. 이때는
우리나라에서 가장 무더운 날
씨로 자칫 잘못하면 몸을 상하
게 되는 시기다. 사람들은 더위
를 피해 그늘에 들기도 하며, 차
가운 음식을 먹어 몸의 열기를
낮추기도 한다. 그러나 어떤 사

▲ 잠자리(조재길)

람들은 이열치열(以熱治熱)이라 하여 뜨거운 음식을 먹음으로써 주
변의 더위를 잊는 방식을 택하기도 한다.

날씨가 덥다고 하여 차가운 음식만 찾는다면 오히려 몸을 해칠 수
도 있다. 이는 체외온도가 체온보다 높아지면 땀을 배출함으로써 내
부의 열을 발산시키는데, 이런 절차를 무시하고 차가운 음식만 들게
된다면 내장(內臟)의 온도가 내려가서 소화장애를 가져오기 때문이
다.

이때는 미리 받아 놓은 물도 태양볕에 데워져서 뜨겁게 변하며, 풀
밭에 메어 놓은 소의 머리가 벗어진다는 말이 생겨날 정도로 따가움
을 느낀다. 녹음이 무르익어 절정에 달하고, 온갖 화초와 곡식들은 저
마다 종족 번식을 위한 열매 맺기에 들어간다. 하지만 동물들은 모두
더위를 피해 숨는 계절이기도 하다. 축 늘어진 호박잎에 앉은 잠자리
도 발바닥이 뜨거운지 이리저리 옮겨 다니고, 나뭇가지에 앉은 매미
도 너무 덥다는 듯 날카로운 하소연을 해댄다.

그러나 이런 때에 논에서는 벼가 잘 자란다. 오죽하면 벼는 복날마다 한 살씩 나이를 먹는다고 하였을까. 초복이 되면 꽃대가 올라오기 시작하고, 중복에는 이제 이삭의 모습을 갖추고, 말복이 되면 꽃을 피울 단계가 된다. 따라서 말복이 되면 마지막 피사리를 끝내야 한다.

20.2 삼복의 유래

삼복(三伏)은 중국 진(秦)나라에서 시작되었다고 하는 데, 그 유래는 오행설(五行說)에 기초를 두고 있다. 10개의 천간(天干)은 '갑을병정무기경신임계'인데, 이들을 다섯 뭉치로 나누면 목화토금수가 된다. 이때 갑과 을은 목(木)으로 봄에 해당하며, 병과 정은 화(火)로 여름에 해당하고, 무와 기는 토(土)로 각 4계절의 끝자락 18일씩을 말하며, 경과 신은 금(金)으로 가을에 해당하고, 임과 계는 수(水)로 겨울에 해당하는 오행(五行)으로 풀이된다.

삼복은 여름철 무더운 불〔火〕의 기운이 가을철 서늘한 기운〔金〕을 누르고 있다는 해석이다. 『지봉유설(芝峯類說)』에서도 '복날은 양기(陽氣)에 눌려 음기(陰氣)가 엎드려 있는 날'이라고 하였다. 이때 사람도 더위에 밀려 굴복하기 쉬운 계절임으로 이를 막는 방법으로 원기(元氣)를 보충하여 주는 풍습이 전하고 있다.

여기에 등장하는 토(土)는 춘하추동의 각 계절에 진입하기 직전이며, 이 기간을 토왕지절(土旺之節)이라 부른다. 그리고 이 토왕지절이 시작하는 첫날은 토왕용사(土旺用事)라 하였고, 이를 줄여서 토용이라고도 한다. 토용은 태양의 황경이 각각 27°, 117°, 207°, 297°에 이른 때를 일컫는다.

이 중에서 황경 117°의 여름 토왕은 혹서기(酷暑基)에 속하여 삼복에 가깝고, 황경 297°의 겨울 토왕은 삼동(三冬) 중에서도 혹한기(酷寒基)에 해당하여 맹추위을 과시한다. 토왕에는 집을 고치거나 하는 등의 흙일을 하지 않는 풍속도 있다. 이는 딱 당해서 급하게 서두르지 말고 아주 춥거나 덥거나 하는 날이 오기 전에 미리 집을 고쳐놓으라는 교훈으로 풀이되는 것이다.

20.3 삼복의 이해

삼복(三伏)은 중국의 진(秦)나라에서 시작되었는데, 갑(甲) 을(乙) 병(丙) 정(丁) 무(戊) 기(己) 경(庚) 신(申) 임(壬) 계(癸) 10개의 천간(天干)에 오행설(五行說)을 대입하여 배분한 것이다. 예를 들어 세기의 속성을 보면 갑은 강(强), 을은 약(弱), 병은 강, 정은 약, 무는 강, 기는 약, 경은 강, 신은 약, 임은 강, 계는 약으로 하나씩 번갈아가며 나타난다.

또한 오행을 살펴보면 갑과 을은 목(木), 병과 정은 화(火), 무와 기는 토(土), 경과 신은 금(金), 임과 계는 수(水)를 의미한다. 그리고 이를 4계절에 비교해보면 갑(甲)과 을(乙)은 봄, 병(丙)과 정(丁)은 여름, 경(庚)과 신(申)은 가을, 임(壬)과 계(癸)는 겨울을 의미한다. 마지막으로 무(戊)과 기(己)는 각 계절의 끝에 해당하는 18일씩을 뜻한다.

위와 같은 내용을 보면 병(丙)과 정(丁)은 여름 즉 화(火)에 속하여 불의 기운이 센 계절이다. 또 가을인 금(金)의 기운이 아직도 여름인

화(火)에 눌려 꼼짝하지 못하고 굴복(屈伏)한다는 뜻으로 복(伏)자를 사용하게 되었다. 그리고 여름의 더운 날을 세 개로 나누어 초복과 중복, 그리고 말복으로 구분하였던 것이다.

구분	갑(甲)	을(乙)	병(丙)	정(丁)	무(戊)	기(己)	경(庚)	신(申)	임(壬)	계(癸)
강약	강(强)	약(弱)	강	약	강	약	강	약	강	약
방위	동(東)		남(南)		중앙		서(西)		북(北)	
오행	목(木)		화(火)		토(土)		금(金)		수(水)	
계절	봄		여름		사계절		가을		겨울	
성질	온화함		무더움		혼재		서늘함		추움	

삼복은 여름 절기가 들어가 있지만 특별히 복날에 골라 먹었던 음식도 있다. 예를 들면 삼계탕, 개장국, 닭죽, 제물닭칼국수, 복죽, 육개장, 임자수탕 즉 깨탕, 민어국, 잉어구이, 팥죽, 증편, 주악, 열무김치, 오이소박이, 호박지짐, 수박화채 등이 그것이다. 삼복(三伏)에 팥죽을 끓여먹는 풍습도 있는데, 이는 동지와 마찬가지로 마귀를 쫓아내고 열병을 예방하는 의미다. 붉은 팥으로 죽을 끓이면 적소두죽(赤小豆粥)이라 하는 데, 마치 피와 같은 색은 젊고 활기찬 건강을 의미하여 병(病)을 이길 것으로 믿었다.

『동국세시기』에 의하면 도성 4대문 안에서 개를 잡아 충재(蟲災)를 예방했다고 하였다. 이는 당시 환경으로 보아 털이 있는 동물에 기생하는 곤충이 많았던 때문이었으나, 현재는 무엇보다도 개장국을 끓이는 목적이 우선한다.

이 외에도 삼복에 즐겨 찾는 음식으로는 염소탕, 장어백숙, 용봉탕,

도랑탕, 미역초무침, 메밀수제비, 죽순무침, 부추전 등도 있다. 이때 오래된 장어는 비타민A가 쇠고기에 비해 무려 100배 이상 많이 들어 있다는 사실은 놀랄만 한 내용이다. 여기서 용봉탕(龍鳳湯)은 현실적으로 용 대신 잉어를 사용하며, 봉황 대신 닭을 사용하면서도 음식에는 최고의 동물들을 넣었다는 느낌이 나도록 부르는 이름이다. 또 지역에 따라서는 잉어 대신 자라를 사용하는 곳도 있다.

20.4 삼복의 풍습

삼복에는 한낮의 더위를 피하며 몸을 추스르는 것이 보통이었다. 무더위가 계속되면 탁족(濯足)을 비롯하여 등목을 하거나 마을 어귀의 모정을 찾았다. 또 술과 음식을 장만하여 계곡(溪谷)이나 산정(山亭)을 찾아가서 쉬기도 한다. 혹시 피부병이 있거나 삭신이 아프면 모래찜을 하기도 한다. 이때는 절기상으로 대서(大暑)와 겹치게 되는데, 이 역시 무더운 날씨를 의미하는 것이다. 따라서 자칫 잘못하여 몸을 상하는 일이 없도록 하고, 소화가 잘되며 흡수가 빠른 음식으로 원기를 보충시켜 주었다.

삼복에 '비가 마치 퍼붓듯이 내리면 보은 처자 눈물도 비오 듯한다.'는 말이 있는데, 이는 충청도 청산과 보은에 대추농장이 많이 있어 먹고 살기는 물론 처자들 시집보내는 비용도 충당하기 때문에, 비가 오면 대추 농사가 패농(敗農)할까 걱정되어 눈물이 쏟아진다는 비유다. 청산은 조선 시대의 청주목에 속했던 고을로 현재는 옥천군 청산면을 말한다. 요즘도 보은에서는 대추축제를 열고 있다. 모기가 한창 기승을 부리는 때로 각 가정에서는 모깃불을 놓는다. 모깃불은 주로 약쑥을 사용하였으나, 미처 준비하지 못한 경우는 짚이나 왕겨 또는 푸른 대나무, 마당을 쓸어 모아진 검불 등 편리한 것을 활용하였다. 이때 거리로 나가 '우리 모기 다 가져가라.'고 외치면 모기가 물러간다고 하였다.

20.5 궁에서의 삼복

삼복은 궁(宮)에서도 덥기는 마찬가지였다. 따라서 겨울에 마련하였던 얼음을 각 관청(官廳)에 하사(下賜)하는가 하면, 종묘(宗廟)에 기장, 피, 조, 벼 등을 올리고 제사하는 풍습이 있었다. 여기서 말하는 피는 들에 자생하는 야생피를 개량하여 구황작물로 변환시킨 식용(食用) 피로 논에서 나는 피와 비슷하다.

궁중에서는 한강 하류 두모포(豆毛浦)에 석빙고를 두었는데, 현재의 동빙고동에 동빙고(凍氷庫)를 두었으며 서빙고동에 서빙고를 두었다. 또 궁에서만 사용하는 얼음은 내빙고라 하여 별도의 창고를 두었다. 경주에 있는 석빙고(石氷庫)는 원래 목조였던 것을 조선 시대에 와서 석재로 고쳐 지었다는 기록이 있으며, 창녕의 창녕석빙고 역시 조선 시대에 다시 고쳐 지었다는 기록이 있으나 그 전(前)의 내용은 전하지 않고 있다. 또 안동의 석빙고는 인근에서 옮겨 지었다는 기록이 남아 있다. 냉동장치가 없던 옛날에는 1급수 즉 상수도수원지 보호구역처럼 깨끗한 곳에서 단단하게 결빙된 얼음을 떼어다가 보관하는 방식을 택했다. 물론 이때도 강에서의 작업에 따른 안전 기원과 좋은 얼음에 대한 감사의 제를 올린 다음에 작업을 하였다. 이는 얼음을

▲ 안동 석빙고(안동시청 공보실)　　　▲ 창녕 석빙고(창녕군청 김주란)

저장한다고 하여 장빙이며 이 제사를 장빙제(藏氷祭)라 한다. 저장했던 얼음을 꺼내어 처음 사용하는 춘분에도 장빙제를 드렸다. 최근 안동에서는 축제 형식을 빌려 장빙제를 재연하고 있다. 이 밖에도 달성의 현풍석빙고와 창녕의 영산석빙고가 있으며, 모두 유형문화재로 지정되어 있다.

20.6 삼복에 먹는 시절음식

삼복에는 피로해진 몸의 원기(元氣)를 회복시켜주는 음식이 좋다. 가정에서는 삼계탕(蔘鷄湯)을 즐겨 먹는데, 보통은 봄에 부화하여 기른 햇병아리를 잡고 인삼(人蔘)과 대추(棗), 황기(黃芪), 찹쌀 등을 넣어 끓이는 게 일반적이다. 또 개장(狗醬) 혹은 보신탕(補身湯)이라고도 부르는 구탕(狗湯)은 개를 잡아 삶을 때 나는 특유의 냄새를 없애기 위해 파를 넣기도 하는 데, 보리밥과 함께 먹으면 음식궁합이 맞는다. 복날의 복(伏) 자가 사람과 개의 조합으로 이루어진 것처럼, 개는 사람을 위해 복날의 대표적 음식 재료가 되기도 하였다. 이런 음식 먹

▲ 닭   ▲ 고추   ▲ 마늘

는 것을 복달임이라 한다.

　예전에 개와 같은 가축에서 많은 곤충이 발생하므로 이들의 충재를
방지하기 위하여 외딴 곳에 나가 개를 잡던 풍속이 있다. 이는 혹시나
사람에게 옮겨올까 두려워하는 예방 차원이었다. 물론 가축을 잡는
일은 백정의 일로 여겨, 일반인에게 보여주지 않고자 하는 관례도 포
함되어 있었다.

　요즘 들어 애완용으로 기르는 개가 늘어나면서, 개고기를 먹는 음
식문화를 좋지 않게 보는 편견도 있다. 그러나 애완견보다 우리의 음
식문화가 먼저 생겨난 것으로, 소를 잡고 개를 잡는 것은 시절에 따른
먹을거리의 하나로 전통문화에 속하는 것이니 동물 애호론자들이 펼
치는 것과는 서로 다른 차원이라고 생각한다. 아무리 서양의 문물이
세상을 지배하는 입장이라 하여도, 우리의 전통 음식문화까지 거론하
는 것은 지나친 간섭이라 할 것이다.

　또 동지에 먹었던 팥죽이 여름에도 같은 효험(效驗)을 가지는데, 팥
의 붉은 기운이 악귀(惡鬼)를 몰아낸다고 믿었다. 따라서 여름의 덥고
사악한 기운을 몰아내는 데 유용한 음식이 되었다. 이를 적소두죽(赤
小豆粥)이라 하고, 새알심 즉 경단(瓊團)은 새의 알[卵]이 더운 기운

에 죽지 않고 태어나는 것처럼 다시 부활하는 의미를 가지고 있으며, 이것은 곧 새로운 힘과 새〔鳥〕의 힘을 얻는 상징이 되기도 한다.

이 밖에도 육개장, 잉어구이, 오이소박이, 증편, 복죽, 제물닭칼국수, 호박지짐, 화채, 복숭아, 참외, 수박, 냉면, 비빔국수, 미역국, 어저귀국 즉 아욱국, 각종 냉국 등이 있다.

20.7 삼복과 현실

예전부터 삼복은 개고기를 먹는 날이었다. 그러나 개를 잡기가 어중간하면 개고기를 사다 먹는 것도 좋은 방법에 속했다. 식구가 많지 않은 집에서는 초복과 중복, 그리고 말복을 합쳐도 개 한 마리를 다 먹지 못할 것이 뻔하기 때문이다. 한편, 개를 잡는 것이 부담스러운 집에서는 닭을 이용한 삼계탕을 먹기도 하였다. 삼계탕은 닭과 삼이 들어 있는 음식이라는 말로, 닭의 내장을 긁어내고 찹쌀과 대추, 인삼, 황기, 밤, 마늘 등 갖은 영양보충재를 넣고 삶아내면 되는 것이다. 정말로 보신탕이나 삼계탕을 한 그릇 먹고 나면 한여름 더위를 이겨낼 수 있을 것 같은 느낌이 드는 좋은 음식이었다.

개고기를 삶는 것은 그을린 냄새를 없애는 기술이 필요하다. 대체로 개고기는 장(醬)을 푸는 것이 제격인데, 이 장은 발효가 끝난 식품으로 소화가 잘되는 장점도 가지고 있다. 그래서 장국이라는 이름이 붙게 되었다. 지금도 복날이면 개고기나 삼계탕을 먹는 것이 시절음식으로 남아 있다. 물론 직접 잡지 않아도 완성된 요리로 만들어 공급하는 음식으로 발전하였기 때문에 더욱 편리해졌다.

21 백중(百中)

음력 7월 15일을 백중(百中)이라 부르는데, 백중은 1년의 24절기에 포함되지 않으면서도 농경사회에서 가장 중심 절기로 전해왔다. 다른 말로 백종(白踵), 백종(百種), 중원(中元), 망혼일(亡魂日)이라고도 한다. '백종(百種)'의 다른 유래는 이때쯤 과일과 채소가 많이 나와 100가지의 씨앗을 갖추어 놓은 데서 비롯한다. 중원(中元)은 도교에서 지키는 음력 7월 15일로 중요 행사가 있는 날이며, 1월 15일의 상원과 10월 15일의 하원이 있다. 백종(白踵)은 농사일로 바쁘게 지내면서 제대로 씻지도 못했던 발을 이날 비로소 종아리를 깨끗하게 씻어 하얗게 되었다는 말이다.

21.1 불교에서의 백중

『조선불교통사(朝鮮佛敎通史)』에 따르면 절에서는 백중에 위패를

▲ 백중천도재 안내

모시고 재(齋)를 올려 공양(供養)을 드린 다음 위패(位牌)를 불살랐다. 이런 의식은 망혼(亡魂)을 극락으로 인도하는 행사인데, 민가에서의 제(祭)와도 비슷하다. 민간에서는 100가지의 과실을 차려 제사를 지내고, 모두 모여 노래와 춤으로 백중잔치를 즐겼다. 불교에서는 백중을 우란분절(盂蘭盆節)이라 부르며 석가탄신일, 출가재일, 성도재일, 열반재일과 함께 불교 5대 명절로 여기는 중요한 날이다.

우란분절(盂蘭盆節)은 석가모니의 10대 제자 가운데 하나이며 신통(神通)에 있어서는 제일(第一)로 알려져 있던 목련존자(目連尊者)의 재(齋)에서 비롯되었다. 목련존자가 생전의 탐욕과 죄업으로 아귀(餓鬼)에 떨어져 고통을 받고 있는 모친을 보면서, 백중 때 스님들이 모두 모여 참회하는 자자(自恣) 행사에서 오미백과(五味百果)로 공양을 한 공덕으로 아귀도(餓鬼道)에서 구원했는데 이를 우란분재(盂蘭盆齋)라 한다. 백중불공이라는 단어도 이때 생겨났다. 『형초세시기(荊楚歲時記)』에 중원일에는 승니(僧尼)와 도사(道士), 속인(俗人)들이 모두 분(盆) 즉 공양을 바친다고 하였다.

알다시피 불교의 발상지인 인도에서는 여름철이 고온다습한 우기로서 탁발과 가르침이 불편하니 조용히 칩거하라는 여름 안거 즉 하안거(夏安居)에 들며, 이는 음력 4월 15일부터 시작하여 백중 때에 드디어 끝이 나는 것이다. 따라서 스님은 그동안 많은 수양을 하지 못한 것을 스스로 반성하는 뜻에서 백중을 맞아 자자(自恣)를 행한다.

우란분경은 이러한 내용이 불경에 나온다고 하는 사찰용어다. 우란분절(盂蘭盆節)은 우란분공(盂蘭盆供) 또는 우란분회(盂蘭盆會)와 같은 말이다. 우란은 도현(倒懸)으로 번역되는데 산스크리트어의 울람바나(ullambana)와 유사한 발음으로 거꾸로 매달리는 고통이며, 분(盆)은 이를 구제한다는 뜻으로 번역된다. 그리고 절(節)은 그런 기간이라는 뜻이다.

그러니 불교의 의미에서 보듯이 백중을 맞아, 고통의 굴레를 벗어나지 못한 사람이나 영혼 모두에게 해방과 극락왕생을 기원하는 것은 유교의 동방예의지국에서도 행해져야 할 귀중한 덕목에 해당한다 할 것이다. 그래서인지 백중일(百中日) 즉 망혼일(亡魂日) 밤에 과일, 채소, 술, 밥 등을 차려 놓고 돌아가신 부모의 혼을 불러들여 제사를 지내는 풍습이 있다.

일본에서도 백중을 지킨다. 이날은 음력 7월 15일로 오본이라 하여 여러 가지 음식을 차리고 조상의 영전에서 명복을 비는 불교 형식을 따른다. 일본의 오본(お盆)은 설날과 함께 아주 중요한 명절로 치는데, 1873년 양력이 도입된 후 8월 15일로 변경되어 행해지고 있다. 또한 우란분절의 의미와 우리의 추석이 합쳐진 행사로 치러진다.

21.2 백중 민속놀이

고을에서는 백중을 전후로 장이 서는데 이를 백중장(百中場)이라 했다. 머슴이 있는 집에서는 이날 하루는 쉬게 하고 휴가와 돈을 주어

▲ 길쌈놀이(서천문화원)

즐기도록 했다. 백중장이 성시(成市)를 이루면 씨름판이 열리고, 공치기 또는 타구놀이, 장채놀이라고도 불리는 장치기〔擊毬〕 등이 펼쳐진다. 『동국여지승람』에는 충청도 사람들이 남녀노소를 막론하고 저자에 나가 먹고 마시며 즐긴다고 하였다. 여기서의 저자는 연속극에서 보아온 저잣거리를 의미하며, 규모가 작고 판매물품도 한정적이어서 현대와는 비교할 수가 없다.

또 농사를 잘 지은 집의 머슴은 소나 가마에 태워 마을을 돌면서 사기(士氣)를 북돋아준다. 백중 때가 되면 농사일이 거의 끝나서 농부들은 호미를 씻어두는데 이를 '호미씻이'라고 하였다. 그러나 백중날에 풍성한 해산물이 많이 잡히기 때문에 제주도에서는 해산물 따기에 분주한 때이기도 하다.

지역에 따라 이날 농신제(農神祭)와 더불어 집단놀이가 행해지는데 이를 '백중놀이'라고 한다. 전하는 것으로는 밀양백중놀이가 유명하다. 이 놀이는 힘겨운 세벌 논매기가 끝난 후 음력 7월 15일을 전후한 용날〔辰日〕에 행하던 호미씻이와, 머슴들이 농신(農神)에게 풍년을 비는 고사를 지낸 다음 '꼼배기참놀이'의 여흥으로 여러 가지 놀이판을 벌여 온 데서 비롯되었다. 호미씻이는 지방에 따라서 초연(草宴), 풋굿, 머슴날, 장원례(壯元禮) 등 다양한 명칭으로 불린다. 이때 머슴이 노총각이거나 홀아비인 경우 마땅한 처녀나 과부를 골라 장가를 들여 주고 살림도 장만해 주었는데, 옛말에 '백중날 머슴 장가간다.'는 말이 여기에서 비롯되었다.

『삼국사기(三國史記)』 신라 유리왕조편에 신라에서는 부녀자들이 삼을 삼는 풍속이 있었다고 한다. 왕이 6부를 정한 후, 이를 두 패로 나누어서 두 왕녀에게 각각 한 패씩 거느리게 하였으며 7월 기망(旣望) 즉 백중 다음 날인 7월 16일부터 8월 15일까지 길쌈을 시켰다. 그리고 공(功)의 다소를 보아 진 편이 이긴 편에 음식을 대접하고, 이어서 가무백희를 하니 이것을 가배(嘉俳)라 하였다는 데서 연유한다.

이러한 삼삼기 풍속은 근래 경남 일부지역에서 친한 부녀자들끼리 품앗이로 삼을 삼는 '두레삼'으로 전승되고 있다. 이때 주인집에서는 음식 대접을 하기도 하고, 혹은 편을 나누어 진 편이 이긴 편에게 음식 대접을 하기도 한다. 제주도에서는 백중 때 마을 단위의 놀이〔洞祭〕로 마불림제를 한다. 이때의 '마불림'이란 '장마를 바람에 날려 보낸다.'는 의미이다.

옛날 경사대부(卿士大夫)의 집에서는 음력 7월에 올벼로 사당에 천신(薦新)을 하였는데, 이는 집 안에서 조상에게 지내는 제사로 보통은 초하룻날과 보름날 아침에 제사를 지내는 삭망전(朔望奠)에 행하였다. 지금도 칠석과 백중 때면 밭에서 거둔 햇곡으로 국수나 전(煎)

▲ 모시줄기(서천문화원 이광재)　　　▲ 모시나무

을 만들고 햇과일을 차려 조상에게 천신한다. 하지만 햅쌀은 아직 수확을 하지 못하여 재상과 양반들은 7월 초하루와 보름에 올벼로 제사를 지냈다. 이때는 여름 과채류인 고추, 오이, 호박, 수박, 참외를 비롯하여 옥수수와 콩 등 먹을거리가 풍부하여 잔치를 준비하는 데도 부족함이 없다.

백중에서 추석이 되기 전까지 조상의 묘를 찾아가서 풀을 베는 것을 벌초라 한다. 벌초하는 날은 따로 정해진 것은 아니어서, 적당한 날에 실시하면 되었다. 음력 2월 한식날에 묘를 손질한 다음, 팔월에 벌초를 함으로써 조상의 묘에 잡초가 우거지는 것을 방지하기 위하여 행하는 것이다. 이는 조상을 섬기는 자손의 도리가 부족하면 수치스러운 일로 여겨, 풀을 베면서 묘소를 살피는 효(孝)를 행하였다.

밀양백중놀이

밀양백중놀이는 경상남도 밀양에 전승되어 오는 민속(民俗)으로 농신제, 작두말타기, 춤판, 뒷놀이 등으로 구성되어 있다. 이는 1980년 중요무형문화재 제68호로 지정되어 우리나라 백중놀이의 전통을 가장 잘 계승하고 있다.

백중이 되면 한낮의 뜨거운 햇볕을 피하는 밀양의 강변 솔밭은 쩌렁쩌렁한 농악소리로 뒤덮인다. 먼저 사내들이 힘겨루기를 하여 선발된 장사를 무등에 태워 놀이마당을 여는 것으로 시작되며, 뛰어다니다시피 하는 역동적인 춤과 빠른 가락이 보는 이를 들뜨게 한다. 다음에 밀양백중놀이의 백미인 병신춤과 양반춤이 이어지는데, 양반춤은 머슴이 양반 복장을 하고 자신의 주인인 상전(上典)의 흉내를 내며 맺혔던 원망을 풍자와 익살로 희롱하여 흥을 돋운다. 병신춤은 각종 병신들을 가장하여 웃음을 자아낸다.

이 외에도 범부춤과 북춤이 등장하고, 일반적인 악기는 물론 물허벅에 바가지를 엎어놓고 두드리던 물장구와 독 뚜껑을 나무틀에 매달아놓고 두드리는 사장구도 포함되었다. 이렇게 울분을 토해내고 즐김으로써 한때나마 지친 일상을 위로하는 자리로 변하는 것이다.

이 행사에서 불리던 노래는 역시 농요인 모심기노래와 논매기노래

▲ 밀양백중놀이 중에서 농신제(밀양백중놀이보존회)

▲ 밀양백중놀이 中에서 1. 밀양양반춤 2. 밀양 관아 3. 병신춤 4. 작두말놀이 (밀양백중놀이 보존회)

가 주를 이루었고, 중간중간에 들리는 '밀양아리랑' 가락은 매우 명랑하며 빠른 것이 특징인데 이것을 지게목발 장단으로 풀어내는 것도 일품이다. 그러나 종국(終局)에는 풍년 농사를 기원하는 농신제였으니, 농부의 염원은 항상 지난 것에 대한 감사와 앞으로의 무사(無事) 풍년(豊年)에 있었던 것이다.

현재의 밀양백중놀이가 유명한 또 다른 이유로는 밀양지방의 단독 행사가 아니라 영호남의 화합한마당을 꾸미는 것이라든지, 각 지역의 대표적인 풍속을 초청하여 함께 어울린다는 점이다. 그런가 하면 충남의 연산백중놀이, 충북의 목도백중놀이, 충북의 청주백중놀이 등에서도 일부나마 재현되고 있다. 밀양백중놀이는 중요무형문화재로, 연산백중놀이는 지방무형문화재로 지정되어 있다.

21.3 백중에 먹는 시절음식

7월 보름의 백중에 먹는 음식으로는 각종 부각과 지짐, 게장, 멸치젓, 새우젓, 늙은 오이로 만든 노각나물, 애호박나물, 가지나물, 연한 박나물, 산고추잎나물, 시금치나물, 원추리잎나물, 쑥갓나물, 도라지나물, 마른 고구마순나물, 고구마순나물, 연자(蓮子)밥 등이 있다. 이런 음식들은 대체로 사찰 음식에 해당하며, 백중이 사찰에서 중히 여기는 날임을 암시한다. 한편 사당에 올리는 밥반찬으로서의 음식은 밀가루에 박잎이나 깻잎 등을 넣어 지졌고, 밀가루에 햇감자로 부친 전(煎)도 제향(祭享)하였다.

경상도 지방에서는 백중날에 가지(茄子)의 껍질을 벗겨서 희게 만든 백가지(白茄子)를 만들어 먹었다. 이는 백중(百中)이라서 100가지의 나물을 준비해야 하는 데 이를 장만할 수가 없기에, 나물 백종류(百種類)와 발음이 같은 흰 가지 즉 백가지를 활용한 편법이라 하겠다. 전라도 어촌에서는 백중날에 소라와 다슬기를 잡아 시절음식으로 먹었으며, 제주도에서는 빅근다리라고도 불리는 '빅개'의 회 즉 빅개회를 먹는다.

이 밖에도 증편이나 밀전병, 육개장, 게, 전유화, 깻국탕, 냉면, 어채, 김칫국, 오이김치, 열무김치, 과일 등을 먹었다. 또 봄부터 먹어왔던 쑥버무리도 있고, 옥수수를 삶아 먹어도 제맛을 느끼는 계절이다.

백중이 되면 복숭아가 제일 맛있을 철이다. 음력 7월 15일은 양력으로 8월 1일부터 8월 말 사이에 든다. 요즘 달력으로도 복숭아가 제맛을 내는 시기다. 물론 8월 전후를 따져보면 다른 과일도 있기는 하지만, 수박은 조금 빠른 시기에 나오며 포도는 조금 늦은 시기에 나오

▲ 연밥(심재후)

니 복숭아를 따라올 과일이 없다. 따라서 백중에 복숭아를 먹으면 여성은 살결이 부드러워지고, 남성은 건강해져서 만사가 형통한다고 하였다. 이것 역시 제철 과일의 중요성을 말한 것인데, 두고두고 아껴 먹는다고 하여 냉장고처럼 차가운 곳에 보관하면 맛이 반감하는 것이 복숭아의 특징이다.

그런데 이렇게 좋은 복숭아를 왜 조상님 제사에 올리지 않았을까. 그 답은 복숭아 혹은 복숭아나무가 귀신을 쫓는 다고 믿었던 데서 유래한다. 도연명의 『도화원기(桃花源記)』에 의하면 복숭아는 '백살까지 살게 하는 선약(仙藥)'이라 하였다. 그래서 천도(天桃)와 선도(仙桃)라는 말이 생겨났는데, 백 살이 아니라 천(千) 살 혹은 옥황상제와 같이 영원히 죽지 않는 다는 전설도 있다. 그러니 옥황상제는 휘하인 일개 귀신이 자기와 동급이 되는 것은 원치 않는 일이기에 귀신을 쫓는 구도로 만들었다고 한다. 아울러 천도를 따 먹다 들키면 비록 선녀(仙女)라 하더라도 바로 지상으로 쫓겨 나는 천벌(天罰)을 받았던 것이다.

또 다른 얘기로는 세상의 모든 귀신들이 점고(點考)를 받는 동굴이 있는데, 그 동굴 입구의 문지기 귀신은 세상을 돌아다니다 새벽에 들어온 귀신의 공과(功課)를 따져 출입을 통제하였다. 이때 형벌을 받아야 할 귀신을 복숭아나무에 매달아 놓았다가 낮에 호랑이 밥으로 주었다. 이때부터 호랑이와 복숭아나무는 귀신들의 기피 대상이 되었다고 한다.

좀 더 현실적인 얘기로 복숭아씨를 도인(桃仁)이라 하는 데, 도인(道人)과 같은 발음인 것처럼 복숭아나무의 어짊을 뜻한다. 따라서 귀신이 어질고 착한 복숭아나무를 무서워하는 것은 당연한 이치였을 것이다. 또 잘 익어 불그스레한 복숭아는 남녀칠세부동석을 연상하는 여자의 엉덩이나 젖가슴에 비유된다. 따라서 조상을 모시는 신성(神聖)한 상(床)에 부정(不淨)한 복숭아를 올리게 되면 귀신이 왔다가 그냥 돌아서서 간다고 하였다. 이런 것은 도교(道敎)와 유교(儒敎)의 영향을 받은 것으로 추측된다.

21.4 백중사리

우리들이 생각할 때 백중에는 백중사리가 가장 친숙한 단어다. 백중사리는 백중날에 있는 사리를 말하며, 음력 1일과 15일에 바닷물의 수면이 높아지는 것에서 비롯되었다. 다시 말하면 썰물이 적고 밀물이 많은 것을 나타내는데, 연중 바다 수면이 가장 높은 때가 백중사리다. 이때는 달과 태양과 지구의 위치가 일직선상에 있으면서 달과 지구가 가장 가까운 거리로 백중 전후로 3~4일간이다.

백중사리 때는 바닷물의 높이가 높아지면서 가끔 제방이 유실(流失)되거나 바닷물이 제방위로 넘쳐흘러 논과 밭에 피해를 주는 경우가 발생하기도 한다. 만약 이 시기에 비라도 내리게 되면 침수지역이 많아지고 피해는 더욱 커지고 마는 것이다.

21.5 백중과 현실

백중은 불교에서 큰 행사일로 여기지만 일반인들에게는 그리 중요한 날이 아니다. 게다가 여름 농사철이 조금은 한가하다고는 하지만, 그래도 편히 쉴 정도는 아니라서 별도로 신경을 써야 하는 날이 아니었을 것이다. 그러나 바닷가에 사는 사람들에게는 관심을 가져야 하는 날이었다. 우리나라는 지형학적으로 여름 태풍이 많이 불어오는데 백중과 태풍이 겹치면 저지대에서는 많은 피해를 입을 수밖에 없었다. 그것은 백중이라는 시기에 달의 인력(引力)이 가장 강하여 1년 중 최고의 만조(滿潮)가 되며, 많은 비로 갯물이 증가하기 때문이다.

▲ 백중천도재 안내

바닷물은 하루에 두 번 들어오고 나간다. 즉 6시간의 터울을 두고 물이 나갔다가 들어오기를 반복한다. 이때 음력 1일과 15일을 기준으로 물이 적게 나가고 많이 들어오는 것을 사리라고 한다. 우리가 라면이나 국수 혹은 냉면을 먹을 때, 한 덩이 더 얹어 먹는 것을 사리라고 하는 것과 비슷한 이치다. 반면에 매달 음력 7~8일과 22~23일로 조수(潮水)가 가장 낮은 때를 조금이라고 한다.

그러니 바닷물이 많이 들어오는 시기에 맞춰, 육지에서도 비가 와서 빗물이 많이 흘러내리면 강의 하구(河口)는 그야말로 물바다가 되는 것이다. 미처 나가지 못한 물과 이제 막 들어온 물이 아직 빠져나갈 시간이 안 되었으니 서로 뒤엉켜 저지대에서는 침수가 될 수밖에 없다. 그중에서도 1년 중 음력 7월 15일에 가장 수위가 높은 사리가 되어 이를 특별히 백중사리라고 부르는 것이다.

22 추석(秋夕)

추석은 음력으로 8월 15일에 해당하는 날이다. 2010년도에는 9월 22일, 2011년도에는 9월 12일, 2012년에는 9월 30일, 2013년도에는 9월 19일에 들었다. 이날은 한가위, 중추절, 가윗날 등과 같이 다양하게 불리는 우리 고유의 명절이다. 한가위에는 햇곡식이 이미 익고 추수가 멀지 않으므로 아무리 어려운 집에서라도 풍성한 시절을 지낼 수 있었던 것이다. 쌀로 술을 빚고 닭을 잡아 반찬을 만드는가 하면, 온갖 과일을 풍성하게 차려 감사하는 마음을 표했다. 그래서 누구라도 '더도 말고 덜도 말고 늘 한가위만 같아라.'는 말도 생겨났다.

그러나 요즘은 지구 온난화 현상으로 인하여 점차 더워지고 있기 때문에 추석에 느끼는 계절은 아직도 여름에 가깝다. 따라서 오곡의 결실이 조금 늦게 맺어지는 것을 실감할 수 있다. 추석은 대체로 추분 전후에 든다.

이때의 중추절은 가을의 절기 중에서도 가장 중앙에 든다는 말이다. 가을은 보통 양력 8월 초에 드는 입추(立秋)로부터 석 달간을 말하는 데, 음력으로는 7월, 8월, 9월에 해당한다. 이때 7월은 가을의 첫째 즉 맏이라는 맹(孟)달이며 8월은 가운데인 중(仲)달이다. 그리고 나머지 9월은 지는 계절의 아쉬움을 달래는 막내로서 계(季)달인 것이다. 이와 같은 맹, 중, 계는 춘하추동 각각의 계절 모두에 적용하였다.

22.1 추석의 유래

『삼국사기(三國史記)』나 『동국여지승람(東國與地勝覽)』에 의하면, 신라 유리왕 때 7월 16일부터 8월 보름까지 장안[場內]의 부녀자들을 두 편으로 나누어 길쌈을 하였다. 이 두 편은 각각 왕녀(王女)가 주동이 되어 지휘하였으며, 진 편에서는 술

▲ 모시송편(떡보의 하루)

과 음식을 내어 이긴 편을 대접하며 놀았다.

아울러 조정에서도 부족국가(部族國家)에서 고대국가(古代國歌) 체제(體制)로 전환되는 시점에 부족 내의 결속력과 응집력을 이끌어 내는 방편으로 길쌈내기를 하였다고 보인다. 이때 진 편의 한 여자가 일어나 춤을 추며 탄식하면서 '회소(會蘇) 회소'하며 노래를 부르는데, 그 소리가 애절(哀絶)하면서도 단아(端雅)해서 후대(後代) 사람들이 그 곡으로 '회소곡(會蘇曲)'을 지어 부르게 되었다. 회소는 모여

▲ 대추

서 다시 해보자는 의미로 다음에는 반드시 이기겠다는 반성과 각오가 담긴 표현이라 할 것이다.

이날은 햇곡식으로 술을 빚고 떡을 만들었고, 오색(五色) 과일로 제사상을 차려 조상에게 차례를 올리고 성묘하는 날이다. 여기에 자주 등장하는 차례는 시제나 집안제사가 아닌 경우로 모든 명절날에 음식을 진설하고 예를 올리는 것을 통합한다. 성묘(省墓)란 산소에 가서 제를 올리는 것뿐만 아니라, 산소를 둘러보고 잘 관리하는 것을 포함한다.

한편 입던 옷을 깨끗이 손질하여 입거나 새 옷을 준비하는 데 이것을 추석빔이라고 하여 정성을 들였다. 차례를 지내고 성묘를 마친 다음, 음식을 나누어 먹으며 각종 노래와 춤으로 하루를 흥겹게 보냈다.

『삼국사기(三國史記)』에 나오는 가배(嘉俳)는 오늘날의 가위 즉 한가위에서 파생된 것으로 보인다. 가위는 중앙이라는 뜻이며 한은 크다는 것을 의미한다. 아버지의 아버지인 할아버지가 원래 한아버지에서 유래된 것과 같은 이치다. 또 신라의 조정에서는 8월에 달을 보고 절하는 배월(拜月) 의식이 있었고, 보름이 되면 풍악을 잡히고 활쏘기 대회를 열어 우승자에게 삼베를 상으로 주기도 하였다.

결국 가배(嘉俳)를 풀어보면 아름다운 광대라는 뜻이니, 어떤 의식을 통하여 국가적 단결(團結)을 도모하는 수단으로 풍요와 결실의 성과를 누릴 수 있는 계절에 선택된 민족의 풍속(風俗)으로 보아야 할 것이다. 이때 사용된 풍악을 잡힌다는 말은 지방에 따라 사물놀이를 한다거나, 풍장을 친다 혹은 농악을 친다, 풍악을 울린다는 말과 혼용하여 사용된다.

『고려가요(高麗歌謠)』 '동동'에도 가배라는 말이 나오는 것을 보아 예전부터 계속하여 중요한 명절로 자리 잡아 왔음을 알 수 있다. 조선 말의 실학자 이규경(李圭景)의 『오주연문장전산고(五洲衍文長箋散稿)』에는 추석이 가락국(駕洛國)에서 유래되었다고 전한다.

중국에서도 중추(仲秋) 또는 월석(月夕)이라 부르며 명절로 삼고 있는데, 8월 보름날 저녁의 달빛이 가장 아름다워 월석이라는 말이 생겨났다고 한다. 또 추석이라는 말은 『예기(禮記)』의 춘조월추석월(春朝月秋夕月)에서 유래한 것으로 알려진다.

일본에서도 추석을 쇠는데 음력 8월 15일의 대보름달을 보면서 술과 떡 등 푸짐한 음식을 먹는 것으로 우리와는 성격이 다르다.

22.2 추석의 풍속

추석절(秋夕節)은 오뉴월 뜨거운 태양 아래 땀 흘려 일한 보람을 느끼는 시기로서 '오월농부팔월신선(五月農夫八月神仙)'이라는 말을 실천하는 날이었다. 즐거운 날에는 멀리 떨어져 있던 가족들도 고향을 찾아 함께 즐기기를 마다하지 않았다. 이는 조상의 은혜를 잊지 않고 지극정성으로 섬기는 아름다운 풍습으로, 그 전통에는 여러 가지 수단과 방법을 동원하였다.

특별히 고인의 망일을 기리는 제사도 있지만, 추석이나 설날처럼

▲ 홀태(조재길)

감사하여 지내는 제사도 있다. 제사는 방안에서 지내는 차례와 산소에 가서 지내는 성묘로 나눌 수 있다. 성묘를 하기 전에는 여름내 자란 잡초를 베어 말끔하게 만들었다. 이 또한 조상에 대한 명절을 맞는 예의에 속했다. 벌초는 추석과 한식에 하는 데, 그 간격이 길어 여름에 자란 풀이 무성하면 추석 전인 백중을 전후하여 한 번 더 실시하기도 한다.

  추석의 음식은 차례(茶禮)라는 상차림 방식에 따르는데, 조상들이 즐겨 마시던 차(茶)를 준비하여 드리던 예절에서 유래한다. 이날의 상차림 음식도 풍성하여 준비하는 손길은 바쁘기 여념이 없다. 따라서 그 전날인 8월 14일을 작은추석이라고 한다. 차례가 끝나면 성묘를 하고 일부는 농악을 치며 즐겼다. 농악은 현재도 경기농악, 영동농악, 호남좌도농악, 호남우도농악, 경남농악, 경북농악으로 나뉘며, 이 중 진주삼천포농악, 이리농악, 강릉농악, 평택농악, 임실필봉농악, 구례잔수농악이 국가지정 중요무형문화재에 속한다.

우리는 밥을 먹는 상(床)은 산 사람을 기준으로 가장 오른쪽에 수저와 젓가락을 놓는다. 다음으로 국을 놓은 후 밥을 왼쪽에 놓는 것을 기본으로 하지만, 제사상에서는 오른쪽에 밥을 놓고 그 왼쪽에 국을 놓으며 가장 왼쪽에 수저와 젓가락을 놓는다. 이는 살아 있는 사람과 죽은 사람을 구분하는 한 가지 방식이며, 추석에는 밥과 국 대신에 송편을 놓고 설날에는 떡국을 놓는 것이 상례다.

하지만 추석이 되면 아직 논밭에서는 황금물결이 보이지 않는다. 그것은 아직 덜 익은 풋것이 많다는 것이다. 그러나 사람들은 이 풋것을 따서 음식을 만들었다. 이렇게 덜 익은 나락을 타작하는 것을 풋바심이라 한다. 타작을 지역에 따라 바심이라고 부르기 때문이다. 적은 양을 특별히 추수할 때는 빗살처럼 생긴 도구 즉 홀태에 이삭을 넣고 잡아당겨 수확하기도 하였다. 표준말로는 벼훑이라 한다.

아직 덜 여문 이른 벼를 베어 올겨쌀을 만들었고, 풋콩을 넣어 송편을 만들었다. 밤도 아직 여물지 않아 작년 가을에 수확한 밤을 사용한다. 그러나 일찍 여무는 조생종은 아직 여리기는 하지만 풋밤을 사용할 수도 있다. 조상께 감사의 제사를 올리면서 아직 덜 익은 풋것을 사용하는 것은 나름 이유가 있다. 완전히 익은 것은 개성이 강하고 맛이 강하여 제수용품으로는 적합하지 않다는 것이며, 아직 푸릇푸릇하여 싱싱한 그러나 막 익어가는 먹을거리가 더 좋다는 생각에서였다.

드라마 대장금에서 죽어가는 사람이 어릴 적 배가 고플 때 맛있게 먹었던 쌀맛을 보고 싶다는 장면이 나온다. 그 사람은 아직 철이 일러 귀하디 귀한 조생종 즉 올벼의 쌀을 먹고 싶었던 것이다. 올벼쌀은 오려쌀이라고도 하며 오례쌀, 방언으로는 오리쌀이라고도 한다. 이렇게 첫 열매를 수확하여 사당에 제사를 드리면 천신(薦新)이 되고, 일반 사람이 먹으면 올벼의 새로운 맛 즉 올벼 신미(新味)가 되는 것이다. 이는 발음상의 문제로 올겨심니를 거쳐 올게심니로 불리는가 하면, 때로는 그 쌀 자체를 의미하기도 한다.

한편, 원래 조생종은 아니지만 같은 품종 중에서도 조금 일찍 여무는 부분의 열매를 일부 수확하는 경우도 있다. 그런가 하면 이도저도 없을 때에는 간혹 덜 익은 열매를 걷어다가 인공적으로 여물게 하여 올벼처럼 만들기도 한다. 이때 적용된 어떤 방법이든 올벼를 수확한 것과 마찬가지로 모두 오려쌀이라고 한다.

중국의 한가위가 우리의 한가위와 계절적으로 차이가 나는 것도 부정할 수는 없다.

송편빚기

추석날에 사용할 송편은 전날 밤에 준비하는 데, 햇곡식으로 만들며 온 가족이 정성을 들였기에 더욱 맛있는 음식이 되었다. 송편을 예쁘게 만들면 예쁜 배우자를 만나게 되고, 밉게 만들면 못생긴 배우자를 만나게 된다고 하여 모두들 솜씨를 다투었다. 그런가 하면 혹시 태중(胎中)인 부인이 있으면, 태아가 아들인지 딸인지 알아보는 방법도 있었다. 송편 속에 바늘이나 솔잎을 가로로 넣고 찐 다음, 송편의 한쪽 끝을 깨물어서 바늘의 실구멍이 있는 귀 쪽 혹은 솔잎의 벌어진 쪽이면 태아는 딸이고, 솔잎의 꼬투리나 바늘의 뾰족한 부분이면 아들이라고 하였다.

송편을 만들어 솥에 넣고 찔 때는 솔잎을 깔기도 하는 데, 이는 향긋한 냄새가 좋기도 하지만 일종의 방부제 역할도 하여 가을 날씨에 쉬이 상하는 것을 방지하는 효과도 있다.

강강수월래

강강수월래는 강강술래와 같은 말로 전라남도 남해안(南海岸) 지방에서 시행하던 부녀자의 놀이인데 임진왜란 때부터 유래되었다고 한다. 문화재청에서 정한 공식 명칭은 강강술래이다. 밝은 달밤에 곱게 단장한 마을 부녀자들 수십 명이 모여 서로 손을 잡고 둥글게 원을 그리며 뛰노는 놀이로 남자는 참여하지 않았다. 강강술래는 부인끼리 또는 소녀끼리 시행하는 놀이지만 어떤 때는 어린아이를 제외한 젊은 아낙과 처녀가 무리를 이루는 경우도 있다.

이는 경상도의 남자들이 행하는 '쾌지나칭칭나네'와 유사한 성격을 지닌다. 원래 강강술래라는 말은 '왜적이 쳐들어온다'는 의미의 한자

▲ 강강술래(해남우수영 강강술래보존회)

▲ 강강술래(진도군청 김명현)

(漢字)인 '강강수월래(强羌水越來)' 혹은 '강강수월래(强羌隨月來)'로 설명된다. 우리말 어원설로 '강'은 물체의 주변이나 둥근 원(圓)을 의미하고 '술래'는 한자어인 순라(巡邏) 즉 경계한다는 의미로 사용되었다고 한다. 이러니 해안지대에서 둥글게 모여 왜적이 나타나는 것을 예의 주시하여 경계한다는 뜻이다.

한편 임진왜란(壬辰倭亂) 당시 충무공 이순신 장군에 얽힌 이야기로는 강강수월래가 왜적을 속이는 위장술이었다고 전한다. 부녀자들이 많이 모여 저녁 늦게까지 노래하고 춤추며 노는 것은 그만큼 태평성대하다는 것이며, 그 이면에는 마음 놓고 놀 수 있도록 우리 군사들이 튼튼히 지키고 있다는 것을 간접적으로 시사하는 내용이었다.

목청 좋은 사람이 맨 앞에 서서 '강강수월래'를 선창(先唱)하거나, 원의 중앙에 들어가고 나오면서 선창을 하면 나머지 사람들은 모두 후렴(後斂)으로 따라 불렀다. 처음에는 진양조로 느리게 춤을 추다가 차츰 빨라져서 중모리, 중중모리, 자진모리로 변하고, 선도자의 지휘에 따라 고사리꺾기, 남생이놀이, 멍석말이, 문턱넘기 등 변화무쌍한 춤으로 발전하여 밤늦도록 이어진다. 이 놀이는 밤이 이슥하여 힘에 부치게 되면 끝을 맺는 것이 일반적이다.

강강술래는 2009년 9월 30일 유네스코 세계무형문화유산으로 등재되었다.

소먹이 놀이

소먹이 놀이는 마을 사람들로 구성된 농악대가 신명나게 풍물을 울리고 놀다가, 허리를 굽힌 두 사람에게 멍석을 씌우면서 시작된다. 앞사람은 작대기 두 개로 뿔을 만들며 뒷사람은 새끼줄로 꼬리를 달아 소와 같은 형상을 만든다. 그리고 동네의 부잣집을 돌면서 먹을 것을 달라고 하면 이내 안주와 술을 비롯한 먹을거리가 주어진다. 그러면 그에 대한 답례로 한바탕 풍악을 놀아주고 떠난다.

이와는 별도로 실제 소를 이용하여 싸우는 소싸움도 있다. 원래는 소의 체급에 관계없이 출전하였으나, 최근에는 등급을 매긴 후 일정한 규칙을 정하여 실시하고 있다. 무릎을 꿇고 넘어지거나 꼬리를 보이고 도망가는 편이 진다. 단편소설『동백꽃』에 나오는 것처럼 벼슬에서 선혈(鮮血)이 낭자하는 닭싸움도 있다. 벼슬은 닭이나 꿩의 머리에 난 톱니바퀴 모양의 붉은 살덩이인 볏의 방언이다. 또한 그네뛰기도 하며 닭잡기 놀이로 하루를 즐긴다.

줄다리기

제주도에서는 남녀가 모여 춤을 추고 노래하며 즐겁게 노는가 하면, 좌우로 편을 가르고 큰 줄로 줄다리기를 한다. 이 줄다리기는 전국적으로 많은 설화를 가지고 있으며,『동국세시기』에는 특별히 제주지방에서 줄다리기를 하였다는 기록도 있다. 가끔 줄다리기를 하는 도중에 줄이 끊어져서 모두가 뒤로 넘어지는 현상도 일어난다. 이때 구경꾼들이 웃고 즐기는 것에 비유하여 조리지희(照里之戱)라고도 한다. 현재는 일정한 규칙을 정하고 국제경기로까지 발전하였다.

씨름

씨름은 원시사회부터 전해 온 무술의 일종으로 행해졌으며, 『고려사(高麗史)』에 충혜왕 5년 1334년 2월과 7월에 왕이 직접 씨름을 관람하였다는 기록으로 보아 고려 시대에도 성했음을 알 수 있다. 충청도에서는 음력 8월 16일에 술과 음식을 차려 놓고 씨름판을 벌였다. 이것은 지금까지 애쓴 수고를 위로하고 농한기를 맞아 그간의 피로를 풀고자 하는 의도에서 비롯되었다.

씨름은 주로 명절에 벌어지게 되는데, 단오와 추석, 설날 등의 주종목으로 등장하였다. 그러나 평소 짬을 내어 겨루는 경기로 머슴날, 칠석, 백중 등에도 빠지지 않아 일상 중에 퍼져 있었다. 씨름은 여러 종류로 나눌 수 있는데, 보통 오른손잡이 형태로 하는 오른씨름과 왼손잡이 형태로 하는 왼씨름이 있다. 또 서서 하는 선씨름이 있고, 띠를 매고 하는 띠씨름, 샅바를 매고 하는 샅바씨름으로 나누기도 한다. 한편, 공평한 경기를 유도하는 목적으로 체격에 따라 어린이의 애기씨

▲ 씨름(아침신문)

름, 젊은이의 중씨름, 어른의 상씨름으로 구분하였다. 이런 씨름은 남자의 전유물인 듯 알고 있지만 사실은 여자들이 하는 씨름도 있다.

씨름을 한자어로는 다리에 힘을 주거나 다리 기술로 인한 놀이라고 하여 각력(角力), 각저(角觝, 角抵), 각희(角戱), 상박(相撲)이라고 부르기도 한다. 그러나 이 한자 용어가 반드시 한국의 씨름만을 가리키는 것은 아니다. 문헌에 따라서 중국의 씨름 혹은 씨름과 유사한 경기를 가리키는 경우도 있다. 특히 상박(相撲)은 일본의 스모(相撲)와 같은 문자를 사용한다.

샅바라 불리는 헝겊 띠를 사용하는 씨름은 힘과 기(技), 그리고 지구력(持久力)을 모두 갖춰야 하는 고도의 무예 중 하나에 속한다. 사용되는 기술로는 오금당기기, 앞무릎치기, 앞다리들기, 안다리후리기, 바깥다리후리기, 안다리걸기, 배지기, 들어놓기, 뒤집기, 허리꺾기 등이 있다. 지금도 추석장사씨름대회가 열리고 있으며, 예전의 민속씨름도 단오와 추석에 두 번 열려 전반기대회와 후반기대회를 연상케 한다.

반보기

애틋한 전설로는 시집간 딸과 이를 애타게 기다리던 친정어머니가 중간에서 만나는 반보기도 있다. 이는 당시의 시집살이가 엄중하여 친정나들이를 할 수 없었던 것에 대한 교훈이다. 멀리 떨어져 있어서 오고가는 시간조차 아끼기 위하여 중간 지점에서 만나 장만한 음식을 먹으며 해후를 하고 돌아서는 것은 안타까움의 상징이 되었다.

밭고랑기기

전남 진도에 전하는 풍속의 하나로 8월 14일 밤에 아낙들이 밭고랑을 기던 풍습이다. 이때 밭둑에 음식을 장만하여 지신께 빌면서 벌거벗은 몸으로 기면 밭농사가 풍년이 들고 몸에 부스럼도 생기지 않는다고 믿었다.

지게목발춤

지게는 예전에 가장 중요한 농사 도구의 하나였다. 그러다 보니 농군에게는 힘든 일을 떠올리는 대상이 되었고 벗어나고 싶은 농사 필수품이었다.

추석을 맞아 벌초를 하거나 농사일을 하면서 지고 있던 지게다리에 작대기를 두드리면서 노래를 부르고 춤을 추는 것이 지게목발노래다. 이는 전라도 지방의 농촌에서 성행하였으며 현재는 익산에서 무형문화재로 복원하여 '익산목발노래'로 전승하고 있다. 초동들이 혹은 농부가 수확물을 져 나르면서 목발을 두드리는 것인데 작대기타령, 등짐소리, 꿩타령 등으로 나누어 부른다.

원놀이

서당에서도 추석을 맞아 하는 놀이가 있었다. 훈장 선생님이 명절을 쇠러 간 사이에 학동들끼리 모여 고을의 원을 가장한 후 다른 학동들이 상소한 모의사건을 해결하는 놀이다.

이들은 세금이나 제사문제, 관혼상제의 시비, 노비의 비위사실, 부역의 참여 등에 따라 논하고 문초를 하였다. 이에 따라 푸짐한 주안상으로 대접을 받은 후, '암행어사 출두요!'라는 호령에 따라 다음 집으로 이동하였다. 이로써 장차 과거에 나갈 학동들의 꿈과 지혜를 키우는 기회가 되었다.

소싸움

소싸움의 유래에 대해서는 명확히 전하는 바가 없으며, 일부 기록에서는 전승기념 행사의 하나로 시작하였다고 하지만 농경 시대의 주요 수단이었던 소의 용맹성과 강인함을 확인하는 과정에서 출발되었다고 말할 수 있다.

이 놀이는 강점기 때 협동과 많은 사람이 모이는 것을 꺼려하는 차원에서 금지되었다가 근래에 부활되었다. 현재 전하는 주요 경기로는 120년의 역사도 넘는 진주소싸움을 비롯하여 청도, 의령, 김해, 안동, 창녕, 정읍, 완주 등 일부 지자체에서 민속놀이 겸 축제 행사의 성격으로 채택하고 있다.

투견(鬪犬)이나 투계(鬪鷄)를 법으로 금하고 있는 것에 비해 투우(鬪牛)는 합법적인 행사에 속한다. 투우는 체급에 따라 백두, 한강, 태백의 세 분류에, 다시 크고 작음의 두 그룹으로 나누어 총 6개 팀으로 분류한 후 토너먼트방식으로 경합하게 된다. 이때 참여하는 소의 안전을 위하여 일정한 규칙을 정하게 되니 하나의 전통놀이가 된 것이다. 개최 시기 역시 3월, 5월, 10월 등 다양하게 분포되어 있다.

▲ 소싸움 1963(진주시청 박홍규)

▲ 소싸움 1972(진주시청 박홍규)

▲ 소싸움 1979(진주시청 박홍규)　　　　▲ 소싸움 1988(진주시청 박홍규)

기타

경기도와 충청도 일부에서는 거북놀이를 하는 데, 이는 수신(水神)인 거북을 즐겁게 함으로써 다음해에 비를 흡족히 내려 농사가 잘되게 해 달라는 뜻의 기풍의례(祈豊儀禮)에 속한다. 다른 의미로는 거북처럼 무병장수하기를 바라는 뜻도 있다.

이 외에 평안도와 황해도 등지의 소먹이놀이, 의성의 가마싸움 등도 전하고 있다. 또 콩밭의 이슬을 받아 먹으면 더위가 낫는다고 하였고, 이슬을 모아 병에 담아 두었다가 홍역을 앓는 아이가 있으면 약으로도 먹였다.

벼나 조 등과 같은 이삭 달린 곡식을 거두어 문지방에 걸어두는데, 이것을 올게심니라고 한다. 올게심니는 장독대에 넣어 두기도 하는데, 새것으로 교체하면서 나온 묵은 것은 떡을 하거나 밥을 지었다. 또 일부는 내년의 종자로 사용하거나 떡을 해서 사당(祠堂)에 천신(薦新)하였다.

22.3 추석의 먹을거리

추석에는 햇벼를 비롯하여 각
종 실과(實果)가 익기 시작하므
로 시절음식에도 변화가 있다.
햅쌀로 밥을 짓고 떡을 하고 술
을 빚는다. 햅쌀이 없으면 이른
벼를 조금 거두어 송편을 만드
니 이것이 바로 '오려송편'인데
다시 말하면 이것도 틀림없는
햅쌀송편인 것이다. 송편 속에
는 햇콩과 햇돔부, 햇참깨, 햇밤
등을 넣는다.

▲ 콩시루떡(떡보의 하루)

송편(松䭔)이라는 말은 떡을
찔 때 솔잎을 깔고 찌었던 데서 유래한다. 솔잎은 향기가 좋을 뿐만 아
니라 일종의 방부제 역할을 하여 장기간 보관이 가능하여 자주 활용
되었다. 달은 풍요와 다산의 상징이었기에 송편의 모양도 달을 본떠
서 만들었던 것이다. 한편 새로 수확한 쌀로 술을 빚으면 그것이 바로
백주(白酒)요 신도주(新稻酒)다.

신도주는 차례(茶禮)를 지낼 때 사용하고, 모여 있던 사람들이 음복
(飮福)하여 조상의 은덕(恩德)을 받는 행사에 사용된다. 후손들은 자
연스럽게 조상에 대한 자긍심을 일깨우고 효를 행하는 근본이 되었다
고 할 수 있다.

한 해 농사를 지어 가장 풍성하게 거둬들인 것이 바로 햅쌀인데, 이

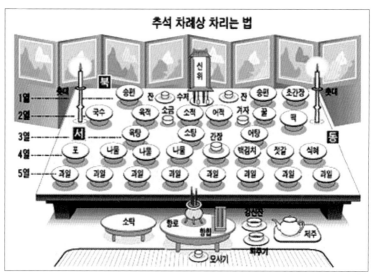

▲ 추석상 안내도(성균관전례연구위원회)

것으로 송편 외에도 무나 호박을 넣고 시루떡을 만들기도 한다. 어떤
집에서는 찹쌀가루를 쪄서 떡을 만들어 볶은 검은콩이나 빻은 콩가루
혹은 참깨를 묻혀 인절미를 만들기도 한다. 이 인절미(引餠)는 추운
겨울에 먹는 것이 제격인데 여유가 있는 집에서는 송편과 함께 가을
에 만드는 경우도 있었다.

일부 지역에서는 밤단자(栗團子)혹은 율란(栗卵)을 먹는데, 찹쌀가
루를 쪄서 계란 형태의 둥근 떡을 만들고 삶은 밤을 꿀에 개어 바른 것
으로 현대의 밤빵과 유사하다. 지역과 형편에 따라 밤 대신 토란으로
단자를 만들면서 토란단자가 생겼다.

나물로는 숙주나물, 산채로는 송이산적과 송이찜, 송어회, 그리고
토란국을 추석절의 대표 음식으로 꼽는다. 토란은 알칼리식품으로 명
절 때 많이 먹고 배탈이 나거나 변비가 생기는 것을 막아주는 약용(藥

▲ 추석상(운현궁 김태훈)

用) 음식이었던 것이다. 토란은 독성이 강하여 끓는 물에 우려낸 후, 원하는 조리를 하여야 한다.

한편 다가올 겨울을 위하여 호박과 무, 가지 등을 썰어 말린 것들도 풍부하다. 고급 음식으로는 쇠고기와 느타리버섯 외에 갖은 양념으로 산적을 만든 화양적(華陽炙)도 빼놓을 수 없다. 한편 과실도 많아 밤, 대추, 감, 배, 사과 등이 풍부하며, 특별히 배로 만든 수정과 즉 배숙(梨熟)을 만들어 먹었다.

또 복쌈도 있는데 이는 구은 김으로 밥을 싸서 먹는 것이다. 여러 과실 중에 최고 어른은 역시 대추다. 이름도 대추로 어른스런 냄새를 풍기기도 하지만, 그 생김세도 쭈글쭈글한 것이 마치 노인의 주름살과 같아 보인다. 대추는 다른 꽃들이 모두 피고 진 후 주위를 살펴보며 여름부터 피기 시작하여 추석날 오전까지 핀 꽃은 열매를 맺는다고 하였는데, 그만큼 늦게 피고 늦게 여문다는 얘기다.

추석에 장만하는 차례상은 설날과 크게 다르지 않다. 그러나 계절적인 요인으로 생산되는 나물이나 과일이 다르므로 주의할 필요는 있다. 상차림으로는 맨 바깥쪽에는 과일류처럼 그냥 자연에서 얻은 것, 다음은 자연에서 가꾼 채소류, 다음은 자연에서 얻은 후 일정한 공력을 들여 만든 적과 한과 등을 놓는다. 그리고 마지막으로 밥과 국 그리고 물을 놓는다. 그 외에도 일정한 규칙이 있으니 특별한 공력을 가하지 않고 자연에서 얻은 재료는 홀수로 맞춰 놓았다. 예를 들면 땅에서 음(陰)의 기운으로 자란 밤 대추 등의 과일 그릇은 양의 수인 홀수로, 인력이 많이 들어간 각종 나물류를 담은 그릇은 음(陰)의 수인 짝수로 놓아 조화를 이루었다. 그러나 적(炙)과 같이 자연의 힘에 사람의 공력을 곁들인 경우는 특별히 어느 한쪽에 치우쳤다고 말할 수 없으니, 이런 절차들도 모두 따지기는 어렵다.

이때 주의할 점은 제사를 모시는 것은 죽은 사람에 대한 밥상이므로 살아 있는 사람이 받는 밥상과는 반대의 형식을 빈다. 예를 들면 먹는 사람의 입장에서 산 사람은 왼쪽부터 오른쪽으로 밥과 국을 놓고 다음에 수저와 젓가락을 놓는다. 그러나 제사 혹은 차례의 경우는 먼저 왼쪽부터 수저 젓가락을 놓고 다음에 국과 밥을 순서대로 놓는다. 이때 제사상을 받는 사람이 혼자가 아닌 부부이면 그 두 사람의 음식 중앙에 수저와 젓가락 2벌을 놓는다. 밥을 다 먹고 나면 물을 마시듯이 제사상에도 물을 올리는데 이때는 부부이므로 하나의 물그릇만 중앙에 놓고 각각의 순가락으로 밥을 약간 떠서 물에 넣은 뒤 숭늉처럼 만든 후 순가락을 담가놓으면 된다.

22.4 추석과 현실

중추절(仲秋節) 즉 8월 한가위는 설날과 함께 우리 민족 최대의 명절(名節)에 속한다. 설날이 추운 겨울에 있어 활동이 자유롭지 못한 반면, 추석은 활동하기에도 좋고 먹을거리도 풍성하여 글자 그대로 풍성한 명절이 된다. 예전부터 전하는 '더도 말고 덜도 말고 늘 한가위만 같아라.'는 속담처럼, 힘든 농사일도 끝나가고 많은 수확으로 기쁨을 누리는 시기가 되는 것이다. 때문에 곡간에서 인심 난다는 말과 같이 모두가 여유롭고 느긋하며 서로를 배려하는 때이기도 하다.

추석이 되면 지금도 고향을 찾아 이동하는 사람들이 아주 많은 것을 볼 수 있다. 자기가 애써 길러낸 곡식을 서로 나누고, 그렇게 풍년이 들도록 도와주신 조상님께 감사의 차례(茶禮)를 지내려는 행렬(行列)이다. 차례는 원래의 제사(祭祀)에 비해 약식이기는 하지만 현재는 제사와 차례가 서로 비슷하게 통용되고 있는 실정이다.

이와 함께 조상의 묘소를 돌보는데, 여름내 장마에 풀이 우거진 것을 깨끗이 잘라주는 것을 벌초(伐草)라고 한다. 부지런한 사람들은 추석이 오기 한 달 전쯤에 미리 애벌벌초를 하고, 추석이 다가오면 정식

▲ 벌초

▲ 황금들녘

벌초를 하여 효심을 나타내기도 한다. 그러나 꼭 벌초를 두 번 혹은 세 번한다고 하여 효심이 많다고는 말할 수 없을 것이다. 사람이 죽은 다음에 효성을 받는 것도 중요하지만, 사실은 살아생전에 드리는 효성(孝誠)이 더 필요한 것임은 두말 할 필요가 없다.

자식들은 부모에게 자주 안부를 전하지 않는 것은 바로 무소식이 희소식이라는 핑계를 대지만, 부모는 무소식이라는 소식을 들어야만 비로소 무소식이 희소식이 되는 것이다. 잘 있으니 소식을 전하지 않는다는 것과, 잘 있으니 아무 일이 없다는 소식을 전하는 것은 정반대의 일인 것이다.

추석에 찾아뵙는 것, 명절에 찾아뵙는 것, 그리고 혹시 무슨 일이 있어 찾아뵙지 못할 때에는 그렇다는 소식을 전함으로써 찾아뵙는 것과 같은 효과를 낸다는 것을 알아두었으면 한다. 더불어 불요불급한 모임은 자제하여 자칫 흐트러지기 쉬운 건강에 유의하는 것도 필요하다.

23 중양(重陽)

중양은 음력 9월 9일을 말하며 중광(重光) 혹은 중양일(重陽日), 중양절(重陽節)로도 부르는데 양력으로 10월 중에 속한다. 9월 9일이라는 글자 때문에 중구일(重九日)이라고도 한다. 홀수〔奇數〕를 양(陽)의 수로 하여 양수가 겹쳤다는 뜻에서 중양이며, 1월 1일, 3월 3일, 5월 5일, 7월 7일, 9월 9일을 모두 속절(俗節)로 삼고 있다. 이를 홀수에 의한 기수민속(奇數民俗)이라 하는데, 특히 9는 숫자 중 가장 큰 수이면서 양수 가운데서 극양(極陽)이므로 9월 9일을 특별히 중양이라고 부른다.

지난 추석에 철이 일러 햇곡식이 없어서 묵은 곡식으로 차례를 지냈다면, 이때 햇곡식을 수확하여 추수감사제를 지내기도 한다. 또 시주단지에 쌀을 넣고 주인 없는 귀신들의 제사를 지냄으로써 넉넉한 인심과 함께 떠도는 혼백(魂魄)을 위로하기도 한다.

민간에서는 여름에 들끓던 모기가 이 날 없어진다고 하였으며, 3월 삼짇날 강남에서 돌아왔던 제비가 다시 강남으로 떠난다고 하였다.

▲ 등고

이때부터 뱀과 개구리가 동면(冬眠)하러 땅속으로 들어가는 날로 알려져 있다.

23.1 중양의 유래

옛날 중국의 어느 마을에 신통력을 지닌 '장방'이란 사람이 살았다. 어느 날 장방이 '환경'이라는 사람을 찾아와 '9월 9일이 되면 마을에 큰 재앙이 닥칠 것이니 식구들은 모두 주머니에 꽃을 넣었다가 팔에 걸고 산꼭대기로 올라가라.'고 하였다. 환경이 장방의 말대로 식구들을 데리고 산에 올라가 국화주를 마시며 하루를 놀다가, 이튿날 집에 내려와 보니 집 안의 모든 가축들이 죽어 있었다. 환경은 이때 만약 자신도 집에 있었다면 그와 같이 죽었을 것이라는 판단으로 장방을 고맙게 생각하였다. 그 후로 중양절이 되면 산에 올라가는 풍습이 생겼다고 한다. 중국은 한대(漢代) 이래로 중구절에 상국(賞菊), 등고(登高), 시주(詩酒)의 풍속이 있었고, 당송대(唐宋代)에도 관리들에게 휴가를 주어 추석보다도 더 큰 명절로 삼았다.

우리나라에서도 중구(重九)에 행하던 풍속이 전해 오고 있다. 신라 시대에는 안압지의 임해전(臨海殿)이나 월상루(月上樓)에서 연례적 으로 군신(君臣)이 모여서 시가(詩歌)를 즐겼고, 고려 시대에는 중구 의 향연(饗宴)이 국가적으로 정례화되었다. 조선 세종 때에는 삼짇날 과 중구를 명절로 공인하였으며, 성종 때에는 추석에 행하던 기로연 (耆老宴)을 중구절로 옮겼다. 고려 광종 9년 958년에는 과거(科擧)를 도입하였으며, 조선 고종 31년 1894년까지 이어졌다.

그런가 하면 밖에 나가서 죽은 사람의 제사일(祭祀日)이 언제인지 모를 때는 제사를 그 사람의 생일에 지냈으며, 또는 지방에 따라 칠석 에 지내기도 하였으나 대체적으로 중양에 지냈다.

제사는 돌아가신 날 즉 망일에 지내는 것이 원칙이나, 흔히들 돌아 가시기 전날에 드리는 것인 줄로 잘못 알고 있다. 이는 제사가 전해오 는 과정에서 드리는 사람의 편리성에 의하여 변형된 것이다. 원래 귀

▲ 기로연(안동시청 공보실)

신은 사람과 반대이기 때문에 활동하는 시간이 한정되어 있어서, 밤 11시인 자시(子時)부터 다음 날 새벽 첫닭이 울 때까지만 다닌다고 믿었다. 따라서 제사는 전날 밤 11시부터 드리기 시작하여, 새벽 1시 혹은 늦어도 3시 즉 귀신이 떠나갈 때까지로 제한되어 있었다. 이런 시간을 지키기 위하여는 전날 저녁에 음식을 장만하였다가 밤 11시가 되기 전에 상을 차리고 귀신을 맞이하는 것이다. 이 과정에서 점점 시간이 앞당겨지면서, 제사는 저녁에 일찍 드리고 산 사람들은 각자의 일상으로 돌아가게 되었다.

23.2 중양풍속

조선 후기의 문인 유만공(柳晚恭)이 지은 『세시풍요(歲時風謠)』에는 '금꽃을 처음 거두어다가 둥근 떡을 구워 놓고 상락주(桑落酒)를 새로 걸러 술지게미를 짜냈다. 붉은 잎 가을 동산에 아담한 모임을 이루었으니, 이 풍류가 억지로 등고(登

▲ 사당제 안내

高)놀이하는 것보다는 낫다. 중양절의 술을 상락(桑落)이라고 한다.'고 하였다. 여기에 나오는 상락주는 요즘 용어로 오디술뿐만 아니라 산딸기 혹은 복분자 등과 같이 일반적으로 여름에 담갔다가 가을에 먹을 수 있는 주류(酒類)를 통칭하는 것으로 추측된다.

술지게미는 밥이나 과일로 술을 담근 후 일정 기간이 지나면 액체를 따르는데, 이때 거르고 남는 찌꺼기 즉 젤 상태의 고체를 의미한다. 흥부네가 술지게미를 얻어다가 온 식구가 둘러앉아 밥 대신 먹었다는 것이 바로 이처럼 술을 만들고 남은 찌꺼기를 먹었다는 것인데, 아직 술 성분이 농후하여 많이 먹으면 술에 취하게 된다.

그러나 조선 후기 홍석모가 지은 『동국세시기(東國歲時記)』에 '서울의 풍속을 보면 중구날 남산과 북악산에 올라가 먹고 마시며 단풍놀이를 한다.'라는 기록이 있다. 이것으로 보아 중구(重九)는 그 이전부터 이어져온 우리의 풍속이며, 등고가 아주 중요한 행사였음을 알 수 있다. 북악산 외에도 남한산, 북한산, 도봉산, 수락산, 후조당 등이 주요 등고(登高) 장소로 등장하였다. 우리나라에서 중양일을 속절(俗節)로 여기는 것은 중국의 풍습에서 온 것이지만, 다른 북방민족 여러 나라에서도 속절로 삼았었다. 그러나 우리나라에서는 삼월 삼짇날이나 단오 혹은 칠석에 비해 더 중요한 명절로 삼지는 않았던 것 같다. 중국의 북제(北齊)에서는 기사(騎射)를 행했고, 요(遼)에서는 사호사연(射虎射宴)을 했으며, 금(金)에서는 배천사류(拜天射柳)의 의식을 거행했다. 그런가 하면 한(漢)과 위(魏) 이래로 환경(桓景)의 등고고사(登高故事)로 말미암아 중양일에는 높은 곳에 올라 하루를 즐겼다고 볼 수 있다. 우리나라에서도 이를 모방하여 옛날 사대부들은 남산이나 북악산에 올라 시를 짓는가 하면 먹고 마시며 하루를 즐겼다.

민가에서는 지인(知人) 중의 술친구를 찾아가서 술잔을 기울이거나 술을 선물하는 풍습이 있다. 이때 선비들은 단풍을 주제로 하여 시를 지었으며 부녀자들은 내방가사를 읊었다. 또 농부들은 농악을 울리며 하루를 즐겼다. 일부는 투호(投壺)놀이도 하였다.

▲ 구절초

▲ 국화

또 이날 차례를 지내는데 햇곡식을 조상에게 바치며 감사의 뜻을 전하던 것으로 전한다. 성주단지를 햇곡식으로 갈아주며 정성으로 제물을 차려 성주차례도 지낸다. 지역에 따라서는 시월상달의 좋은 날 혹은 섣달그믐, 정초의 좋은 날을 골라 갈아주는 곳도 있다. 이때 기일(忌日)을 모르는 조상의 제사도 함께 모셨으며, 연고자 없이 떠돌다가 죽었거나 전염병을 앓다가 죽은 사람의 제사를 지내기도 하였다. 이런 제사는 특별히 여단(厲壇)에서 지내는 경우도 있었지만 일부는 집안에서 지내기도 하였다.

여단은 조선 시대의 행정관서가 있던 중심 고을에서 무주고혼을 달래기 위하여 제사지내던 단을 말한다. 당시 큰 고을에서는 죄인을 다스리던 곳으로 지금으로 말하면 구치소나 교도소에 해당하는 치소가 있었으며, 이곳에서 죽은 영혼을 포함하여 객사한 무연고 영혼에 대하여 제사를 지내던 곳이다.

경상도지방에서는 이날 부녀자들을 중심으로 서낭제를 지내기도 한다. 여단은 각 지방마다 특별한 곳에 설치되었으며, 관청이나 마을 공동으로 제사를 지내기도 하였다. 예로부터 단이나 당, 혹은 제실 등은 우연찮게 음의 기운이 강한 곳이 대부분이다. 이런 곳은 외진 곳이거나 인적이 드문 곳이 많았으며, 이런 곳에서 도깨비불을 보았다거나 귀신에게 홀렸다는 말들이 있었던 것과 무관하지 않다.

유교 중심이었던 조선 시대에는 서울과 군현에 문묘, 사직단, 성황단 그리고 여단을 포함하여 일묘삼단(一廟三壇)을 두었으며, 무주고혼(無主孤魂)을 제사하였는데 이를 묘단제(廟壇祭)라 하였다. 여기에 등장하는 문묘(文廟)는 공자의 위패를 모신 사당으로, 학문의 최고봉이라는 뜻에서 공자를 문성대왕(文聖大王)이라 부른 것에서 기인한다. 궁중에서는 기로소(耆老所) 내에 있는 원로 문신들을 모아 위로하는 기로연(耆老宴)을 베풀었다. 기로연은 삼월의 상순 뱀날과 삼짇날, 중양절에 70세 이상으로 정2품 이상의 벼슬을 지낸 사람을 대상으로 하였다.

23.3 중양 음식

중양절은 10월에 해당되어 각종 과실이 풍부하며, 모든 곡식을 수확하는 계절이다. 각 가정에서 국화전(菊花煎) 혹은 감국전(甘菊煎)을 해 먹거나 국화주를 빚고, 술과 음식을 장만해 가지고 가까운 산에 올라가 단풍놀이를 즐겼다. 이때 그냥 부어라 마셔라 하는 것뿐만 아니라 문인들이 시를 읊으면서 흥을 돋우며 산수를 즐겼던 것이다. 국화꽃잎으로 화전과 화채를 만드는 것은 물론이며, 술에 띄워 마시는 방법으로 새로운 분위기를 연출하기도 하였다.

이런 국화꽃에는 크로로케닉산, 퀘르시트린, 아피케닌 등이 함유되어 있어 심혈관계 질환 예방과 항산화 및 항암효과가 있는데, 이런 사

▲ 고추말리기(심재후)   ▲ 가을 나들이

실을 예전부터 알아낸 우리 조상들의 지혜가 놀랍다.

『동국세시기(東國歲時記)』'9월조'에 의하면 '누런 국화를 따다가 찹쌀떡을 빚어 먹는데, 그 방법은 삼월 삼짇날 진달래 떡을 만드는 방법과 같으며, 이를 화전(花煎)이라 한다.'고 하였다. 또 유득공의 『경도잡지(京都雜誌)』'세시편'에도 '국화꽃잎으로 떡을 해먹는다. 이는 3월 삼짇날 진달래떡을 해 먹는 것과 같다. 이것이 화전이다.'라고 하여 풍국놀이를 적고 있다. 지금의 국화떡은 여기에서 비롯된 것이다. 또한 배와 유자, 석류, 잣 등을 잘게 썰어서 꿀물에 타면 이것을 화채라 하는 데, 이것은 시절음식도 되지만 제사에도 오른다.'는 기록이 있다. 이로 보아 중구의 시절음식으로 삼짇날의 화전과도 같은 국화전이나 국화화채를 즐겼던 것으로 보인다.

이 밖에도 어란, 유자차, 유자화채, 유자정과, 밤단자, 도루묵찜 등도 빼놓을 수 없는 음식이다. 그런가 하면 무시루와 물호박, 대추인절미, 토란단자, 밤단자 등으로 만든 각종 떡도 맛있는 시절음식에 속한다. 토란은 성질이 차갑고 성분이 강하여 인체에 해로운 독성을 지녔다. 따라서 고사리와 마찬가지로 데쳐낸 후 사용하거나 쪄서 요리를 해야 한다.

23.4 중양과 현실

　9월 중양일은 모든 약초를 갈무리하는 시기다. 따라서 약초의 효험이 가장 큰 때이므로 이날 약초를 뜯어 말리는 일이 하나의 풍속이 되었다. 구절초 역시 이때 뜯어 말리는데, 아홉 마디로 굽어 있어 구절초(九節草)라 부르며, 구월 양중에 뜯는다 하여 구절초(九折草)라 부르기도 한다.

　중양절은 양기(陽氣)가 가장 왕성하게 발동하는 날이다. 따라서 사내들은 국화전과 국화주를 들고 가까운 산에 가서 긴장을 풀며 몸을 보했다. 한편에서는 바지를 벗고 남근(男根)을 내 놓은 다음 따사로운 태양의 양기를 쏘여 주는 거풍(擧風)도 행했다. 이는 삼짇날과 단오에 그네를 타던 아낙들이 펄럭이는 치마 밑으로 음기(陰記)를 내뿜던 거풍(擧風)과도 같은 이치다. 그래서 봄은 사내를 유혹하는 여자의 계절이며, 가을은 양기를 담뿍 머금은 남자의 계절이라 일컬어왔다. 그러나 현실에서는 어울리지 않는 옛 풍속으로만 남아 있다.

　요즘 학교에서 봄소풍이나 가을소풍을 가는 경우도 답청(踏靑)과 단오(端午) 그리고 중양(重陽)의 나들이 행사에서 비롯되었음을 짐작할 수 있다. 산천경개가 좋은 곳에서 자연을 만끽하고 호연지기를 펼치며, 실내에 갇혔던 답답함을 푸는 심신단련의 목적이 예나 지금이나 같은 것은 결코 우연의 일치가 아니다.

24 시월상달〔十月上月〕

음력으로 10월을 상달〔上月〕이라고 부른다. 이것은 10월이 1년 중에 제일 높은 달이라는 뜻이며, 이는 개천절(開天節)이 들어 있어 하늘이 열렸으며, 10월의 가을 하늘이 높고 푸른 데에 기인한다고 본다. 그런가 하면 농사 즉 모든 활동을 마무리하고 1년의 정점에 서 있다는 것을 의미하기도 한다.

이 달에는 백성 모두가 하늘에 소원을 비는 고사(告祀)를 지냈는데, 이를 상달고사〔上月告祀〕라고 하였다. 상달고사는 집안의 안녕과 번영을 위하며, 성주신이나 조상신, 터주신, 조왕신, 삼신 등 현재 모시고 있는 가신(家神)들이 만들어 주신 풍년에 대한 감사의 표시를 하는 것이다.

성주단지는 주로 벽에 작은 선반을 만들고 그 위에 올려놓기도 하며, 부엌의 살강 위에 작은 판자를 대고 올려놓기도 한다. 이때 쌀이나 벼 등 새로운 곡식을 담아두는 단지 형태가 주를 이루었으나, 일부에서는 한지로 접은 종이꽃을 안방 윗목의 벽 중앙에 매다는 방식을 취

▲ 수확한 논　　　　　▲ 곶감 만들기(전성권)

했다. 종이꽃에는 돈이나 쌀 등을 넣어 재물이 풍성해지기를 빌었다.

　한편 다른 의미의 상달은 농사일이 끝나니 1년 중 가장 편하고, 먹을거리가 풍부하여 가장 아름다운 달[祥月]이라는 뜻도 가지고 있다.

24.1　상달의 현상

　음력으로 시월은 천지인(天地人)의 삼자(三者)가 화합하는 달이기에 더 없이 좋은 달에 속했다. 상달은 입동과 소설을 포함하여 겨울의 계절이지만, 아직은 가을 햇볕이 남아 있어 엄동설한(嚴冬雪寒)은 아니다. 또 겨울에 속하여 1년을 마감하기도 하며, 만물(萬物)이 숨을 죽이니 인생의 황혼과도 같은 달이다. 추수도 뒷손질에 들어 지난일에 대한 회고와 더불어 감사의 마음이 절로 생기는 때이다.

24.2 상달의 유래

상달에 지내는 고사의 유래에 대해서는 자세히 알 수 없으나, 일부 전하는 기록을 통해서 추측할 수는 있다. 상달은 1년 동안 농사를 지어 햇곡식을 거두게 된 것이 오직 하느님과 선조들의 덕분이라고 생각하여 이에 감사하는 뜻을 전하는 때이다. 그래서 시월이 되면 나라에서부터 개인에 이르기까지 여러 가지 제의(祭儀)와 점복(占卜), 그리고 금기(禁忌) 행사가 다양하게 이루어졌다.

상달고사에는 햇곡식으로 술과 떡을 만들고 정성껏 제사를 지냈다. 이리하여 상달은 풍성한 수확을 바탕으로 신과 인간이 함께 만나서 즐기는 달이 된 것이다. 이러한 상달 행사는 멀리 고구려 때에는 동맹(東盟), 부여 때에는 영고(迎鼓), 예맥 때에는 온 민족이 함께 무천대회(舞天大會)를 열었다고 전한다.

24.3 상달행사의 변천

음력 시월〔十月〕이 되면 나라에서부터 개인에 이르기까지 여러 가지 세시풍속들이 있었다. 먼저 나라에서 제사하는 국행제(國行祭)를 살펴보면 고구려의 동맹(東盟), 예의 무천(舞天)과 마한의 제천(祭天)이 모두 시월에 있었다. 또 고려에서는 시월 망일(望日)의 팔관재(八關齋)를 비롯하여, 조선 시대의 종묘 맹동제(孟冬祭)가 그것이다. 맹동제는 음력으로 겨울 세 달 중 처음에 들어 있는 10월 달의 제사를 말한다.

'무천(舞天)'이라는 말은 하늘에 춤을 추어올리는 행사로 온 국민이 함께 즐기던 행사였다. 또 마한 때에는 제천의식(祭天儀式)으로 굿을 하였는데, 이때의 굿이 바로 오늘날의 제사와 같은 것이다. 이런 의식들은 고려 때에 팔관회로 그 맥을 이어 오다가, 조선 시대에는 고사 혹은 안택으로 전승되었음을 알 수 있다. 이렇게 보면 상달고사는 고대 국가의 시절(時節) 행사인 동시에 농경사회에서는 그 자체가 생활의 일부였던 것으로 짐작된다.

24.4 상달의 풍속

이렇게 하늘과 조상에게 예(禮)를 올리는 성(聖)스러운 상달에는 예로부터 많은 의례(儀禮)가 전해왔다. 초하루가 되면 궁(宮)에서는 머리를 따뜻하게 하는 난모(煖帽)를 착용하기 시작한다. 이는 겨울을 나기 위한 복장의 일종으로 당상관은 표피(豹皮)를 사용하고 당하관은 서피(鼠皮)를 사용하였다. 이 모자는 날씨가 덥다고 하여도 2월 초하루가 되기 전까지는 마음대로 벗을 수가 없었다.

손돌 바람

음력으로 10월 20일에 불어오는 강하고 매서운 바람을 손돌바람이라고 한다. 조선 영조 33년 1757년에 각 읍에서 편찬한 읍지(邑誌)를 모아 종합지리지로 엮어낸 『여지도서(輿地圖書)』의 「강화부(江華府)」'고적조(古蹟條)'에 의하면, 고려 공민왕이 몽고 군사에게 쫓겨 강화도로 파천(播遷) 가던 중 산수가 험하고 좁은 곳 즉 목(項)에 이르렀다. 뱃사공인 손돌(孫乭)은 마침 바람이 크게 불어 위험하니 잠시 머물다 가자고 진언(進言)하였으나, 왕은 일부러 사경(死境)에 유인 하려는 것으로 여겨 그의 목을 베었다. 그러자 더 거센 바람이 일어났 고, 그제야 뉘우친 왕이 손돌을 위로하고 제사를 지내주었다. 이후에 바다가 잠잠하여져서 목적지에 닿을 수 있었다. 그 뒤로 10월 20일이 되면 통진과 강화 사이의 손돌이 죽은 곳에 바람이 거세게 분다. 여기 에서 부는 바람을 손돌바람, 손돌추위, 그리고 그 곳을 손돌목이라고 부른다.

하지만 위와 같은 내용에 대해서는 일부 학자의 의견이 다르며, 역 사적으로 당시의 임금이 누구인지에 대해서도 이견이 있어 하나의 전 설(傳說)로 전해왔다고 보는 사람들도 많다. 그러나 이유야 알 수 없 다고 하여도 그때에 바람이 불고, 그곳을 지나는 배가 주의하며 제를 지내는 것 등은 엄연한 세시풍속에 속한다.

신주단지에 햇곡식 넣기

시월은 풍요로 인해 상서로운 기운이 뻗치는 상달(祥月)로, 신주에 담겨 있는 곡식을 꺼내고 새로운 곡식을 채워 넣는 풍습이 있다. 터줏 대감은 집 뒤꼍의 장독대 옆에 산다고 믿었는데, 이곳의 단지를 조상 단지라 부르며 곡식을 넣어 놓는 풍습이 있다. 이러한 풍습은 지방에 따라 부르는 이름과 놓는 장소가 다르지만, 호남 지방에서는 이것을 철륭단지 혹은 제석오가리, 중부지방에서는 조상단지, 영남지방에서 는 세존단지라고 부르기도 한다.

이 단지에 햅쌀로 갈아 넣고 난 다음 묵은 쌀은 밥을 지어 식구들끼 리만 나누어 먹었는데, 이는 자신의 복을 남에게 내어주지 않겠다는 뜻이 담겨 있었다. 이때 묵은 쌀에 곰팡이가 피어 있거나 썩어 있으면 집 안에 좋지 않은 일이 생길 징조로 근심을 하였고, 깨끗하여 상태가 좋으면 집안의 길조(吉兆)로 여겼다. 그래서 신주단지에 바꿔 담을 햇 곡식은 반드시 잘 말리고 정성껏 손질하는 것을 잊지 않았다.

가을떡

지금은 거의 잊혀져가는 풍속이지만 농촌에서는 상달에 '가을떡'을 해 먹었다. 이 떡은 대체로 음력 10월에 드는 무오일(戊午日)에 맞춰 서 만들었던 떡이다. 무오일(戊午日)은 10간 12지 즉 10개의 천간(天 干) 중 다섯 번째인 무(戊)와, 12지지(地支)의 일곱 번째인 오(午)가 만난 날이라서 '무오날'이며, 이날의 대표적인 시절음식이 시루떡이었 다.

시루떡은 멥쌀가루와 찹쌀가루를 교대로 앉히고, 그 중간에 삶은 검은콩이나 팥고물을 교대로 뿌리는 떡이다. 일부에서는 멥쌀가루에 무채나 호박고지를 섞기도 하였으나, 찹쌀가루에 호박고지만을 섞어 서 찌기도 한다. 이렇게 켜켜이 다른 재료를 넣는 것은 바로 10간 12 지의 음양을 조화시키는 것으로, 한 가지 음식 맛이 아닌 여러 가지 재

▲ 시루떡(떡보의 하루)

▲ 절편(떡보의 하루)

료를 동시에 맛보고 음미하는 것이었다. 참고로 쌀은 양의 성질이 있지만, 팥이나 녹두, 수수 등은 음의 기운을 지니고 있다.

무를 섞은 무시루떡은 농사를 풍년들게 해준 토주신(土主神, 土地神)에게 고사를 지내고, 가족의 건강과 행복을 빌었다. 한편에서는 안택(安宅)굿을 하기도 한다. 이런 행사에는 으레 떡이 등장하므로 '떡본 김에 제사지낸다'거나 '떡본 김에 굿한다'는 말이 생겨났다. 또 굿을 구경하던 사람들은 모두 음식을 나누어 먹는 풍속이 있었으니 '굿이나 보고 떡이나 먹는다.'는 말도 생겨났다.

이엉엮기

농촌에서는 음력 10월부터 지붕에 얹을 이엉을 엮기 시작한다. 새로 거둔 짚으로 엮어 덮은 지붕은 따뜻한 겨울을 나게 하였으며, 행여 부식된 지붕이 더 이상 상하지 않게 하는 목적도 있었다. 그런데 지붕

▲ 용마름 엮기(이천쌀축제위원회)

을 이는 것도 자일(子日)이나 오일(午日), 묘일(卯日), 유일(酉日)에는 작업을 하지 않았다.

이날은 천화일(天火日)이라고 하여 멸망일(滅亡日)로 여겼는데, 쥐와 토끼는 짚을 쏠며, 말과 닭은 짚을 흩어 헤치는 습성이 있어 지붕에 좋지 않다고 믿었던 까닭도 있었다. 그럼에도 불구하고 천화일에 지붕을 이거나 고치면 그집에 화재가 나든지 아니면 집안이 망하게 된다고 믿었다. 정말로 예전 초가집에서 불이 난 경우 모두가 그런 집이었는지는 알 수가 없다.

기타

상달이 시작하는 음력 10월 1일의 날씨로 그해 겨울 날씨를 점치기도 한다. 이날 추우면 겨울이 춥고, 이날이 따뜻하면 겨울이 따뜻하다고 믿었다. 또 입동의 날씨로 겨울 날씨를 점치기도 하는 데, 입동이 추우면 겨울에 큰 추위가 오고, 입동이 따뜻하면 겨울에 큰 추위가 없다고 한다. 입동은 양력으로 11월 초순에 해당하여 이제 곧 추운 겨울이 온다는 것을 알리는 절기다.

전라도 지방에서는 10월의 보름달이 지는 것을 보고 다음 해의 운세(運勢)를 점쳤다. 10월 보름달이 지고 난 뒤에 해가 뜨면 이듬해 시절(時節)이 좋고, 보름달이 지기도 전에 벌써 해가 떠오르면 시절이 불길(不吉)하다고 한다. 또 경상도 지방에서는 10월에 부엉이가 울면 다음 해에 풍년이 들고, 10월이 지나서 부엉이가 울면 다음 해에 흉년이 든다고 하였다.

24.5 상달제사〔上月祭祀〕

상달은 글자 그대로 가장 으뜸 되는 달로 오곡백과가 익으니 풍성함에 감사하는 달이다. 따라서 조상신(祖上神)과 집 안의 여러 신(神)에게 고(告)하고 축원(祝願)하여 복을 구하는 행사를 하였다.

유만공의 『세시풍요(歲時風謠)』에 나오는 내용을 보면, '상달고사는 집안의 안녕을 위해 가신(家神)들에게 올리는 의례(儀禮)로 주로 음력 10월 상달에 지낸다. 한자로 '고사(告祀)'라고 표기하나 한자어에서 유래한 말인지는 분명하지 않다.'고 하였다.

또 최남선(崔南善)은 『조선상식(朝鮮常識)』에서 고시레와 고사, 그리고 굿이라는 말을 사용하였는데, '고시레'는 아주 작은 의례를 말하며, '고사'는 어느 정도의 규모를 갖춘 의례로 보았다. 그리고 가장 큰 의례로는 '굿'을 들었는데, 이때 장구를 울리며 북을 치고 무당이 춤을 추며 일정한 격식을 갖춘 행사로 보았다. 그리고 보면 등산을 할 때 밥을 먹기 전에 한 숟가락을 떠서 '고시레'하며 산에 던지는 것이 아주 작은 의례에서 시작되었다면 이해가 된다.

또 일부에서는 탁발승이나 걸립패를 초청하여 고사(告祀)를 지내

▲ 흑산도 진리당(최성환)

▲ 진리당 내부 영신상(최성환)

며 가정의 무병장수를 기원하였다. 이때 부르는 염불을 고사염불 혹은 고사반, 고사소리, 비나리, 고사덕담이라고 한다. 요즘 사용되는 단어에 '비나리'가 있는데, 이는 비는 것 혹은 바라는 것을 적어 놓은 종이를 의미하며, 그것을 읽는 사람 혹은 그런 모든 행위를 포함하는 말이기도 하다. 옛 비나리와 일맥상통하는 단어다.

고사를 원하는 집에 영기(令旗)를 꽂아두면 먼저 밖에서 평염불을 하고, 집 안에 들어가서 선염불(先念佛)과 후염불(後念佛)을 하며, 오조염불(悟調念佛)과 성주풀이 축원(祝願)으로 끝을 맺는다.

상달고사〔上月告祀〕

고사를 지낼 때에는 길일(吉日)을 택하여 지냈다. 그러기에 행사 전부터 대문 앞에 금줄을 치는가 하면, 집 주변에는 황토를 깔아 부정(不淨)이 들어오지 않도록 하였다. 이때의 제물(祭物)로는 시루떡과 백설기, 술, 과일, 고기 등 각종 음식을 넉넉하게 준비하였다.

주인을 관장하는 안방의 제석신(帝釋神) 즉 조상신, 주부를 관장하는 삼신(三神, 産神), 집터를 관장하는 터주신〔地神〕, 음식을 담당하는 조왕신, 일상사를 담당하는 성주신, 제물(祭物)을 관장하는 잡신 등에 따라 각기 놓는 장소가 달랐다. 고기는 쇠머리를 삶아 통째로 놓았는데, 넉넉하지 못한 집에서는 쇠머리 대신 말린 명태를 놓기도 하였다. 이렇게 하여 고사를 지내고 나면 이웃들과 골고루 나누어 먹는 풍속이 있다. 지금도 고사를 지낼 때, 가장 손쉬운 방법으로 명태를 선택하는 풍습이 남아 있다.

아이를 점지해주고 길러주는 신은 삼신할매라고 한다. 이는 세 성받이의 신령인 3명의 신 즉 삼신의 변화이며, 산신(産神)이 사람의 생

▲ 성포별신굿

식과 성장을 관장한다고 믿었던 데서 비롯되었다. 제주시 이도1동에 있는 삼성혈(三姓穴)은 제주지방의 성받이 고씨, 양씨, 부씨에 대한 시조가 용출(湧出)한 곳으로 알려져 있는데, 이때의 삼신과 위의 삼신이 일치하는지는 명확하지 않다.

상달고사를 지내는 경우 날짜가 한정되어 있다 보니 여러 집이 같은 날에 지내는 경우가 많았다. 따라서 모든 집에서 제한된 무당을 초청할 수도 없었으니 보통 서민의 경우 별도로 무당의 힘을 빌리지 않고 주부가 직접 제를 올리는 것이 고사에 해당한다. 그러나 제사를 지내야 할 곳이 많은 집 혹은 부유한 집 등에서는 날을 잡아 무당의 힘을 빌리기도 하였다.

이 밖에도 칠성신이나 측간신, 문신 등은 능력이 상대적으로 약하게 여겨 제물만 쌓아놓고 축원(祝願)은 하지 않았다.

말날제사

그런가 하면 무오일(戊午日) 즉 말날에는 마구간의 신에게도 제사를 드리며 가축을 건강하게 길러 달라고 기원하였다. 고사에 쓰이는 떡을 마일병(馬日餠)이라 하며, 행사가 끝나면 서로 나눠 먹었다. 말은 농사를 짓는 데 요긴하게 이용될 뿐 아니라, 짐을 나르거나 멀리 출타를 할 때에도 꼭 필요한 교통수단이었다. 따라서 이런 말을 소중히 여기는 것은 어쩌면 당연한 일에 속했을 것이다. 아직까지도 유독 새 차를 샀을 때에는 빼놓지 않고 고사를 지내는 풍습이 남아 있는 것은, 예전의 말과 현재의 차(車)가 같은 용도로 사용되는 것과도 무관치 않다.

여기서 말하는 말날〔午日〕은 10월을 마감하는 말일(末日)과는 다른 의미다. 그러나 말날 중에서도 병오(丙午)일 때에는 고사를 지내지 않는 풍습이 있는 데, 이는 병오년의 병(丙)이 아프다는 병(病)과 같은 발음인 데서 금기(禁忌)하였던 것이다. 살펴보면 무오일(戊午日)은 10간 12지 즉 60갑자에서 10월에 들 수도 있지만, 들지 않는 해도 있게 마련이었다.

조선 시대 저자 미상의 가곡집 『시용향악보(時用鄕樂譜)』에는 마제(馬祭) 즉 말날제사 때에 부르던 '군마대왕(軍馬大王)'이라는 노래가 전하고 있다. 시월의 말날 중에서도 무오(戊午)일을 상마일(上馬日)로 치는데, 이는 무오일(戊午日)이 가진 무(戊)의 발음이 무성하다는 뜻의 무와 같아서 풍성함을 기원하였던 것으로 보인다. 오일(午日) 다음으로는 임일(壬日)이나 경일(庚日)을 중요하게 여겼다.

동제(洞祭)

동제는 마을 사람들이 모여 마을을 지켜주는 마을신〔洞神〕에게 지내는 제사로 이를 동신제(洞神祭)라 부르기도 한다. 호남지방에서는 당산제(堂山祭)나 당제(堂祭)라고 부르는 반면, 중부지방에서는 도당 굿, 제주지방에서는 당굿이라고도 한다. 당은 대체로 높은 언덕 위에 지은 제사용 집이며, 해안가에서는 빠지지 않고 성행하였다. 동제도 행하는 용도에 따라 산신제, 서낭제, 용신제 등으로 나눌 수 있다. 산신제는 대체로 단오를 제외한 삼짇날, 칠석날, 중구절에 지냈다.

동제는 마을 사람들이 질병과 재앙으로부터 벗어나고, 풍년과 풍어 가 되기를 바라는 데에 목적을 두었다. 이런 별도의 신을 달래는 굿도 풍어별신굿과 풍농별신굿으로 나눈다. 날짜는 시월상달 또는 음력 정 초를 택하였으며, 정월 초이틀이나 초사흘 혹은 대보름에 행하는 마 을도 있었다.

제사의 제관(祭官)도 일반 사람이 행하는 경우와 무당이 행하는 경 우가 있었으며, 특별히 제주도의 당굿이나 풍어제와 같은 경우는 무 당(巫堂)이 주관하였다. 따라서 제를 지내는 시간과 장소도 제주(祭 主)가 정하며, 성스럽지 못한 행동을 제한하였다. 한편, 마을 사람들 전체가 부정(不淨)을 금하면 더 많은 효험이 있다고 믿어 금줄을 치기 도 하였으며, 마을 전체의 소속감을 고취하는 규약(規約)으로 발전한 경우도 있다.

동제 혹은 당산제, 마을굿이 시월상달에만 열리는 것은 아니었으며, 이러한 제사를 집례하는 사람을 모두 제관이라 불렀다. 이 제관이 지 켜야 할 금기사항은 부정한 장소의 출입을 막고, 부정한 행동을 보는 것이나 언행을 삼가고, 피를 보는 일을 삼가고, 죽은 시체를 보는 것도 안 되었다. 한편 동물을 죽이는 것은 물론 피를 보면서 얻은 고기를 먹 는 것 또는 바다의 물고기를 죽여야 하는 생선도 먹지 않았다. 다른 사

▲ 상여(최성환)

람과 부딪쳐 말을 묻혀 내거나 다투는 일을 막기 위해 아예 사람 만나는 것을 금했으며, 인근의 애경사에 참석하는 것도 못하게 하였다. 심지어 부부 성생활도 못하게 하였으며, 소변을 볼 때 직접 성기를 만지지 말고 막대기를 사용하는 정도로 많은 금기사항을 지켜야 하며, 목욕재계하고 마음의 준비를 하여야 했다.

제관을 선발할 당시에도 집안에 노약자나 어린이가 있으면 제외되었으며, 가족이 병중에 있거나 상중인 사람도 안 되며, 가족 중에 임신 중이거나 출산한 지 얼마 지나지 않은 경우도 제외되었다. 심지어 집에서 기르는 가축이 새끼를 낳은 경우에도 같이 적용되었다. 따라서 임신한 여성이 있으면 해산막으로 보내 격리하기도 하였다. 이는 상여를 멀리 떨어진 곳에 보관하던 상여막처럼, 마을에서 약간 떨어진 곳에 해산(解産)을 전문으로 하는 집을 지어 활용하였던 것을 말한다.

한편 이런 제관에 비해 마을 사람 역시 살생을 금하고, 부정한 일을 하지 않으며, 날것과 비린 것을 먹지 않고, 부정 탄 사람일 수도 있는 외부인은 아예 만나지 않도록 하였다.

상여는 상사(喪事)가 발생한 경우 시신을 장지로 옮기는 도구로, 산 사람이 가마를 타고 가는 것과 같은 이치로 죽은 사람은 관 속에서 누워 상여를 타고 가는 형식이다. 상여는 부유한 집에서는 꽃상여를 만들고 가난한 사람들은 막상여를 만들었다. 상여를 만드는 곳은 드물게나마 1995년도까지는 명맥을 이어 왔으며, 강재운 씨가 충남 금산군 추부면 장대리에서 2008년도까지 꽃상여를 만들어 판매하였다는 기록도 있다.

전남 신안군 하의도에는 상두계가 지금도 존재하고 있으며, 상여에 관한 소리를 귀중한 문화유산으로 여기고 있다. 이곳에서는 상여 나가는 의식과 망자의 가족을 위로하는 모습을 재현하여 관리하고 있다. 상여는 매장지에 도착하면 시신이 든 관은 땅에 묻고, 종이로 만든 꽃과 장식물을 태운다. 그러나 관을 싣고 운반하는 상여 즉 틀은 외딴 상여막에 보관하였다가 다음번 장례 시에 활용한다.

시제(時祭)

시월상달의 풍속 중 우리의 생활 속에 아직도 남아 있는 것은 바로 시제(時祭)다. 시제란 묘사(墓祀) 혹은 시사(時祀), 시향(時享)이라고도 일컫는 우리의 전통 제례(祭禮)다. 돌아가신 조상들에게 일일이 제사를 모시려면 수고와 정성이 모자라서 다 이룰 수 없는 일이었다. 따라서 4대조까지는 그 망일(亡日)에 사당에서 기제(忌祭)를 지냈으며, 설이나 추석과 같은 명절에는 차례와 성묘를 하였다. 그리고 나머지 5대조 이상의 조상에게는 10월 상달에 조상님의 산소를 직접 찾아서 묘제(墓祭)를 지내게 되었다. 이때 조상님의 묘는 주로 문중(門中)의 선산(先山)에 모여 있었기에 한곳에서 한꺼번에 지냈다는 말이다.

이렇게 따지고 보면 매월 초와 보름, 그리고 특별한 날에 드리는 제사가 너무 잦아, 없는 집에서는 부담이 될 수밖에 없었다. 따라서 양반이라 하여도 재산이 넉넉하지 못한 경우는 없는 집 제사가 대추나무연 걸리듯 하였다고 빗대는 말이 생겨났다. 이것은 유교의 좋은 풍습에 비해 가장 지적받는 악습(惡習)으로 꼽힌다.

시제(時祭)는 봄에 지내는 춘향제(春享祭)와 가을에 지내는 추향제(秋享祭)로 나뉘는데, 추향제가 일반적이며 상달 보름 이전에 마무리하도록 일정을 잡는다. 원래의 시제는 사계절에 한 번씩 지냈다고 하여 시제라 부른다.

이때는 10월 초하루 시조묘의 시제로부터 시작하여 차례대로 조상의 묘를 찾아 제사를 지내는데, 요일에 관계없이 정해진 날에 지내왔다. 그러나 요즘 현대사회에서의 편리성을 감안하여 휴일에 지내는 경향이 많아졌다. 요즘에는 분묘를 만드는 대신 가족 간 납골묘를 만들기도 하며 자연장(自然葬), 수목장(樹木葬)을 하기도 한다. 이는 국토의 효율성을 찾는 하나의 방법이 되기도 하지만, 예전처럼 좀 더 근접하여 유대감을 찾는 입장에서는 소홀해지기 쉬운 면도 있다.

제사는 조상의 은혜에 대한 보답이며 고마움의 표시로 우리 민족의 정신문화이며 소중한 문화유산이다. 제사를 모심으로써 공동체 의식을 가지며, 멀리 떨어져 있던 일가친지들이 함께 모여 친족의 화합과 친목을 나누는 자리도 된다.

이런 시제에 앞서 문중의 의견을 나누는 행사로 종계(宗契)를 연다. 종계는 종친회원들의 계를 말하며, 이때에 안부를 묻는 것은 물론이

▲ 파도리 산신제(태안문화원 정지수)　　　▲ 무속인 산신제(태안문화원 정지수)

며 시제에 관한 비용과 절차 등 모든 사항을 협의하는 것이다. 시제에
쓰일 제물은 제전(祭田)에서 나오는 수익으로 충당하는 것이 원칙이
지만 부족하면 약간의 추렴으로 보충하기도 한다.

성주받이굿〔城主祭〕

10월 상달에는 모든 가정에서 성주께 제사를 지냈는데, 말날〔午日〕
혹은 길일(吉日)을 택하여 지냈다. 성주신은 상량신(上樑神)을 의미
하는 데, 집 안에서 제일 높은 곳에서 지켜보며 모든 길흉화복(吉凶禍
福)을 담당한다고 믿었기에 햇곡식으로 술을 빚고 시루떡을 하며 오
곡백과를 장만하여 제사를 지냈다.

성주받이굿은 일반적으로 무녀를 불러 굿을 하는 데 이를 성주굿,
성주받이굿 또는 안택이라고 부르기도 한다. 이때 어느 특정 지역에
국한되지 않고 전국적으로 성행하였는데 오로지 성주(星主)를 위하
는 마음으로 빌었다. 또 모든 가정에서 초하루와 보름 그리고 특별한
날의 제사마다 무당을 부를 수는 없었으니, 일부는 간단하게나마 주
부(主婦)가 직접 제(祭)를 지내는 경우도 있었다.

▲ 양양송이축제 산신제(양양군청 노영식)

산신제

산신제는 길일을 택해서 지내는데, 대개는 마을의 뒷산을 진산으로 삼았으며 더불어 산신당, 산신각을 두었다. 자정이 지나 첫닭이 울어 비로소 제일(祭日)이 되면 산신제를 지냈다. 화주집에서 제물을 올려 진설하고, 독축(讀祝)을 하며 소지(燒紙)를 하는 순서로 진행된다. 이 때는 동제로서 마을의 태평과 마을 사람들의 건강과 행복을 빌며 풍농을 기원하는 행사다.

산신제가 끝나고 날이 밝아오면 마을 사람들은 제물(祭物)로 음복을 하고 농악을 치며 한바탕 신명나게 논다. 산신제도 마을의 협동과 공동체 의식을 이끌어내는 축제의 한마당이었던 것이다. 보은지방에서는 속리산 꼭대기의 사당에 사는 대자재천왕(大自在天王)이 매년 10월 인일(寅日)에 법주사(法住寺)에 내려온다고 하였다. 그러면 마을 사람들이 모여 음률을 연주하면서 신을 맞이하는 제사를 지냈다. 이때 내려온 신은 45일간 머물다가 다시 속리산으로 올라갔다.

24.6 상달의 먹을거리

시월상달은 한 해 농사를 추수하여 햇곡식이 풍부한 시기다. 이런 날에 말날〔午日〕이나 길일〔吉日〕을 택해서 푸짐한 음식으로 제사를 지내고 음식을 나눠 먹었다. 이때는 양력으로 11월에 해당하여 모든 농사는 끝이 났으며, 일로만 보아서는 그저 놀고먹는 시절이라 하여 공달〔空月〕이라는 말도 생겨났다. 이때의 공달은 윤달을 의미하는 공달과는 다른 뜻이다.

온갖 음식이 풍부하니 자연 미각을 주는 음식을 찾게 되지만, 다가올 추위에 대비하여 구워 먹거나 끓여 먹는 음식이 시절음식이 되었다.

고사떡

상달에는 집집마다 시루떡을 쪄서 고사를 지냈는데, 각 집마다 여러 개의 시루를 가지고 있어 각기 용도에 맞게 사용하였다. 가장 큰 시루는 성주상에 올리는 떡시루, 중간 시루는 터줏대감에게 올리는 떡시루, 가장 작은 시루는 기타 용도의 백설기를 만들 때 사용하는 시루였다. 예전에 제법 격식을 차렸던 가정의 장독대에는 계란만 한 크기의 구멍이 숭숭 뚫린 시루가 여러 개 엎어져 있었다. 떡을 찔 때에는 이 구멍에 모기장처럼 가는 체를 얹었으며, 작은 구멍에는 솔잎이나 짚을 놓기도 하였다.

찬바람이 불기 시작하면 김이 모락모락 피어오르는 시루떡은 아주 훌륭한 먹을거리가 되었다. 또 사용되는 재료에 따라 찰떡, 메떡, 수수떡이 있고, 거기에 콩이나 호박오가리, 무, 곶감, 대추 등을 섞어 그 종류도 다양하였다. 고사떡에는 으레 팥이 들어가는데, 이는 팥이 악귀를 물리치는 벽사(辟邪)의 효능이 있다고 믿었던 동지팥죽과 같은 이치다. 그중에서도 호박고지떡은 가장 흔하게 먹었던 떡 중의 하나였다.

전골냄비

일명 난로회(暖爐會)라고도 하는 전골은 오래전부터 전해오는 시절음식(時節時食)이다. 화로(火爐)에 숯불을 피운 후 요즘의 프라이팬에 해당하는 전철(煎鐵)을 올려놓고, 간장과 후춧가루, 깨소금, 참기름, 설탕, 파, 마늘 등의 양념으로 재워둔 쇠고기와 생선, 송이 등을 얇게 썰어 넣는다. 그리고 미나리, 숙주, 무채 등을 썰어서 살짝 데친 후 전철에 같이 넣고 지지다가 계란을 풀어 만드는 것이다.

이 전골냄비는 따뜻한 불가에 둘러앉아 여러 사람이 같이 먹는 음식이라 하여 난로회라는 이름이 붙었다. 조리하는 동안 불을 꺼트리지 않음으로써 10월의 차가운 기운을 막아주는 어한음식(禦寒飲食)으로 적합하였다. 또는 입을 즐겁게 한다는 뜻으로 열구자신선로(悅口子神仙爐)라고도 한다.

『세시잡기(歲時雜記)』에 '서울 사람들은 10월 초하룻날에 술을 준비해놓고 저민 고깃점을 화로에 구우면서 둘러 앉아 마시며 먹는데 이것을 난로(煖爐)라 한다.'고 하였다. 맹원로가 지은 북송(北宋)의 생활풍속기 『동경몽화록(東京夢華錄)』에도 '10월 초하루에 유사(有司)들이 난로회를 갖는다.'고 하였다.

신선로(神仙爐)

신선로는 요즘에도 자주 등장하는 세련된 요리로, 신선(神仙)들이 사용하였던 화로(火爐) 음식이라는 의미가 담겨 있다. 불이 있는 화로 위에 전골틀을 올려 놓은 후, 쇠고기나 돼지고기에 무와 오이, 마늘, 파, 계란 등을 넣어 장국으로 끓이는 것이다. 이 장탕(醬湯)은 맛도 좋지만 보기에도 좋아 여러 사람들을 기쁘게 하는 음식이라 하여 열구자탕(悅口子湯)이라고도 부른다.

연포탕(軟泡湯)

두부를 잘게 썰어서 꼬챙이에 꿰어 기름에 부치는 음식이며, 닭고기에 섞어 국으로 끓인 것을 연포탕(軟泡湯)이라 한다. 여기에서 거품이라는 듯의 포(泡)는 두부를 의미하며, 이는 서민(庶民)들의 기본 영양식으로 각광받는 음식이다.

강정

강정은 시월부터 겨울에 만들어 먹는 시절음식에 속한다. 사용되는 재료에 따라 오색강정, 잣강정, 매화강정 등 다양한 종류가 있다. 특히 홍색과 백색의 강정은 제철 과실이 없는 설날과 봄철 민가(民家)의 제수(祭需) 음식으로 여겨왔다. 정초(正初)의 세찬(歲饌)으로 손님을 접대할 때에도 많이 사용된 음식이다.

강정은 찹쌀가루를 물과 술로 반죽하여 둥글거나 모나게 만든 후, 적당한 크기로 자른다. 그다음에 햇볕에 말렸다가 기름에 튀기면 속은 비었으나 형태는 마치 누에고치처럼 부풀어 오르게 된다. 이 한과에 볶은 흰 참깨나 들깨, 흰 콩가루, 파란 콩가루 등을 엿에 버무려 붙이면 맛있는 강정으로 태어난다.

만두(饅頭)와 만둣국

메밀가루나 밀가루를 사용하여 만두를 만드는 데, 소(巢)는 채소, 파, 닭고기, 돼지고기, 쇠고기, 두부 등을 다져 넣는다. 또는 이 만두를 넣고 장국을 끓이면 만둣국이 된다.

▲ 만두

만두는 중국의 삼국시대(三國時代)에 제갈공명이 위(魏)의 맹획(孟獲)을 공격할 때 신(神)에게 제사를 지냈던 음식에서 유래한다. 전하는 말에 의하면 남만(南蠻)의 오랑캐들은 사람을 죽인 후 그 머리를 제물(祭物)로 삼는 제사가 있었다고 한다. 그러면 신(神)이 비밀의 병사 즉 음병(陰兵)을 보내 준다고 믿었다. 이 내용에 따라 공명에게도 이런 제안(提案)을 하였지만, 공명은 사람고기 대신 양고기와 돼지고기를 섞어 소(巢)를 만들고 밀가루로 싸서 사람의 머리 모양만을 흉내 내어 제사를 지냈다. 이후로 남만(南蠻)의 머리를 의미하는 만두(灣頭)라 부르게 되었다고 한다. 만두는 소쿠리에 넣어 쪘다고 하여 농병(籠餠) 혹은 증기로 쪄냈다고 하여 증병(蒸餠)이라고도 한다.

그 후 밀가루를 원료로 하여 세모 모양을 한 만두가 생겨났는데, 변씨가 처음 만들었다고 하여 변씨만두(卞氏饅頭)라고 부른다.

김장하기

옛말에 '추수동장(秋收冬藏)'이라는 말이 있다. 가을에 수확(收穫)하여 겨울에 저장(貯藏)한다는 말이다. 우리 민족에서 이에 해당하는

▲ 김장하기

내용은 김장김치와 땔감을 꼽을 수 있다. 물론 메주나 곶감, 무시래기, 호박고지, 장류(醬類) 등도 해당하겠지만, 누가 뭐라고 해도 김장김치만은 못하다. 지금처럼 사시사철 필요한 채소를 얻을 수 없었던 시절에 오래 보관하는 방법으로서의 김장김치는 요구르트 혹은 치즈 등과 함께 현대과학으로도 입증되는 으뜸 발효식품(醱酵食品)으로, 자랑스러운 전통음식(傳統飮食)에 속한다. 요즘은 일부 국가에서 김치에 대한 전문 연구가 이루어질 정도로 현대인의 웰빙식품이라고 알려졌다.

기타

이 밖에도 무오병, 감국전, 만둣국, 열구자탕, 연포탕, 강정, 시루떡, 무시루떡, 생실과, 유자화채, 백설기, 물호박떡, 연한 겨울쑥으로 끓이는 애탕, 애단자, 밀단고 등 아주 많은 음식들이 존재한다.

24.7 상달과 현실

시월상달이 되면 이제 1년이 저물어가는 시기다. 그래서 각 가정마

▲ 헛제삿밥(안동시청 공보실)   ▲ 고사

다 각자의 처지에 맞게 겨우살이 준비를 한다. 당시의 초가집들은 농사일이 끝났어도 김장과 함께 이엉잇기를 해야만 모든 일이 끝을 맺게 되어 있었다.

이 중에서 이엉엮기는 그래도 비교적 수월하지만, 용마름은 부피도 클 뿐더러 무게도 상당하여 힘에 버거운 노동에 속했다. 또 용마름은 지붕의 중앙에 있어 요즘 말로는 분수령이 되며, 내리는 빗물을 갈라주는 역할을 하니 아주 숙련된 기술자가 엮어야 비가 새지 않았다. 이런 초가지붕은 방풍과 방한을 잘해주는 아늑한 집이었다. 그러나 매년 이엉을 갈아주어야 하는 것이나, 화재에 취약하다는 단점도 있어 매우 신경 쓰이는 일이었다.

요즘도 가끔씩 무슨 일을 하면서 고사를 지내는 경우가 있다. 이 고사는 10월 상달의 고사에서 유래하였음은 누구나 다 아는 사실이다. 상달고사는 감사와 기원을 동시에 가졌으니 아주 겸손하고 보기 좋은 풍습이라 할 것이다. 그러나 종교적인 측면에서 본다면 자신들이 섬기지 않는 신(神)에 대한 경배(敬拜)에 해당하여 배타적일 수밖에 없다. 그럼에도 불구하고 축하와 기원을 동시에 행하며 음식을 나누어 먹는 것은, 헛제사밥을 나누어 먹는 것처럼 감사와 배려를 아는 좋은 풍습이라고 보아야 한다.

　제사나 고사를 지내면서 '유세차, 00년, 00월, 00일에…' 하는 대목이 나오는데, 유세차는 세차(歲次) 즉 60갑자(甲子) 중 어느 해라는 관용구(慣用句)로 별다른 의미가 없다. 따라서 원칙적으로는 정확히 꼬집어 말해야 하므로 2012년이라고 하든지 혹은 단기 4345년이라고 하는 것이 합당하다. 또 00월은 그 달을 의미하며 60갑자에 의한 월력을 지칭해도 좋으며 00일도 마찬가지다. 이를 합하면 '유세차(維歲次) 2012 임진년(壬辰年) 12월 24일…' 이라고 쓰면 된다. 여기서의 유세차는 이제 축문이 시작된다는 암시에 속하므로 모두들 긴장하라는 의미에서는 그냥 두는 것이 더 좋을 듯하다.

　그러나 옛 어른들의 요구가 있으면 위의 양력을 음력으로 환산하여 '유세차 2012 임진년(壬辰年) 갑자월(甲子月) 기미일(己未日)…' 로 고쳐 쓰면 된다. 이때 임진년은 60년마다 돌아오는 여러 해 중 하나이므로 앞에 2012년이라는 단어를 붙여주어야 확실한 연도가 되고, 갑자월은 음력으로 2012년 11월의 월진(月辰)이며, 기미일은 음력으로 2012년 11월 13일의 일진(日辰)이다. 한글로 쓸 것인지 한자로 쓸 것인지는 그때 상황에 따라 선택하면 된다.

25 제야(除夜)

음력으로 섣달을 납월(臘月)이라 하고, 그믐날 저녁을 제석(除夕)이라 부르는데 세제(歲除), 세진(歲盡), 제야(際夜)라고도 한다. 이는 지나가는 해의 마지막 밤을 제거한다는 의미이며, 한 해를 종결(終結)하고 다가오는 새해를 맞이한다는 뜻이기도 하다. 가끔 구랍(舊臘)이라는 단어를 사용하기도 하는 데 이는 지난 12월 즉 지난해의 12월이라는 뜻이다. 그러나 납월은 음력을 기준한 것이므로, 양력으로 작년 12월을 구랍이라고 하여야 하는 데 어쩌다가 납월이라고 말했다면 양력과 음력이 혼용된 상태라고 보아야 한다.

따라서 섣달그믐을 내일 다가올 설날에 비하여 작은설이라고 하였으며, 성묘와 일가친척에 대한 인사를 올리는데 이것이 바로 묵은세배다. 혹시 잘못된 일이 있거든 모두 잊고 용서해달라는 의미가 있으며, 만약 어르신께 무슨 일이 있었으면 그것을 다 털고 새롭게 거듭나시라는 인사가 담겨있는 것이다. 또한 지난해의 보살핌에 감사하는 마음도 담고 있다. 따라서 모든 일에 끊고 맺음이 확실해야 하듯이 묵은세배 역시 꼭 필요한 절차의 하나였다.

25.1 제야의 풍속

마지막 보내는 날의 밤에는 지금까지의 모든 부정(不淨)을 털어낸다는 의미에서, 낮에는 집 안팎을 깨끗이 청소하며 밤에는 집 안의 구석구석에 불을 밝히고 뜬눈으로 지새웠다. 제야에 잠을 자면 눈썹이 희어진다고 하였는데, 이는 다음 날이 설날인 관계로 아침 일찍 용알이 담긴 물 즉 용란수(龍卵水)를 떠와야 하므로 늦게 일어나서는 안 되어 잠을 잘 수가 없었던 것이다. 한편으로는 음식을 준비하고 설빔을 마련하느라 바쁜 나머지 잠잘 여유조차 없었음을 위로하였다고 해석된다.

물론 지금처럼 제야의 종소리를 들으며 잠을 자지 않고 새해를 설계하고 각오를 다지는 것은 환영할 만한 일에 속한다.

그믐제사

섣달그믐이 되면 민가에서는 고사를 지낸다. 충청도에서는 가구(家口)를 대표하여 가장(家長)이 혼자서 조용히 사당을 찾아 사당제(祠堂祭)를 지냈는데, 촛불을 켜고 음식을 차려 예를 갖춘다. 전라도에서는 꽹매기 즉 꽹과리를 치면서 마당밟기를 할 때 귀신이 장난치지 말라고 땡중이나 쟁인을 불러 농악을 치고 염을 하였다. 경상도에서는 절에 가서 불공을 드리거나 밥을 짓고 음식을 차려 조상께 제를 지내고 성주신과 보릿독에 고사를 하였다. 또 일부는 주부가 떡국과 다른 음식을 장만하여 산신각에 차려 놓은 후, 가족의 관향과 성명을 쓴 창호지 앞에 놓고 명복을 빌었다.

어부들은 주 생계수단인 배에 가서 그믐 뱃고사를 지냈다.

묵은세배〔舊歲拜〕

내일 맞을 설날에 비하여 조금 아쉽다는 의미의 묵은세배 즉 구세배(舊歲拜)는 그믐날 사당(祠堂)에 절을 하고 난 다음, 가까운 친척을 찾아 그동안의 감사와 새로 맞을 해에 대하여 축원을 드리는 풍속이다. 저녁부터 밤늦도록 초롱불을 든 구세배 행렬이 꼬리를 물고 이어졌다는 기록도 있다.

한 해를 마감하면서 감사의 마음을 전하는 정성은 어떻게 해석해도 좋은 미덕(美德)에 속한다. 요즘은 바쁜 일상에다가 필요할 때면 언제든지 찾아뵐 수 있다는 편리성으로 인하여 묵은세배는 없어지고 전하지 않는다. 비록 모든 것을 다 지키지는 못하더라도, 이미 사라져 가는 것 중에 아름다운 우리의 풍속이 포함되어 있다는 것은 안타까운 일이다.

제야(除夜)의 종

섣달그믐에 치는 종을 제야의 종(鐘)이라 하며, 본래는 각 절에서 108번을 치던 것에서 유래되었다는 설(說)이 있다. 그러나 『동국세시기(東國歲時記)』에는 궁에서 제야의 대포를 쏘고 불화살〔火箭〕을 쏘면서 바라와 북을 쳤는데, 이것은 대나(大儺)로 역질귀신을 쫓는 중요 행사에 속했다고 적고 있다. 대나는 고려시대 궁중에서 실시된 축귀의례(逐鬼儀禮) 즉 나례(儺禮)에서 찾아볼 수 있으며, 다른 말로 구나

(軀儺), 나회(儺戱)라고도 한다.

이런 풍속이 현재까지 이어져 양력 12월 31일 밤에 종을 치고 있다. 그러나 이 종은 원래 음력으로 그믐날에 치던 것이었으니 전통보전(傳統保全)의 차원에서 본다면 양력 그믐날에 치는 것은 잘못된 것이라 할 수 있다. 행여 일본의 강점기에 전통을 무시하던 사상에서 벗어나지 못하다가, 국민이 원하는 전통을 살린다는 명분에서 양력으로 전환한 것이라면 그것은 더더욱 바로 잡아야 할 과제다.

그러나 옛 전통은 이미 사라졌고 다시 새로운 전통을 만들어간다고 생각하면 그것도 다행은 다행이라 할 것이다. 문제는 알고 그렇게 하였는지 아니면 모르고 그렇게 하였는지가 쟁점이 되는 것이다.

지금 치는 33번의 보신각 종소리는 조선 시대의 파루(罷漏) 즉 4대문 통제가 해제되는 시각인 오경(五更)에 보신각종을 33번 쳐 시간을 알려준 데서 유래되었다. 이런 사실은 옛날사람들의 통행금지가 밤 10시 즉 2경(人定, 人更, 二更)에 시작하였다가 5경 즉 새벽 4시에 해제되었다는 것과 연관이 있다.

수세(守歲)

수세(守歲)는 해를 지킨다는 의미이며, 해를 떠나보낸다는 의미의 별세(別歲)의 뜻도 있다. 그믐날 밤이 되면 다락, 마루, 방, 부엌, 곳간 등 집 안의 구석구석에 등불을 밤새도록 밝혀놓고 지키는 것이다. 이는 잡귀(雜鬼)가 어둠을 좋아하여 몰려들까 걱정하여 이를 막고, 새날을 잡귀로부터 지켜야 하는 뜻의 수세(守歲)다. 혹시 찾아올 귀신을 막기 위하여 밤을 지새는데, 윷놀이나 옛날이야기를 하여 시간을 보냈다. 이것 또한 세주(歲酒)를 비롯하여 여러 가지 세찬(歲饌)을 마련하는 데 불편하지 않도록 거들어주려고 만들어낸 요인도 있다. 이때는 곳곳마다 촛불을 대낮같이 환하게 밝혔다.

어떤 사람들은 도교(道敎)에서 경신일(庚申日)에 잠을 자지 않고 지켜야 복을 받는다고 하는 데서 유래되었다고 말하기도 한다. 또 소동파(蘇東坡)의 기록에 중국 촉(蜀)나라의 풍속에서 연유하였다는 것을 보면 아주 오래전부터 있었던 것임을 알 수 있다.

납향(臘享)

납향은 한 해 동안 지은 농사의 형편과 그 밖의 일들을 모아 납일(臘日)에 백신(百神)에게 제사 지내는 것을 말한다. 즉 사람이 살아가는 데 도움을 준 모든 신에게 감사의 제사를 올리는 것이다. 다른 말로는 납제(臘祭)라 하고, 12월은 납달[臘月]이 되는 것이다. 여기서 말하는 납일은 동지로부터 세 번째로 맞이하는 미일(未日)로 양력 1월 13일부터 1월 22일 사이에 든다. 원래의 납(臘)은 섣달을 의미하며 그것은 곧 마지막이라는 뜻이었지만, 위와 같은 규칙에 따라 납일(臘日)을 따로 정하였으니 납일이 반드시 섣달그믐이 되는 것은 아니었다.

2010년도의 납일은 동지 후 세 번째 맞는 미일(未日)이 양력 1월 21일 신미(辛未)로, 설날이 2월 14일이었던 것에 비하면 무려 23일이나 차이가 난다. 이로 보아 납향을 반드시 섣달그믐날에 지냈던 것은 아니며, 제야(除夜)와는 약간 다른 의미를 지닌다. 하지만 고려 시대에는 납일을 동지 이후 세 번째 술일(戌日)로 정했던 것으로 보아 이는 시대마다 조금씩 다르게 지내왔던 것도 알 수 있다. 여기서도 세 번째 즉 3이라는 양(陽)의 수(數)가 적용되고 있다. 중국에서도 청제(靑帝)는 미일(未日), 적제(赤帝)는 술일(戌日), 백제(白帝)는 축일(丑

日), 흑제(黑帝)는 진일(辰日)로 정했었다.

이수광의 『지봉유설(芝峰類說)』에 따르면 '오색(五色)으로 풀어보면 청제(靑帝)는 미랍(未臘)에 해당하니 오행(五行)으로 목(木)에 해당하고, 목(木)은 방위로 동(東)에 해당하기에 동방(東方)에 위치한 우리나라는 미일(未日)로 정해졌다.'는 말처럼 납일은 원래 중국에서 시작된 것으로 보인다.

납일에는 국가에서도 제사를 지냈는데, 이때 쓰인 제물 중에 멧돼지와 토끼가 있었다. 조선의 정조는 이 동물들을 잡아 진상(進上)하기 위하여 산골 현지에 사는 백성들이 일손을 놓고 동원되는 것을 안타깝게 여겨, 서울에서 파견된 포수가 가까운 용문산(龍門山)이나 축령산(祝靈山)에서 직접 잡도록 명을 내렸다고 한다. 조선의 정조가 성군(聖君)이었다는 것은 이런 세세한 부분까지도 백성들을 위하였다는 점에서 확인할 수 있다.

역법(曆法)에 따르면 성덕(盛德)이 오행 중 목(木)에 있기 때문에 미일이 선정된 것이며, 1월 1일, 4월 1일, 7월 1일, 10월 1일의 사맹삭(四孟朔)에 종묘에 제사를 지냈다. 여기에 납일 즉 동지 후 세 번째 맞는 양(洋)의 날을 더하면 5대 제향일(祭享日)이 된다. 이때의 삭일은 음력으로 매월 초하루를 의미한다. 그리고 맹삭은 맹월(孟月)의 초하루라는 뜻으로 봄, 여름, 가을, 겨울이 시작하는 첫 달의 첫날을 말한다. 그러므로 사맹삭은 각 계절이 시작되는 달의 초하루인 것이다. 이와 연관하여 가을의 중앙에 위치한 달 즉 8월에서도 보름날을 택하여 명절로 삼으면 그의 이름은 자연스레 가을의 한가운데라는 중추절이 되는 것이다.

25.2 궁에서의 풍속〔宮闕風俗〕

제야에는 궁궐에서 행하던 풍속도 있었다. 조선 시대에 제석(除夕)이 되면 궁궐에서 연종포(年終砲) 혹은 연종방포(年終放砲)라 하여 대포를 쏘면서 지는 해를 마감하였다. 또 내의원(內醫院)에서는 벽온단(辟瘟丹)이라는 향(香)을 만들어 진상을 하였으며, 이를 받은 임금은 설날 아침 일찍 향불 한 가닥 심지를 피운다. 그러나 민가에서는 방포를 쏠 형편이 안 되므로 청죽(靑竹)을 태웠다. 이는 대나무의 마디가 팽창하여 터질 때 나는 소리로 악귀가 놀라 달아난다는 의미다. 이는 중국의 춘절이 온통 폭죽 세상으로 변하는 것과 같은 풍속이다.

『동의보감(東醫寶鑑)』에 기록된 바와 같이 돌림병인 염병(瘟病)을 물리친다는 벽온단(辟瘟丹)이 있다. 염병이 후미지고 어두운 데서 산다는 벽(僻)으로 통용되는데, 염병과 사람을 떼어 놓는 의미로 '사람 인 변(人)'을 빼어 염병을 허물어뜨린 허물 벽(辟)자로 만든 일종의 주술적(呪術的) 처방이었던 것이다.

연종제(年終祭)

궁에서는 제석에 한 해를 마감하는 행사로 연종제를 하였다. 이는 각종 악귀를 쫓기 위하여 여러 가면을 쓰고, 현악기의 일종으로 놋쇠로 만든 제금(提琴)과 북을 치면서 궁 안을 구석구석 돌아다니던 풍속이다. 이렇게 하면 구석에 숨어있던 악귀(惡鬼)들은 가면을 쓴 새로운 주인에게 쫓기고, 또 시끄러워 살 수가 없으니 모두 달아나게 된다는 것이다.

무장(무醬)

겨울에 만들었던 메주에 곰팡이가 뜨고 잘 익으면 몇 개의 덩어리로 부수고 여기에 물을 부었다. 그런 후 2, 3일이 지나 메주 물이 우러나게 되면 소금으로 간을 맞추고 3, 4일간을 더 익힌 것을 무장이라 한다. 궁에서는 지난해의 모든 잡귀를 물리치고 새로운 해를 맞는 풍속으로 이 무장을 마셨다.

납약(臘藥)

납약은 납제(臘劑)라고 불리기도 하며, 조선시대 궁궐(宮闕)의 내의원에서 여러 종류의 환약을 지어 임금에게 올리던 것을 말한다. 임금은 이를 다시 신하들에게 하사하였는데, 납약은 심경(心經)의 열을 푸는 청심환(淸心丸)과 열을 내리는 안신환(安神丸), 토사곽란(吐瀉癨亂)을 다스리는 소합환(蘇合丸) 등이 있었다.

훗날 조선 정조(正祖)대에 이르러서는 소합환보다 더욱 효과가 있다는 제중단(濟衆丹)과 광제환(廣濟丸)을 만들어 궁내의 구급약에 사용하도록 하였다.

세초(歲抄)

섣달 초하룻날, 조정 관리 중에서 품직이 강등(降等)되었거나 파직된 사람의 명단을 적어 올리면, 임금이 다시 기용하고 싶은 사람의 이름 아래에 방점(傍點)을 찍는 제도가 있었다. 이때 명단을 적어 올리는 것을 세초(歲抄)라고 하며, 왕이 방점을 찍는 일은 대정(大政)이라 하였다. 이런 일은 대체로 6월 1일과 섣달 1일에 실시하였으며, 국가에 경사가 있거나 특별한 경우에도 실시하였다. 지금으로 말하면 특별사면(特別赦免)이나 복권(復權)에 해당한다.

25.3 민간풍속(民間風俗)

섣달이 되면 민간에서도 여러 풍속이 행해졌다. 이런 풍속들은 모두 지는 해를 보내며 새해를 맞는 것과 연관이 많다. 또한 추운 한농기(閑農期)에 심신을 단련하는 내용들도 많이 있었다.

여도판희(女跳板戲)

섣달그믐 무렵부터 정월 초(初)까지 행해지던 널뛰기는, 대보름을 포함하여 단오나 한가위 때에도 행하던 민속놀이다. 이는 부녀자들이 판자 위를 뛰며 논다고 하여 여도판희(女跳板戲)라 하는 데, 그네뛰기와 함께 아주 중요한 여자들의 대표 민속놀이에 속한다.

고려 시대부터 전승(傳承)되어 오는 놀이로, 긴 널조각을 짚단 위에 걸쳐놓고 그 널빤지의 양끝에 마주 서서 번갈아가며 뛴다. 이 놀이는 대단한 체력을 요구하였지만, 아침과 저녁을 가리지 않았으며 수시로 이어졌다. 상대적으로 여자들의 놀이 종류가 그만큼 적었다는 뜻이다.

새잡이

납일에 잡는 짐승의 고기는 사람에게 모두 좋다고 하였다. 그중에서도 참새를 긴 그물을 쳐서 잡아 어린아이에게 먹이

▲ 거미줄에 걸린 참새(심재후)

면 마마(紅疫)를 곱게 한다고 하였으며, 병약(病弱)한 사람들에게도 좋다고 하였다. 이는 겨울을 나기 위해 영양분을 비축한 참새는 좋은 보양제로 활용되었음을 알 수 있다. 이날은 활을 쏘고 총을 쓰는 것까지 허락하였으니 수렵을 인정하였던 것이다.

납설수(臘雪水)

납일에 내린 눈을 녹여 물로 만들면 납설수(臘雪水)가 된다. 이 물로 눈을 씻으면 안질(眼疾)을 막고 눈이 좋아진다고 하여 약용(藥用)으로 사용하였다. 또 납설수를 적셔두면 의류와 서적의 좀을 막을 수 있고, 수건에 묻혀두면 방안에 벌레가 생기지 않는다고 하였다. 납설수를 김장독에 넣으면 맛이 변하지 않고 오랫동안 싱싱한 김치를 먹을 수 있다고 하였다.

엿 고기

충청과 호남지방에서는 납일에 엿을 고는 풍속이 있다. 섬유질과 전분 위주의 식단에서 당분(糖分)의 섭취를 위한 엿 고기는 주로 납일날 밤에 시작해서 다음 날 아침에 완성되었다. 이는 일시적으로 많은 노동력을 필요로 하여 여러 사람이 한꺼번에 모일 수 있는 날에 행하던 작업에 속했다.

이 밖에도 납일에 돼지고기 즉 저육(豬肉)을 먹는 풍습이 있으며, 새해에는 과실나무가 많은 열매를 맺도록 섣달그믐날에 지난해의 나무를 도끼로 찍는 시늉도 하였다. 아주까리를 태우면 빈대가 없어진다고 믿었으며, 자면서 이를 가는 아이는 이를 갈지 않도록 아이의 이름을 세 번 부르고 나뭇가지에 돌을 끼워 넣기도 하였다.

아주까리는 피마자(蓖麻子)의 다른 말이며, 씨앗으로 짠 기름은 유성(油性)이 강하여 적은 양으로도 민간설사제로 즉효가 있다.

그런가 하면 12월 25일 하늘로 가서 천제(天帝)에게 집안의 대소사를 모두 일러바친 후 섣달그믐날이 되면 부엌으로 다시 돌아온다는 조왕신(竈王神)을 맞이하기 위하여 부뚜막의 솥에 불을 밝히고 부뚜막의 헌 곳을 새로 바르기도 하였다.

잿간에서는 거름을 치우고 가축우리를 깨끗하게 한 후 새로운 짚을 넣어주었다. 이는 집 안에서 기르는 가축 역시 사람과 마찬가지로 새해를 맞는 준비를 하였던 것이다. 잿간은 재를 모아 둔 창고로, 예전의 짚을 때고 남는 부산물이 좋은 거름이 되었다.

섣달그믐에 먹는 무는 산삼과 같다고 하여 바람 들지 않은 좋은 무를 골라 먹었다. 또 달걀을 오줌에 담갔다가 물에 넣어 삶거나 처음부터 오줌에 넣어 삶는 경우도 있었다. 이렇게 오줌에 담근 달걀은 전염병으로부터 예방할 수 있는 방편의 하나로 여겼다.

25.4 섣달그믐의 시절음식

특별히 음력 12월 말일에만 먹을 만한 음식은 없다. 그러나 그믐이 되면 설날에 사용할 제수 음식을 장만하므로, 그믐에 먹는 음식은 설날에 먹는 음식과 똑 같다고 보면 된다. 따라서 흰 가래떡을 필두로 꿩고기와 각종 나물 등으로 차린 세찬(歲饌)이 있다. 다만 차이가 있다면 차례를 지내기 전이므로, 제수용에 조심하여 함부로 먹지 않는다는 것이다.

▲ 증편(떡보의 하루)

따라서 제사상에 올릴 음식을 담고 남은 여러 가지 반찬을 넣고 비벼 먹는 풍속이 생겼다. 이것은 다른 의미로 보면 지난해에 남겨둔 모든 음식들을 모아 한꺼번에 먹어치우고, 새해에는 새로운 음식으로 대한다는 의미가 담겨 있다.

골동반(骨董飯)은 올해에 만들어 먹고 남은 음식은 해를 넘기지 않는다는 의미로, 쌀밥에 쇠고기와 육회, 튀각, 각종 나물 등을 넣고 비벼 먹던 음식이다. 이 외에도 인절미, 족편, 돼지고기찜, 수정과, 식혜, 만두, 떡국, 완자탕, 전골, 설렁탕, 그리고 찹쌀가루에 대추를 이겨 섞은 후 꿀에 반죽한 주악 등 설날에 먹을 수 있는 모든 음식들이 그믐에 먹는 음식이 되기도 한다.

설렁탕은 예전에 선농단(先農壇)에서 끓여 먹은 국이라 하여 선농탕(先農湯)이 생겨났고, 다시 설농탕(雪膿湯)으로, 그리고 설롱탕으로 변했다. 눈처럼 하얗고 뽀얀 국물이라는 의미도 들어있는 설롱탕은 현재의 설렁탕으로 발음이 변했다. 가난했던 시절에 쇠고기의 여러 부위를 넣고 고았던 설렁탕은 서민들을 즐겁게 하는 음식의 하나였다.

그믐에는 음식뿐만 아니라 하던 바느질도 해를 넘기지 않는 등 모든 일에 있어 끝을 맺는 풍속도 생겨났다.

25.5 제야와 현실

예전의 어린이들이 제야(除夜)를 지키면서 늦게 자는 경우는 그리 흔하지 않았다. 위에서 언급한 제야의 밤새기는, 아이들로서는 눈썹이 희어질지언정 잠이 쏟아져서 감기는 눈을 어쩌지 못했던 것이다. 실제로는 장난삼아 밀가루를 묻히는 경우도 있었지만, 이리 뒤척 저리 뒤척 하면서 자는 동안에 떨어져나가고 일부만 남기 일쑤였다.

제야가 바쁘기는 아이들이라고 예외가 아니었다. 집 안팎을 청소하는 날이었으며 마당과 마루 등을 쓸고 닦아야 했다. 또 귀신이 오다가 걸릴지도 모르는 빨랫줄을 걷고, 개도 뒷마당으로 옮겨 놓는 등 여러 가지로 도왔다.

이때의 귀신은 다음 날인 설날에 와서 차례를 지낼 조상신을 의미한다. 일부는 차례상에 올릴 밤을 깐다든지 제기(祭器)를 닦는 일을 도왔고, 짚을 다듬는 일을 맡기도 한다. 그리고 시간이 나면 제수 음식 장만을 거들기도 했다. 아무리 어린아이라도 그 나름대로는 심부름이나 잔손 일이 있게 마련이다.

지금과 시절이 다르기는 하지만, 예전의 아이들이 집안의 생활에 깊숙이 참여하고 있었던 것에 비해, 요즘 아이들은 가정사(家庭事)보다는 개인사(個人事)에 더 신경을 쓰고 있어 사회생활적(社會生活的) 인성(人性)에서 차이가 있음이 구분된다.

26 지역별 전통 음식

개황

세시음식은 그 시기에 적합한 시절음식이기도 하면서, 지역에서 나는 재료를 사용한 향토 음식이기도 하다. 향토 음식은 지역별 풍토상의 특성에 따라 생산되는 산물로 만든 것인데, 각 지방의 독특한 계절과 토양의 속성에 따라 생산되는 것을 원료로 하는 성향이 있다.

그러나 우리나라의 지역별 음식은 국토 면적이 적은 관계로 아주 상이한 경우는 거의 없고 대체로 비슷하게 나타나고 있는 실정이다. 그럼에도 북쪽 지역은 음식의 간이 싱거우면서 음식의 형체가 큰 반면, 남쪽지방은 약간 짠듯하면서도 감칠맛이 나는 것이 특징이라면 특징이다. 그리고 해안과 산간지방에서 생산되는 재료의 차이가 발생하며, 평야에서도 논농사와 밭농사의 차이만큼이나 재료에 따라 음식의 차이가 있기는 하다. 그러다 보니 서울 경기 등 중부지방에서는 이들의 중간 형태로 뚜렷한 지역색을 나타내지는 않는다.

26.2 지역별 음식의 구성

우리나라는 면적이 작은 나라에 속하면서 남북으로 길게 늘어진 모양을 하고 있다. 삼 면이 바다로 둘려 있고 북쪽은 대륙과 연결되어 있어, 풍부한 해산물을 얻을 수 있으며 농토도 군데군데 자리하고 있다.

이런 상황에서 어패류를 살펴보면 동북해안지방에서는 가자미식해라든지 명란젓, 창란젓 등과 같이 주로 한류성 어종(魚種)이 주를 이루며, 동남해안지방에서는 대구 아가미젓과 같이 생선의 부속물이, 서해안지방에서는 새우젓과 조개젓, 어리굴젓, 석화젓, 황석어젓과 같이 작지만 한 종류의 생선으로 만든 것들이 유명하다. 이들을 잘 살펴보면 각처에서 많이 잡히는 어종에 따라 발달되었음을 알 수 있다.

주식으로 만들어지는 음식에서도 쌀이 주생산품목인 경기도나 호남지역에서는 쌀로 만든 떡과 강정류가 많고, 황해도지방은 기장떡이 유명한 것을 알 수 있다. 그리고 산간지방인 강원도에서는 구황작물인 감자로 만든 떡이 유명하고, 기타 지방에서는 각자의 재료를 가공하여 만든 호박엿이나 간고등어 같은 음식을 들 수 있다. 장류(醬類)에 있어서도 충청 이북지역의 막고추장, 호남지역의 조청을 넣은 고추장, 영남지방의 막장 등으로 구분되기도 한다.

26.3 지역별 대표 음식

1) 함경도
함경도는 백두산과 개마고원을 포함하여 우리나라에서 가장 험악

한 산악지대로 형성되어 있다. 따라서 눈이 많이 오며 겨울이 길어 난온대(暖溫帶) 식물이 자라기에 부적합한 환경이다. 그러기에 논농사보다는 밭농사가 많고, 밭에서 나는 곡식은 남쪽지방에 비해 차지고 맛도 좋은데 특히 콩의 품질이 우수하다.

그렇지만 동해안은 세계 3대 어장의 하나에 속할 정도로 명태와 청어, 대구, 연어 등의 해산물이 풍부하다. 음식의 생김새는 큼직큼직하고 시원스러우며, 오밀조밀한 장식(裝飾)이나 기교(技巧)를 부리지 않는다. 음식의 간은 짜지 않으나 추위를 견디기 위해 고추와 마늘 같은 자극적인 양념을 많이 써서 강한 맛이 나는 것이 특징이다. 여러 가지 양념을 한데 섞어 매운맛을 내는 다대기가 여기서 출발한 것이다. 대표 음식으로는 함흥냉면, 강냉이밥, 찐조밥, 감자국수, 옥수수죽, 얼린 콩국수, 콩부침, 동태순대, 가자미식해 등이 있다.

동태순대

함경도는 동태가 가장 많이 잡히는 곳으로 일찍부터 동태로 만든 음식이 발달하였으며, 그중에서도 동태순대가 유명하다. 동태를 소금에 절인 뒤, 내장은 입을 벌려 빼내고 표면을 깨끗이 씻어 물기를 없앤다. 동태의 내장에 소(巢)를 넣는데, 소는 두부와 숙주나물 그리고 배추 등을 한데 섞은 후, 다진 파와 마늘, 된장, 소금, 후춧가루로 간을 맞추어 만든다. 이것을 다시 입을 벌린 후 동태의 뱃속까지 꼭꼭 채워 넣고 입을 오므려 막는다.

감자국수

감자를 강판에 간 다음, 다시 채에 받쳐내어 건더기는 따로 건져낸다. 감자의 독성이 없어질 때까지 새 물을 부어 준 후 녹말을 가라앉힌다. 따로 담아두었던 건더기와 가라앉은 녹말의 앙금을 섞어서 손바닥만 한 크기로 뭉친다. 이것을 찜통에 쪄서 익으면 국수틀에 넣고 눌러 빼내는 것인데, 형식에서는 일반국수를 만드는 것과 같다.

국수물은 차가운 동치미 국물을 붓거나 미리 삶아 놓은 육수를 사용하는 게 일반적이다. 그 위에 고명으로 파김치나 무김치를 얹는데 여기에 돼지고기 편육이나 숙주나물 등을 추가하기도 한다.

가자미식해(食醢)

발음상으로 식혜와 식해를 혼동하기 쉬우나, 가자미식해는 싱싱한 참가자미에 소금을 뿌려 절이는 것으로 시작된다. 부재료로는 좁쌀로 밥을 지어 식힌 다음 굵게 채썰어 절인 무와 고춧가루, 파, 마늘, 생강 등의 양념을 넣어 버무린다. 한편 마른 엿기름을 채에 받친 후 나온 흰 가루를 넓은 통에 넣고 가자미와 위의 부재료를 모두 섞어 버무린다. 잘 버무려진 식해는 옹기 항아리에 꼭꼭 눌러 담아 3,4일을 삭히면 물이 생기면서 새콤한 맛이 난다. 매운 양념을 사용하여 맛도 매콤하지만 생선이 익어서 내는 독특한 맛이 별미에 속한다. 식해는 생선을 삭혀서 만든 일종의 젓갈에 해당한다.

2) 평안도

평안도는 산악지형으로 산세가 험한 편이지만, 그래도 서해안의 간만의 차가 심해 넓은 평야도 포함하고 있다. 따라서 풍부한 해산물과 함께 부족하지 않을 정도의 산채와 곡식도 생산하고 있다.

한편 옛날부터 중국과 교류가 잦았던 지역으로 많은 문물이 내왕하였으며, 사람들의 성품도 대륙적이고 진취적인 면이 있다. 음식도 이에 맞게 푸짐하고 먹음직스러운데, 추운 지방답게 육류와 콩, 녹두 등을 즐겨 먹는 편이다. 그런가 하면 밭작물인 메밀로 만든 음식이 유명하고, 대표 음식으로는 평양냉면이나 온반, 어복쟁반, 만두, 고사리죽, 녹두지짐, 순대 등이 유명하다.

어복쟁반

커다란 쟁반에 국수와 쇠고기 편육, 삶은 계란, 버섯, 배를 나란히 담아 여러 사람이 함께 먹는 음식이다. 여기에 뜨거운 육수를 부어 끓이므로 일종의 온면에 속한다.

굴만두

평안도 사람들은 정월의 절기 음식으로 떡국보다도 만둣국을 더 많이 먹는데, 이 역시 중국의 영향이 크다. 만두의 소는 배추김치와 돼지고기, 숙주나물, 두부 등을 준비하고, 만두피는 밀가루로 반죽하여 둥글고 얇게 밀어 더운 장국에 끓인다.

이때 만두피는 둥글게 빚은 후 밀가루에 굴렸다가 물에 담그고, 다시 건져 밀가루에 굴려서 옷을 입힌 다음 더운 장국에 넣는 것이 다른 만두에서 볼 수 없는 특징이다. 밀가루에 굴렸다고 하여 굴린만두라고 부르기도 한다.

평양냉면

냉면은 평양지방에서 시작된 우리나라 고유의 음식으로 전한다. 냉면에 사용되는 국수는 고원에서 재배된 질 좋은 메밀과 감자를 사용하였으며, 국물은 꿩을 삶은 육수를 사용한다. 그러나 요즘에는 꿩을 구하기도 힘들고 많은 양을 확보하기도 어려워서 사골국물이나 쇠고기를 끓인 육수로 대체하기도 한다. 여기에 시원하고 담백한 맛을 내기 위하여 동치미 국물을 혼합하며, 국수 위에 얹는 고명으로는 편육이나 동치미 무채, 오이생채, 배채, 삶은 계란을 얹는다. 이때 삶은 계란은 차가운 음식이나 뜨거운 음식 혹은 자극적인 음식을 먹기 전에 위벽을 미리 다스리는 효과가 있음으로 제일 먼저 먹는 것이 좋다.

되비지

불린 콩을 갈아서 돼지갈비와 함께 약한 불로 서서히 끓인 일종의 찌개로, 배추김치나 배추 절인 것을 함께 넣는 경우도 많다. 이것은 신 김치나 김칫국을 넣어야 비지가 잘 엉기고 맛이 더 좋다. 여기서 콩을 되게 갈아놓았음으로 두유(豆乳)가 채 빠지지 않았다고 하여 되비지라고 부른다. 최근 전라북도 농업기술원에서는 두부를 응고시킬 때에 간수를 넣지 않고 김치에서 추출한 응고제를 사용하는 기술을 연구하였다. 그런데 이것 역시 위 내용과 같은 것으로 오래전 선조들이 이미 알고 행하던 기술이었던 것이다.

내포중탕

내포(內包)란 돼지의 내장(內臟)인 허파나 간, 대창을 깨끗이 씻은 후 푹 삶아 무르게 한 다음, 김치와 숙주, 파를 넣어 다시 끓인 찌개를 말한다. 여기서 다시 끓였다고 하여 중탕(重湯)이며, 무엇보다 푸짐하고 구수한 맛이 나는 것이 일품이다. 은행을 고명으로 얹기도 한다.

3) 황해도

황해도는 북부지방 중에서는 아주 넓은 곡창지대에 속한다. 따라서 연백평야나 재령평야와 같은 넓은 논에서 나는 쌀의 생산량이 많고, 해안지방에서는 간척지가 발달하여 소금도 많이 생산된다. 이 외에도 산에서 나는 산채나 기타 여러 가지 부산물도 고루 생산되는 평야지대로 통한다.

황해도는 생산되는 종류나 양에 걸맞게 인심이 좋고 생활이 윤택하여 음식에도 특별히 기교를 부리지 않는 풍요 속의 소박함이 드러난다. 음식의 크기는 북부지방에서 그렇듯이 큼직큼직하게 썰어놓고 푸짐하게 만들어 먹는다. 음식의 간은 담백한 맛으로 대체로 충청도의 음식과 비슷하다고 할 수 있다. 김치를 담글 때 고수와 분디라는 향신채(香辛菜)를 사용하면서도 담백한 맛을 낸다.

대표 음식으로는 연안식해, 남매죽, 김치순두부, 행적, 호박김치찌개, 수수죽, 밀범벅, 강엿, 새우찜, 오쟁이떡, 좁쌀떡, 된장떡 등이 있다.

연안식해

바닷가 연안에서 성행하던 음식이다. 조갯살을 쌀밥에 섞어 엿기름에 버무렸다가 삭히는데, 보통 다른 해안가의 식해나 내륙지방의 식해와는 전혀 다른 특이한 맛이 난다.

남매죽

팥을 무르게 삶은 후 짓이겨서 구멍이 큰 채 즉 어레미로 걸러 끓이다가, 찹쌀가루를 물에 풀어 넣고 묽게 끓인다. 이때 덩어리가 생기지 않도록 잘 저어 준다.

한편 끓는 팥죽에 밀가루를 말랑하게 반죽하여 얇게 밀어서 썰어 놓은 칼국수를 넣고, 소금으로 간을 맞춘다. 이때 팥죽만으로도 하나의 음식인데 거기에 다른 음식인 칼국수를 넣었으니 두 가지 음식이 서로 다른 맛을 내면서도 잘 어우러진 음식이 되는 것이다. 최근에는 팥칼국수라는 이름으로 전국에서 애용하는 음식이 되었다.

김치순두부

불린 콩을 갈아서 끓이다가 신 김치를 넣고 끓여내면 된다. 김치를 넣는 것은 평안도 음식의 되비지와 비슷한데, 이렇게 함으로써 요즘의 순두부와 달리 두부가 잘 엉겨 색다른 맛을 내는 것이다.

행적

배추김치와 돼지고기, 고사리, 실파를 대꼬챙이에 꿰고, 밀가루와 계란을 푼 반죽을 입혀 만든 지짐 누름적이다. 밥반찬이나 술안주로 좋고, 함경도 지방에서도 즐겨 먹는 음식에 속한다.

4) 서울

서울은 최근 오백 년 동안 조선왕조의 수도였기 때문에, 조선 시대의 요리풍이 많이 남아 있는 것이 특징이다. 도심지인 서울 자체에서 나는 산물(産物)은 별로 없으나, 전국 각지에서 나는 산물이 모여 여러 가지 재료를 활용한 음식들이 많다. 음식은 짜지도 맵지도 않지만, 모양이나 맛에서 사치스러운 음식들이 생겨났다. 북쪽지방의 음식이 푸짐하고 소박하다면, 서울 음식은 모양을 예쁘고 작게 만들어 눈으로 보는 멋을 만들어낸다. 말하자면 사대부나 궁에서 이미 먹는 양은 채웠으니 보기에도 좋아야 한다는 음식문화가 생겨난 것이다.

궁이 있고 사대부가 살았던 고장인 만큼 음식을 이루는 재료의 선별부터 유별나며, 만드는 방법에 있어서도 현란한 기교를 부린다. 음식은 먹는 것을 포함하여 의례적인 행사의 보여주기 위한 것도 많이 있고, 격식이나 조리를 하는 방식도 까다롭기로 유명하다.

하지만 보기 좋은 떡이 먹기도 좋다고 화려하면서도 맛이 일품인 것은 알아주어야 한다. 대표 음식으로는 신선로, 설렁탕, 잣죽, 떡국, 국수장국, 육개장, 구절판, 탕평채, 도미찜, 경단, 전복초, 홍합초, 장김치, 너비아니 등이 있다.

신선로

원래는 궁중 음식이었다가 민간에 전해진 대표적인 음식이다. 이것은 열구자탕이라고도 불리는데, 입을 즐겁게 해주는 탕이라는 뜻이다. 중앙에 숯을 담을 수 있는 화통(火筒)이 붙어 있는 냄비를 놓고, 화통을 둘러가며 각종 해산물과 야채를 놓는다. 그리고 끓인 육수를 부어 익히거나 지지는 음식이다. 둘레에 놓는 재료는 각종 채소는 물론이며 색색이 다른 재료로 입맛과 보는 즐거움을 더해준다.

채소가 다 익으면 추가로 잣과 은행, 호두, 고기완자 같은 것을 얹고 장국을 부어 끓이면서 먹는다.

설렁탕

조선시대의 왕은 해마다 입춘 후 첫 돼지날〔亥日〕, 입하 후 첫 돼지날〔亥日〕, 입추 후 첫 돼지날 즉 해일(亥日)이 되면 선농단에 나와 한 해의 농사가 잘되게 해달라고 제(祭)를 올렸다. 이때 행사가 끝나면 소를 잡아 큰 가마솥에 넣고 국을 끓이되, 쌀과 기장으로 밥을 지어 인근의 농부와 구경나온 노인들에게 대접하였는데 이 음식에서 설렁탕이 유래되었다. 처음에는 선농단에서 끓인 국이라 하여 선농탕이라 했는데 이것이 설롱탕이 되었다가 지금의 설렁탕으로 바뀌게 되었다.

선농단(先農壇)이란 농사철을 맞아 동대문 밖에 있는 동교(東郊)에서 임금이 친히 농사의 시범을 보여 백성들에게 권농(勸農)하던 곳을 말한다. 이곳에서는 시범에 앞서 농사를 처음 가르쳤다는 신농씨(神農氏)와 후직씨(后稷氏)에게 제사를 지냈으니, 일반적으로는 풍년(豐年)을 기원하는 제단으로 통하기도 한다.

전복초와 홍합초

전복과 홍합은 생으로 먹기도 하지만, 예전에는 말렸다가 물에 불려서 쓰기도 하였다. 날 홍합을 깨끗이 손질한 후에 끓는 물에 데친 후 조렸다고 하여 홍합초(紅蛤炒), 전복은 그대로 얇게 저민 후 조렸다고 하여 전복초(全鰒炒)라 불렸으며, 집에서 먹는 밑반찬으로도 인기가 있었다.

냄비에 간장과 물, 마늘, 생강, 파 등을 넣고 끓이다가 전복이나 홍합을 넣은 후 물이 잦아들 때까지 서서히 졸이면 된다. 조금 남은 국물에는 녹말가루를 풀어 걸쭉하게 하여 익혀주면 윤기가 나는데 여기에 참기름을 넣고 향을 낸다.

장김치

배추 줄기와 무를 나박김치처럼 갸름하면서도 큼지막하게 네모로 썰어서 양조간장에 절이는 김치이다. 간장에 절인 배추와 무를 항아리에 넣고 파, 마늘, 생강 등 갖은 양념과 밤, 배, 표고버섯 등을 곁들인다.

배추를 절였던 간장 물에 물을 조금 더 부어 간을 심심하게 맞춘 후 항아리에 부어 익히면 된다. 이렇게 만든 장김치는 다른 김치보다 빨리 익는 편이며, 겨울철에 더 맛이 나는 별미다.

너비아니

쇠고기로 조리하는 불고기를 가리키는 말인데, 고기 조각을 너붓너붓하게 썰었다고 하여 너비아니라는 이름이 붙여졌다. 쇠고기의 등심이나 안심을 약간 두툼하게 썰고 칼집을 내고, 간장과 설탕, 파, 마늘, 참기름, 후춧가루, 배즙, 육수 등을 섞어 만든 양념장에 30분간 재운다. 고기에 양념이 배어나면 석쇠나 판에 얹어 숯불에 구워 먹는다. 특별히 주의할 점은 고기를 양념에 너무 오래 재운다거나 센 불에 오랫동안 구우면 고기가 질겨져 좋은 맛을 얻을 수 없다.

5) 경기도

경기도는 산과 들이 뒤섞여 밭농사와 논농사가 고루 발달하였으며, 서해와 접해 있어 해산물도 풍부한 곳이다. 따라서 경기도 음식은 그 종류가 다양하며, 서울 음식에 비해 양념을 적게 쓰며 요리의 양은 많은 반면 소박한 맛을 주는 편이다.

그럼에도 불구하고 고려의 수도였던 개성지방에서는 우리나라에서 가장 호화롭고 다양한 음식을 선보이기도 한다. 지금도 개성 음식은 궁중요리에 버금가는 멋을 내며, 서울 그리고 진주와 더불어 화려한 음식의 고장으로 불리고 있다. 대표적인 음식으로는 개성국수, 조랭이 떡국, 오곡밥, 냉콩국수, 오미자화채, 갈비탕, 삼계탕, 팥죽, 개성순대, 개성경단, 개성주악, 개성모약과, 가평다식, 여주땅콩강정, 수수부꾸미 등이 있다.

개성편수

서울지방에서 만들었던 네모난 편수와는 달리, 쇠고기와 돼지고기, 닭고기, 두부, 배추김치, 숙주 등의 재료로 만든 소(巢)를 많이 넣어 작은 모자처럼 둥글고 통통하게 빚은 것을 개성편수라고 한다. 이때 계속하여 끓고 있는 장국에 넣어 익인 후 초장에 찍어 먹기도 하지만, 이미 끓여 뜨거워진 장국에 익혀내어 초장에 찍어 먹는 방법도 있다. 초장은 고추장에 식초를 섞는 경우가 있고, 간장에 식초와 깨소금, 잣가루, 고춧가루 등을 섞기도 한다.

조랭이 떡국

흰떡을 대나무 칼로 밀어 작은 장구통 모양으로 만든 다음 육수에 넣어 끓여 먹는 음식이다. 특히 개성지방에서 정월에 먹던 음식으로 유명하다. 누에는 당시 옷감을 생산하는 아주 중요한 곤충으로 정월이 되면 좋은 징조를 나타낸다고 하였으며, 그 누에고치처럼 만들어 먹음으로 좋은 징조를 바라는 기원 음식에 속한다. 또 누에고치 모양 혹은 장구 모양은 악귀(惡鬼)를 막는 효험이 있다고 믿었다.

개성주악

다른 지방에서 먹던 주악과는 다르게 찹쌀가루와 멥쌀가루를 섞은 것에 막걸리를 조금 넣고 반죽하여 만든다. 반죽이 끝나면 모양을 둥글게 빚고 기름에 튀겨낸 후 조청에 묻혀둔다. 개성주악은 크기가 크기 때문에 담아낼 때 대추 쪽이나 통잣을 하나씩 박아 놓아 보기에도 좋은 음식으로 만들었다.

개성모약과

가는 채로 친 밀가루에 소금을 약간 넣고 참기름을 부어 비벼 섞은 후, 생강과 잣을 다져서 모두 함께 섞는다. 이 재료는 힘껏 치대지 말고 손가락으로 살짝 버무려 편 후, 뜨거워진 기름에 넣고 서서히 지진다. 다 익은 약과는 계피를 섞은 차가운 꿀에 묻혀주고 배어들면 잣가루를 뿌린다. 처음에는 새 모양이나 동물 모양으로 만들어 궁중약과라 하였으나, 나중에 여러 장을 쌓는 풍습이 생겨나면서 네모지게 모가 났다고 하여 모약과라 불렀다.

6) 강원도

강원도는 동해와 접해 있지만 대부분 산악지형으로 산세가 험하고 깊은 골짜기가 어우러진 곳이다. 따라서 해안지방에서 생산된 수산물이 산악 내륙으로 전달되기 어렵고, 반면에 산간지방에서 생산된 식재료들이 널리 타지역까지 전파되기에 부적합한 환경을 가지고 있다. 해안지방에서는 오징어, 황태, 미역 등이 많이 생산되어 이들을 이용한 음식들이 많으며, 산간지방에서는 감자, 옥수수, 메밀, 도토리, 버섯 등이 많이 나서 각기 다른 향토 음식이 생겨났다.

강원도 음식은 대체로 소박하며 쌀이 부족하여 멥쌀이나 찹쌀보다도 감자나 옥수수, 메밀 등을 이용한 떡이 발달하였고, 멸치나 조개를 넣어 음식의 맛을 돋운다. 예전에 옥수수, 메밀, 감자, 도토리, 상수리, 칡 등은 구황작물에 속했지만, 요사이는 하나의 일반 음식으로 분류되어 별미에 속한다. 각종 산채와 표고버섯, 석이버섯, 느타리버섯, 송이버섯이 있고, 이를 이용한 장아찌나 말린 채소는 또 다른 맛을 제공하기도 한다.

대표 음식으로는 감자경단과 감자송편, 감자밥, 명태식해, 감자수제비, 감자범벅, 강냉이범벅, 감자부침, 감자송편, 오징어구이, 오징어회, 오징어불고기, 오징어순대, 메밀막국수, 총떡, 도토리묵, 감자시루떡, 찰옥수수시루떡, 옥수수엿, 더덕구이, 더덕생채, 동태순대, 감자경단, 미역튀각, 송화다식, 당귀차 등이 있다.

올챙이묵

산이 많아 도토리묵이나 메밀묵이 발달하였는데, 옥수수로 만든 묵도 별미다. 아직 덜 여문 옥수수를 따서 맷돌에 갈아 앙금을 얻은 후, 죽을 쑤어 구멍 뚫린 바가지에 넣고 누르면 뚝뚝 떨어지는 국물이 마치 올챙이 모양을 하였다고 하여 올챙이묵이다. 매끄러운 감촉과 구수한 맛으로 여름철 별미에 해당한다.

해물김치

동해에서 많이 잡히는 생선 중에 도루묵이나 생태, 물오징어 등의 해산물을 넣고 담그는 영양김치다. 무를 얄팍하게 썰고 여러 가지 해물을 넣었기 때문에 비교적 빨리 익으므로 김장 김치가 익기 전에 먹을 수 있다.

황태구이

명태는 갓 잡아 올렸을 때를 '물태' 혹은 '생태'라고 한다. 이것이 얼어붙으면 '동태', 봄에 잡히면 '춘태', 여름에 잡히면 '하태', 낚시로 잡으면 '낚시태'가 된다. 이때 명태가 한겨울 낮은 온도에서 얼었다가 녹기를 반복하여 푸석푸석하면서 누렇게 변하면 '황태'라고 부른다.

명태는 맛이 심심한 저지방식품으로 콜레스테롤을 낮춰주는가 하면, 세포 발육을 돕고 숙취해소와 중금속 해독에 아주 탁월한 효능을 보인다. 얼었다 녹았다를 반복한 황태가 갓 잡은 생태보다 단백질 함유량이 두 배나 되는 56%에 이르러 고단백식품에 속한다.

두릅나물

강원도 산간지역에서 많이 나지만, 특히 진부나 횡계에서 흔히 볼 수 있다. 이른 봄부터 두릅을 수확하여 염장을 해둔다. 두릅을 꺼내어 소금물을 우려낸 후, 들기름과 깨, 마늘, 파 다진 것을 넣고 무친다. 염장 두릅은 아삭아삭 씹히는 질감이나 향이 그대로 남아 있어 먹기에 좋은 상태가 된다. 요즘에는 인공으로 재배하기 때문에 어디라고 꼬집어서 말하기는 곤란한 면도 있다.

혹은 두릅을 데친 후 반으로 쪼개어 바위 등에 널어 말린다. 급하게 먹을 일이 생기면 물에 불렸다가 먹으면 되는데, 버섯이나 고사리가 부럽지 않을 정도로 쫄깃한 맛이 살아난다.

숭어회

숭어는 큰 하천이 흘러드는 강 하구를 좋아하여 우리나라 어디에서 든지 잘 잡히는데, 특히 동해안에서 민물이 흘러드는 어항을 중심으로 무리지어 나타난다. 회를 떠놓아도 참돔이나 쏘가리처럼 빨간 살결이 입맛을 살려주고, 기름지면서도 씹히는 질감이 뛰어나다. 성질이 급한 숭어는 낚시로 잡은 것이라야 횟감으로 제격이라 할 수 있다.

감자경단

강원도에서는 산비탈의 경사면에서 감자가 많이 생산되기 때문에, 주로 감자를 이용하는 음식들이 많다. 감자로부터 녹말가루를 추출하고 반죽하여 찐 다음, 콩고물과 계피팥고물을 묻혀 경단을 만들면 감자경단이 된다.

감자송편

감자송편은 감자를 직접 갈아서 반죽을 하고, 강낭콩을 소(巢)로 넣고 큼지막하게 손가락 자국이 남도록 빚는다. 이 송편을 솥에 쪄낸 다음 참기름을 발라 먹기도 좋고 서로 달라붙지도 않게 만들어준다. 감자송편은 따뜻할 때 먹으면 쫄깃쫄깃한 맛이 그 어느 송편보다 강하여 씹는 맛이 별미로 작용한다.

오징어 불고기

동해안에서 많이 잡히는 오징어의 통을 가른 다음, 잔 칼집을 낸 후 양념 고추장에 재웠다가 구워낸다. 오징어가 잡히는 해안가에서 즐겨 먹는 음식이다.

오징어순대

오징어 다리 삶은 것과 두부, 숙주나물, 버섯 등을 섞어 양념한 후,

생오징어의 몸통에 채워 넣고 찜통에 쪄내는 음식이다. 요즘 별미로 먹는 순대의 재료와 피(皮)가 오징어로 되어 있다는 것이 특징이다.

메밀막국수

메밀막국수는 춘천막국수로 더 잘 알려져 있지만 원래는 인제, 원통, 양구 등의 산촌에서 많이 먹던 음식이다. 춘천막국수는 강원도의 대표적인 음식으로, 메밀가루로 만든 국수에 고춧가루, 파, 마늘, 참기름을 넣은 양념장을 섞는다. 그리고 그 위에 무생채나 동치미 썬 것, 돼지고기 편육 등을 얹어 먹는다.

양념장에 비벼 먹기도 하고, 김치국물이나 동치미 국물을 부어 먹기도 한다. 김치국물은 걸쭉한 것보다는 맑은 것이 좋고, 다른 미각으로는 차갑게 식힌 육수가 더 좋다.

총떡

메밀가루를 묽게 풀고 기름을 두른 번철에서 둥글게 부쳐낸다. 반죽이 다 익으면 배추김치와 돼지고기를 함께 무친 것이지만 맵게 간한 무생채를 소로 넣고 말아서 먹기도 한다.

7) 충청도

충청도는 내륙산간지방이 많이 있지만, 그래도 넓은 들이 펼쳐진 곳으로 주식재료와 채소 등의 농산물이 풍부한 곳이다. 물론 서해안에서는 해산물이 풍부하며, 내륙지방의 산채와 함께 풍성한 먹을거리를 제공하고 있다.

충청도 지방에서도 호화스럽거나 많은 양념을 사용하여 맛이 강한 음식은 만들지 않았다. 국물을 내는 데에도 쇠고기보다는 닭고기를 사용하며, 굴이나 조개 등도 많이 사용한다. 소박한 죽과 국수, 수제비, 범벅 같은 음식이 주류를 이루고, 맵거나 감칠맛이 나지 않아 담백한 편이다. 대표 음식으로는 인삼, 인삼약과, 수삼정과, 호박꿀단지, 굴냉국, 호도장아찌, 쇠머리떡, 늙은 호박찌개, 호박고지적, 넙치아욱국, 애호박나물, 호박송편, 호박범벅, 복숭아화채, 미숫가루, 도토리떡 등이 있다.

청국장

흰콩을 불려 메주를 쑤고이 삶아서 무르게 한 후, 나무상자나 소쿠리에 담아 따뜻한 곳에 2, 3일을 놓아둔다. 콩에서 끈끈한 진이 나오면 절구에 대강 찧고 생강과 마늘, 소금, 고춧가루를 넣어 버무려둔다. 겨울철에 두부나 김치를 넣고 청국장찌개를 끓이면 구수하면서도 소박한 맛이 난다. 이때 너무 찧어 완전한 가루를 만들면 효모가 살기 어려워 맛있는 청국장이 되지 않는다. 또 끓여 먹으면 효소가 파괴되어 효과가 떨어지므로 생으로 먹는 것이 가장 좋다.

청국장은 콩을 활용한 음식 중에서 영양 흡수를 가장 완벽하게 만든 음식이며, 살아 있는 효모로 인하여 가장 훌륭한 음식으로 분류되기도 한다. 요즘에는 특유의 냄새가 적게 나는 방법을 개발하여 건강식품의 대명사인 청국장 보급에 한몫하고 있다.

어리굴젓

개펄에 돌을 가져다 놓으면 여기에 굴이 달라붙는데 이를 석화라고 한다. 석화는 알이 굵은 것이 있기도 하지만, 유난히 작으면서도 까만

것을 강굴 또는 꺼먹굴이라 부른다. 어리굴젓은 이 강굴로 담아야 제
맛이 나는데 서산지방의 명물이 되었다. 강에서 나는 강굴과는 다르
다. 모든 젓은 장기 보관용이므로 짠 것이 특징이며, 특히 굴은 차가운
성질이 있어 먹는 데 유의하여야 한다.

호박꿀단지

누렇게 익은 호박을 늦가을에 수확하여 호박의 꼭지 부분을 동그
랗게 도려내고, 그 속에 꿀을 한 홉 즉 0.5리터 정도를 넣고 다시 막는
다. 호박을 큰 솥에 넣고 찐 다음 한 김이 나가면 막은 것을 뺀 후 속에
고인 물을 따라 마신다. 이것은 특히 산모의 산후(産後) 부종(浮腫)을
제거하며 영양을 보충해 주는 특별 보양식이 된다. 요즘 호박이 살을
빼는 다이어트식품으로 인기를 얻고 있는 것과 같은 이치다. 그러나
호박은 차가운 성질이 있고 단맛이 강하니 가려 먹어야 한다.

굴냉국

충남 서해안에서 많이 나는 굴로 만든 음식이다. 우선 생굴을 씻어
서 파와 마늘, 간장으로 무친 다음, 동치미 국물을 붓고 식초와 고춧가
루로 간을 해낸 냉국을 말한다. 소화가 잘 안 되는 찰밥과 같이 먹으면
이를 해소하여 영양흡수에 도움이 되며, 맛도 시원한 것이 별미에 해
당한다. 찹쌀은 따뜻한 성질을 가졌으며, 굴은 원래 성질이 차가운 음
식에 속하여 중화(中和)를 시켜준다.

호두장아찌

천안지방의 명물인 호두를 이용한 음식으로, 겉껍질을 까서 잘 손

질한 후 4등분하여 망에 넣는다. 미리 준비해둔 조미간장에 담아 2개월 정도 숙성시킨 다음 꺼내어 고추장에 박아 맛이 배어나오도록 한다.

호두는 원래 몸에 좋은 불포화지방도 많고 뇌 발달에 좋은 영양식이다. 따라서 일정 기간에 생산되는 호두를 오랫동안 저장하여 먹을 수 있도록 고안한 것은 이 지역만의 특색 요리라 할 수 있다. 요즘도 호두장아찌는 아니더라도 땅콩, 잣 등과 함께 견과류의 대표명사로 자리하고 있다.

쇠머리떡

찹쌀과 멥쌀을 섞어 빻아서 고운 가루로 만들고, 삶은 검정콩과 팥, 씨를 뺀 대추, 껍질을 벗긴 밤과 말린 감고지나 곶감을 섞은 후 시루에 쪄내면 된다. 이 떡은 식으면 딱딱해지며 아주 차져서 오래 씹을수록 단맛이 나는 떡이다. 굳기 전에 썰어 놓은 떡 모양이 마치 쇠머리고기 누른 편육과 같다고 하여 쇠머리떡 혹은 쇠머리찰떡이라고 부른다.

8) 전라도

전라도는 우리나라 최대의 곡창지대로 넓은 들에서 생산된 곡식이 풍부하며, 해산물과 산채도 풍부한 곳이다. 따라서 다양한 재료를 이용하여 다른 지방에서는 볼 수 없었던 음식들을 많이 만들어내고 있다.

예로부터 맛의 고장이라고 불릴 만큼 각양각색의 음식이 존재하였으며, 특히 전라북도에서는 전주와 익산의 음식이 유명하고, 전라남도에서는 목포와 순천의 음식이 유명하다. 이 중에서도 전주는 조선 왕조의 발상지답게 호화롭고 특색 있는 음식들이 많다.

전라도는 온화한 기후 덕분에 풍성한 채소와 각종 농산물을 이용한 음식들이 많고, 해안지방에서 나는 각종 해산물로 인한 젓갈류와 생선 음식도 많다. 이곳 사람들은 삼합이나 생선김치 등과 같이 각자의 개성에 맞춰 음식을 개발해내는 독창성도 갖추고 있었다.

따라서 양념도 풍성하게 사용하여 맛이 강하며, 더러는 남이 먹기 꺼려할 정도의 독특한 맛을 내는 음식들도 있다. 온갖 양념을 하였으면서도 저장보관성도 뛰어난 특징을 지니고 있는데, 대표 음식으로는 홍어찜, 전주비빔밥, 콩나물국밥, 대통밥, 꽃송편, 깨죽, 대합죽, 꽃게미역국, 갈낙탕, 파산적, 대합구이, 꼬막무침, 죽순탕, 고추장, 더덕구이, 표고버섯덮밥, 대하탕, 두루치기, 애저, 배추김치, 고들빼기김치, 갓김치, 부각, 풍천장어, 백합죽, 꼬막, 어죽 등이 있다.

애저

조선 중엽부터 시작된 애저요리는 진안의 명물로 통했으나, 요즘에는 광주에서도 유명세를 타고 있다. 어린 돼지를 통째로 고아 살이 물러지게 하는 음식으로, 다 뜯어내어 양념장에 찍어 먹는다. 원래의 애저란 태어나자마자 아무것도 먹지 않은 채 죽은 새끼돼지나 새끼집을 말하는 데, 이를 구하기가 어려워 아직 사료를 먹지 않은 즉 젖을 떼지 않은 새끼까지를 포함하기도 한다.

좀 더 기간을 주더라도 생후 20일 이전에 해당하는 어린 돼지를 사용하여야 하며, 허리나 관절치료에 좋다는 평을 듣는 애저는 부드러운 맛이 특징이다. 다른 지방에서는 드문 요리로 특유의 조리법으로 발달된 음식이라 할 수 있다.

고들빼기김치

고들빼기김치는 약간 쓰름한 맛과 강한 향이 일품인데, 인삼이나 도라지를 씹을 때의 맛과 비슷하다. 원래의 쓴맛을 우려내고 맑은 멸치젓국으로 간을 하는 데, 젓국이 너무 진하면 고들빼기 고유의 빛깔과 맛이 떨어진다.

양념으로 파와 마늘, 고춧가루, 생강 등을 넣고, 밤채와 잣, 당근, 배를 넣기도 한다. 고들빼기김치는 보통 음력 설 이후에 별미로 먹는데, 어느 가정에서나 흔히 먹는 음식은 아니다. 겨울철 겨우살이 준비 때에 담았다가 이따금씩 꺼내어 먹으면 입맛을 돋우는 좋은 반찬이 된다. 부유한 집에서는 고들빼기김치를 별미로 준비하는 경우도 있다.

갓김치

갓김치는 전라도 지방에서 빼놓을 수 없는 김치 중의 하나다. 고춧가루를 많이 넣어 매콤하면서도 콧구멍이 확 뚫리는 듯한 갓 특유의 향이 식욕을 돋운다. 갓김치를 담글 때는 보랏빛이 나는 것이 맛과 향에서 더 진하므로 취향과 필요에 따라 고르면 된다.

갓은 붉은 빛이 도는 것과 푸른 빛이 나는 것으로 구분되며, 여문 갓만 담는 경우도 있지만 여기에 무를 섞어 담기도 한다. 붉은 빛이 나는 갓은 국물에 배어나와 보기에도 신비한 느낌을 준다. 담근 지 한 달이 지나면 알맞게 익어 먹을 수 있는데, 우거지에 소금을 넉넉히 뿌려놓으면 다음 해 여름까지도 먹을 수 있다. 물론 요즘은 김치냉장고가 발달하여 익는 시기와 먹을 수 있는 시기를 마음대로 조절할 수 있어, 소금 간을 하여 맛을 조절하는 손맛이 많이 줄어들기는 하였다. 또 제철이 아니라 온실에서 자란 갓이 많이 생산되면서 갓 본래의 맛이 약해져가고 있다. 갓은 거친 해풍을 맞으며 자란 여수시 돌산면의 돌산갓이 유명하다.

배추김치

김치는 어느 지방 누구를 막론하고 즐겨 먹는 반찬이다. 그러나 전라도에서는 다른 지방에 비해 조금 다른 방식으로 조리를 하므로 특별 음식에 넣을 만하다.

전라도 배추김치는 다른 지역보다 무채를 많이 넣지 않고, 찹쌀로 죽을 쑤어 양념의 되기를 맞추는 것이 특색이다. 고춧가루를 사용하기는 하지만, 붉은 고추를 가늘게 썰어 실고추로 만들어 사용함으로써 하얀 배추 속에서 보기에 좋은 무늬를 연출하기도 한다. 이것은 백김치를 담글 때 사용하는 것과도 유사하다.

갈낙탕

갈낙탕은 갈비와 낙지를 넣고 끓인 음식으로, 우선 초벌로 고아 기름을 뺀 갈비를 뚝배기에 넣고 육수를 부은 뒤 다시 끓여 낸다. 이때 양념으로는 대파와 통마늘, 붉은 고추, 인삼, 대추, 밤, 은행 등을 넣는다. 다 끓으면 세발낙지를 산 채로 넣어 알맞게 익으면 먹는다.

여기에 표고버섯과 양념다대기, 참기름 등을 넣으면 낙지에 함유된 콜레스테롤을 낮추는 역할도 한다. 세발낙지는 동백꽃이 절정을 이루는 봄철에 가장 좋은 맛을 내는데, 영암의 갈낙탕이 유명하다.

꼬막

꼬막은 바지락이나 백합 등과는 달리 비교적 조금 많이 먹어도 물리지 않는 습성을 지니고 있다. 그 이유로는 꼬막 요리가 짭짜름한 것도 한 원인으로 들 수 있다. 이런 꼬막은 약간 덜 익혀져서 붉으스레한 국물이 흘러야 제맛이 나는데, 타 지역 사람들은 이런 꼬막을 완전히 익혀서 먹는 차이를 보이고 있다. 그러나 완전히 익히면 살이 물러져서 씹히는 맛이 덜하다.

꼬막은 삶을수록 맛과 영양가가 줄어들므로, 팔팔 끓는 물에 찬물을 한 바가지 부어 중화한 다음 꼬막을 넣고 잠깐 동안만 부르르 끓어올리면 된다. 익은 꼬막의 입을 벌려 양념을 얹어 무쳐내면 끝이다.

국내 최대 생산지인 벌교와 고흥 등지에서 즐겨 먹는 음식이다.

대통밥

대통밥이란 지리산 자락에서 자란 대나무 속에 쌀과 죽염, 밤, 대추, 은행, 수수 등을 넣고 지은 밥을 말한다. 여기에 찻잎, 솔잎을 얹어내는 것으로 담양 지방의 특색 음식이다.

여러 가지 재료를 넣었기에 마치 오곡밥을 먹는 것과 같다. 담양 지방에서는 우선 커다란 대나무가 있고, 인근에 대나무숲이 어우러져 보는 맛과 먹는 맛이 함께 빚어낸 맛으로 유명하다. 이때 밥을 짓는 물을 붓지 않고 대나무에서 나오는 진액만으로 밥을 하니 대나무의 차가운 성질이 고스란히 전달된다. 따라서 한 번 사용한 대나무는 재사용하지 않는 것이 원칙이다. 대나무가 부족한 경우 내면적으로는 재사용할 수도 있으나, 밥을 먹을 때에 대나무를 쪼개어 먹으면 밥맛을 더해 주므로 원천적으로 재사용이 불가능하게 된다.

대하탕

대하는 왕새우를 일컫는 말로 서양 요리와 일본 요리가 전래되면서 응용된 음식이다. 왕새우를 넣고 끓인 대하탕은 새우맛과 된장국맛을 함께 느낄 수 있어, 반찬으로서는 물론이고 술안주로도 훌륭한 음식이다. 여기에 들어가는 부재료는 어린 무청을 살짝 데친 후 그늘에서 말린 시래기가 으뜸이다. 거친 시래기를 사용하면 씹히는 식감이 있지만, 대하의 참맛을 음미할 수 없게 만드는 단점이 있다.

표고버섯덮밥

내장산 지역에서 채집되는 자연산 표고버섯은 조선 말기부터 즐겨 찾게 된 음식이다. 당시 굶주린 배를 채우기 위하여 밥에 버무려 먹던 데서 유래하였으나, 지금은 별미와 영양식으로 각광받는 음식이 되었다.

표고버섯은 고혈압 치료에 좋고 간의 해독을 도와주며, 항암작용에도 효과가 있는 것으로 알려지면서 약용식물로도 인기를 얻고 있다. 따라서 재배지역에 한계가 없어졌고, 종균을 배양하는 재료에도 구분이 없어 널리 보급되었다. 그러나 표고버섯이라는 옛 명성답게 참나무에 구멍을 뚫고 종균을 배양한 버섯이 그래도 자연산에 가깝다는 것은 두말할 필요가 없다.

더덕구이

화전민들이 밭을 일구면서 산의 더덕을 캐어 생으로 먹거나 혹은 쪄서 먹던 것이 하나의 음식으로 자리 잡았다. 근래의 더덕구이는 각종 양념을 섞어 바르고, 숯불에 올려 구워 먹는데 고급 전문 요리로 등장하게 된 것이다. 더덕구이 한정식의 고급 반찬으로, 혹은 건강을 생각하는 영양식으로, 그리고 맛을 찾아 떠나는 미식가들에게 인기 있는 음식이다. 특히 야생 산더덕은 특유의 향과 감칠맛이 뛰어나다.

어죽

전라도의 어죽이란 민물고기를 솥에 넣고 끓인 다음, 뼈를 발라내고 남은 육수에 다시 쌀을 넣고 끓인 죽을 말한다. 바다에서 멀리 떨어진 산간 내륙의 무주 지방에 전해오는 전통 향토 음식으로, 인근에서 잡히는 어종으로 생선을 대신하던 음식이라 할 수 있다.

삼복철에는 천렵으로 직접 잡은 민물고기를 즉석에서 요리하여 맛을 더했다. 푹 끓여서 고깃살이 묽어졌으니 소화도 잘되어 먹기에도 부담이 없는 음식인 것이다. 그러나 무엇보다도 맛이 일품이며 영양식으로도 아주 그만이다. 재료가 생선이기 때문에 생활습관병의 걱정을 덜며, 죽을 먹는 것이기에 조금은 더 먹어도 탈이 적은 것이 특징이다.

풍천장어

풍천장어가 가진 원래의 뜻은 강물과 바닷물이 교차하는 장소에서 자란 장어를 의미한다. 전라도의 풍천장어 역시 현지에서 산란하여 자란 장어로 그 맛이 특이하여 옛 조상들이 즐겨 찾았는데, 요즘에도 고단백에 영양식품으로 알려지면서 찾는 사람들이 줄을 선다. 그러나 영양이 넘쳐나는 시절이 되다 보니 건강에 유의해야 할 사람들에게는 보신탕과 함께 먹는 것을 가려야 할 음식으로 통한다.

맑은 물이 흐르는 고창 선운사 입구의 풍천장어가 유명하며, 굽기

전에 그리고 굽는 도중에 바르는 양념이 맛을 좌우함으로 원재료와 함께 부재료의 선택이 중요하다. 풍천장어는 바닷장어도 아니지만 그렇다고 민물장어라고 할 수도 없는데, 요사이는 개체 수가 많이 줄어들어 진정한 풍천장어를 찾기가 어려울 정도다.

백합죽

백합죽이란 개펄에서 잡은 백합을 넣고 끓인 죽을 말하는 데, 아주 오래전부터 미식가와 해장국용으로 찾던 음식이다. 강장 음식으로도 그만이라고 하는 백합죽은 간장질환이나 담석증의 치료에도 좋다고 알려져 약용식품으로 찾기도 한다.

부안의 개펄에서 많이 잡히는 백합이나 바지락으로 죽을 끓여 백합죽 또는 바지락죽을 만든 것인데, 이것을 먹기 위하여 일부러 방문하는 경우가 있을 정도의 별미로 통한다. 하지만 요즘의 부안 개펄은 새만금 간척공사로 인하여 뭍이 되었으니, 점차 그 명성을 잃어가고 있다. 그러나 최근 조사에 따르면 새만금방조제 밖에 새로운 개펄이 형성되고 있다 하니 다행이라는 생각이 든다.

백합은 조개 중에서도 고급 어패류에 속한다.

추어탕

옛날부터 농사가 끝난 논바닥이나 용수로에서 잡은 미꾸라지를 탕으로 끓여 먹었다. 논농사를 짓는 민가에서 손쉽게 잡을 수 있는 가을 고기[秋魚]라 하여 미꾸라지에 특별히 추어(鰍魚)라는 이름을 붙여주었고, 겨울잠을 자기 위하여 비축한 영양소를 흡수함으로써 몸에 좋다는 영양식이다.

추어탕은 미꾸라지를 갈아서 가루로 내어 시래기와 함께 각종 양념을 하여 끓여낸 것인데, 이에 비해 통째로 넣은 경우가 있어 씹는 맛과 함께 보면서 먹는 맛을 더해 주기도 한다.

각 지역마다 각광받는 추어탕이 많이 있지만, 논이 많아 작은 수로가 발달된 전라도 지방에서 특히 남원 지방에서 유래한 추어탕이 전국적으로 유명세를 타고 있다. 요즘에는 농약의 사용과 함께 그 개체수가 줄어들어 수요를 충족하기 어려운 실정이다. 그래서 일부는 인공으로 양식을 하여 충족시키는 정도가 되었다.

홍어찜

다른 말로는 홍어어시욱이라고도 하는 데, 홍어의 껍질을 벗긴 후 꾸덕꾸덕하게 말린 다음 짚 사이에 넣고 쪄먹는 음식이다. 이때 갖은 양념장에 찍어 먹거나, 아예 처음부터 양념장을 발라서 찌기도 한다. 마침 적당한 홍어가 없으면 미리 말려 두었던 홍어를 물에 불려서 사용하기도 한다.

이때 홍어를 짚과 함께 보관하는 것은 짚에 존재하는 성분이 홍어를 쉽게 발효시킨다는 점에 착안한 것이며, 곰삭아 코끝을 톡 쏘는 맛은 매우 독특하다. 그러나 때에 따라서는 고약한 냄새가 순간적인 호흡곤란을 유발하기도 하여 처음 먹는 사람들은 거부감을 느끼게 된다. 이와 더불어 가오리찜도 소화흡수가 빠르고 매콤하며, 생김새는 물론 톡 쏘는 맛까지도 홍어와 비슷하다.

전주비빔밥

비빔밥은 홍어와 함께 우리나라에서 가장 널리 알려진 전라도 음식가운데 하나로, 이 지역에서 생산된 쌀과 풍성한 채소를 넣고 비벼 먹는 음식이다. 이때 사용되는 부재료의 종류에 따라 맛이 달라지기도 하지만, 비빔밥을 담는 그릇에 따라서도 맛이 달라지므로 아직까지도 전래의 놋그릇을 사용하는 곳도 있다.

제철에 나는 채소를 넣고, 청포나 육회와 같은 부재료를 넣으면 맛을 더해준다. 뿐만 아니라 밥을 지을 때에도 육수를 사용하는 등 맛을 내는 데 세심한 정성을 담고 있다. 그러나 너무 강한 향신료를 사용하면 각종 채소의 본맛을 알 수 없기 때문에 적당한 양을 넣는 것이 중요하다. 이때 떠먹는 국물로 맑은 콩나물탕을 내는 것은 필수(必需) 조건에 속한다.

고명으로 얹는 생소고기는 먹는 사람의 취향에 따라 넣을 수도 있고 넣지 않을 수도 있는 선택 사양에 속한다.

콩나물국밥

콩나물국을 뚝배기에 담고 밥을 넣고 함께 끓이되 새우젓으로 간을 하는 것이 전주식 콩나물국밥의 독특한 방식이다. 콩나물국밥은 한 끼의 식사로도 좋지만, 뜨거운 국물로 속이 확 풀어져 해장국으로도 그만이다.

사용되는 콩나물은 주로 임실에서 많이 생산되는 서목태(鼠目太) 즉 쥐눈이콩을 사용하는 데, 잔뿌리가 없이 외뿌리로 자라야 먹기에 좋다. 키는 너무 크지 않은 상태에서 두 치 즉 6cm정도가 적당하여 제 맛을 낸다. 콩나물국밥은 예전부터 전국 어디서나 즐겨 먹는 음식이었지만, 특히 전주 혹은 인근지방에서 콩이 자라기 적합한 기후와 토질 등의 영향을 받은 것으로 풀이된다. 물론 특유의 육수를 사용하는 등 조리법에서 타 지역과 다른 면을 찾을 수도 있다. 요즘에는 전국적인 콩나물국밥의 대명사가 되었다.

두루치기

두루치기는 보기에 단순해 보이지만, 사실은 여러 가지 재료가 들어가는 호화로운 음식에 속한다. 먼저 콩나물과 소의 간, 천엽(千葉), 쇠고기, 부각, 배추, 박고지, 버섯류 등 갖은 재료를 넣고 볶는다. 한참을 볶다가 어느 정도 익으면 다시 국물을 붓고 끓인다.

국물이 줄어들면 밀가루를 풀고 약간 걸쭉하게 한 다음, 잣과 은행, 실고추 따위를 고명으로 얹어 낸다.

부각

여러 가지 재료에 찹쌀로 쑨 풀을 바른 후 말려 두었다가 필요할 때마다 기름에 튀겨 먹는 음식을 통틀어 말한다. 부각은 밑반찬으로 먹기도 하지만 술안주로 먹어도 좋은 별미 음식에 속한다. 일종의 한과(韓菓)라고 할 수도 있는 부각을 만드는 재료로는 김, 들깻잎, 동백잎, 가죽나뭇잎, 다시마와 같은 엽채소도 있지만, 감자나 고구마와 같은 재료를 얇게 썰어서 사용할 수도 있다.

9) 경상도

경상도는 남해와 동해에 넓은 어장을 끼고 있어 해산물이 풍부하고, 낙동강 주변을 비롯한 농토가 많아 농산물의 수확도 풍성하다. 경상도에서는 특별한 언급이 없으면 물고기를 그냥 고기라고 부를 만큼 생선을 제일로 치며, 따라서 해산물을 이용한 음식이 발달하였다.

음식은 눈으로 보는 멋을 내거나 사치스럽지 않은 대신, 맛은 입안이 강한 인상을 줄 정도로 맵고 소금 간도 세다. 따라서 경상도 음식은 대체로 짠 편이다. 경상도는 국수를 즐겨 먹으며 잔칫집에서도 빠지지 않고 등장하는 음식으로, 혼인을 물어보는 자리에서는 언제 국수를 먹을 수 있느냐고 묻기도 한다. 이때의 국수는 모양이 긴 만큼이나 길게 가라는 의미를 가지고 있다.

대표 음식으로는 아구찜, 따로국밥, 애호박죽, 조개국수, 추어탕, 곰탕, 토란줄기찜, 콩잎김치, 당귀장아찌, 더덕장아찌, 단풍콩잎장아찌, 유과, 칡떡, 안동식혜, 해물잡채, 장어조림, 부추김치, 파김치, 찹쌀부꾸미, 재첩국, 대구탕, 벌떡게장, 구포국수 등이 있다.

안동식혜

안동은 오랫동안 유교문화를 계승해와 전통문화에 대한 자부심이 강하며 보수적인 곳이다. 따라서 이 지방의 풍습과 음식에는 옛날의 전통이 그대로 남아 있는 것이 많다. 안동식혜는 보통 식혜와는 달리 찹쌀을 쪄서 익힌 후, 엿기름물에 삭힐 때 헝겊에 싼 고춧가루를 넣어 붉은색을 내는 것이 특징이다. 또 무를 채 썰거나 납작하게 썰어 넣어 다른 지역에서는 볼 수 없는 지역특산물이 되었다. 식혜는 엄동설한에도 차게 해서 먹으면 더욱 좋다.

건진국수

건진국수는 밀가루에 콩가루를 섞어서 반죽한 다음 살을 얇게 민 후, 가늘게 채 썬 것이 특징이다. 일종의 칼국수에 해당하지만 좀 더 가는 것이 차별화되었다. 끓는 물에 삶아 건진 후, 따로 준비해서 식혜

둔 멸치장국에 말아내면 된다. 여기에 고명으로 쇠고기 볶은 것과 지단을 얹어내는 것으로 안동 지방에서 즐겨 먹는 음식이다.

헛제삿밥

안동은 유교문화가 잘 보존된 양반의 고장으로 통한다. 그러기에 이곳에서는 숱한 제사가 존재하였고, 거기에 맞는 음식들이 발달하여 왔다. 예로부터 제사를 지낸 음식은 이웃 간에 나누어 먹음으로 액땜을 하면서, 복은 두 배로 나눈다고 믿어왔다. 그러기에 흉년이 들어 가난한 사람들이 먹을 것이 부족한 경우에, 부잣집에서 제사를 지내지 않았음에도 마치 제사를 지낸 것처럼 하여 여러 사람들이 음식을 나누어 먹기도 하였다. 이것을 헛제삿밥이라고 하는 데, 먹는 사람이나 음식을 장만하는 사람들이 정말로 지낸 제사가 아니라 거짓제사였다는 것을 모르게 하는 것이 관건(關鍵)이었다.

그러나 이 헛제삿밥은 하나의 음식이라기보다는 오랜 습관에 따른 아름다운 풍속이라고 보아야 할 것이다.

경상도 비빔밥

경상도 비빔밥은 오색나물과 고명을 화려하게 얹어 화반(花飯)이라고도 한다. 계절에 따라 많이 나는 채소를 모두 숙채로 준비하였다가, 무칠 때에 뽀얀 국물이 나올 때까지 주물러서 무쳐 맛을 내던 비빔밥이다. 원래 비빔밥은 제사를 지내고 난 뒤, 차려 놓았던 제물들을 한데 모아 비벼서 먹던 것에서 유래한다. 또는 섣달그믐에 먹다 남긴 음식물은 그해를 넘기지 않도록 한데 모아 모두 먹어 치우는 골동반에서 유래하였다고도 한다.

경상도 비빔밥은 특히 진주 지방에서 많은 사람들이 즐겨 먹었던 음식이다. 진주에서는 이와 더불어 메밀국수에 밤과 배를 채 썰어 넣고, 갓 만들어낸 두부까지 얹은 진주냉면도 유명하다.

미더덕찜

미더덕은 우렁쉥이와 비슷한 맛이 나는데 찜이나 찌개에 곁들여 먹는다. 미더덕을 여러 가지 채소와 함께 끓이고, 찹쌀가루를 푼 후 고춧가루를 넣어 되직하게 한 찜을 미더덕찜이라 하는 데 마산 지방에서 유명한 음식이다.

이와 더불어 아귀찜도 유명한데, 아귀는 입이 크고 살결이 매끄러우며 비늘이 없는 생선이다. 예전부터 비늘이 없는 생선은 생선 축에도 들지 못하여 최근까지 버려지거나 사료용으로 쓰던 생선이었으나, 요즘은 별미로 등장하면서 값도 비싸지면서 물건도 귀해졌다. 그러나 아구찜 혹은 아귀찜은 원래 군산에서 유명해진 음식으로, 전국적으로는 지금도 군산아귀찜을 빼놓지 않는다.

파전

동래는 근처의 기장에서 나는 파와 언양에서 나는 미나리를 주재료로 하고, 조개와 굴, 홍합, 새우 같은 싱싱한 해물들을 넣어 부친 파전이 유명하다. 파를 철판에 수북이 쌓은 다음, 그 위에 해물을 듬뿍 얹고 서로 엉겨붙도록 쌀가루를 풀어준다. 많은 재료가 들어가서 두툼하게 됨으로 충분히 익힌 다음 뒤집어야 하며, 거의 익었다고 생각될 때 계란을 풀어 지져내면 된다.

파전은 어느 지역을 따지지 않고 전국적으로 즐겨 먹었지만, 특히 동래파전이 유명한 것은 두툼하게 쌓은 파가 푸짐하여 차별화되었다.

추어탕

경상도식 추어탕은 해감시킨 미꾸라지를 무쇠 솥에 넣고 푹 삶은 후, 나무주걱으로 으깨어 뼈를 걸러내고 순수한 고기 국물만 다시 끓여낸다. 이때 배추 속, 부추, 숙주나물, 파, 토란줄기, 고비나물, 애호박, 고사리 등을 적당히 넣고 끓인 다음, 풋고추와 마늘 다진 것, 막장, 간장으로 간을 한다. 추어탕을 먹을 때는 입맛에 따라 양념을 추가하기도 하는 데, 경상도에서는 산초가루를 넣는 것이 특징이다. 산초는 맛이 강하여 많이 넣으면 추어탕 본래의 맛을 잃어버리는 것은 물론, 먹는 입맛에도 거부감이 생기므로 그 양에 주의하여야 한다.

구포국수

구포는 양질의 밀이 수입되던 포구로, 인근에 커다란 제분공장이 들어섰던 곳이다. 그리하여 예전부터 국수를 만드는 기술이 발달하였으며 시장이나 노동판에서 허기를 달래는 음식으로 유명세를 탔던 곳이다. 전라남도 영광의 법성포에서 말린 조기가 영광굴비라는 별도의 이름으로 통하듯이, 적당한 염분과 햇볕을 담은 바람이 불어오는 구포에서 말린 국수는 쫄깃쫄깃하여 독특한 맛을 더했다. 한때는 골목마다 빈터마다 국수를 널어 말리는 모습이 마치 염색한 옷감을 널어 놓은 듯 장관을 이루었다.

재첩국

낙동강 하류와 섬진강 중류에서 많이 잡히는 재첩을 원료로 하여 끓인 국이다. 맑은 국물에 시원한 맛까지 더하여 먹기에 부담이 없는 음식으로 통한다. 여기에 부추를 넣지만, 별다른 양념을 하지 않는 것이 특징으로, 간을 보한다 하여 숙취 해소용 해장국으로 유명하다. 예전에는 새벽마다 재첩국을 사라고 외치는 소리가 찹쌀떡이나 메밀묵 혹은 두부를 사라는 소리처럼 흔하게 들리던 때도 있었다.

따로국밥

대구 지방에서 발달한 음식으로 맵게 만든 육개장을 말한다. 다른 말로 대구에서 유래하였다고 하여 대구탕이라 하기도 하는 데, 국과 밥이 따로 나온다고 하여 따로국밥이라 부른다.

여기에 사용되는 재료는 생선을 지칭하는 대구가 아니라, 쇠고기의 양지머리나 사태를 푹 고은 후 토란대와 고사리, 배추 등을 넣은 것이다. 이때의 대구탕은 맛이 진하고 매운 것이 특징인데, 보통의 국밥이 국에 밥을 말아 내놓던 것에 비하여 따로 낸 데서 비롯하였다.

부추김치

부추는 경상도 지방에서 많이 나는 채소로, 솔 혹은 소풀, 정구지라고도 불린다. 멸치젓으로 절여내면 칼칼하면서도 개운한 맛이 난다. 여기에 고춧가루를 넣어 맵게 하면 여름철에 훌륭한 반찬이 된다.

부추는 영양가가 높고 맛이 독특한 향신료 채소에 속한다. 마늘과 비슷한 강장 효과가 있고, 열이 많고 잎이 연해서 상하기 쉬우므로 빨리 먹는 것이 좋다. 너무 주무르면 망가져서 풋내가 나며 모양도 좋지 않은데, 소금에 절이지 않고 젓국만으로 담그는 것이 특징이다.

예부터 추위를 이기고 올라온 봄 부추는 쇠고기에 뒤지지 않는다

하여 각광을 받았으며, 부추전이나 오이김치 혹은 도라지김치를 담글 때에도 사용되는 우수한 약용 식재료이다.

굴떡국

경상도의 떡국은 끓일 때 쇠고기를 넣는 대신 멸치국물을 내어 끓이는데, 이런 방식은 다른 지방에서도 볼 수 있는 것이나 여기에 굴을 넣고 끓이는 것이 특색이다.

멸치는 뼈째 먹을 수 있어서 단백질과 칼슘 등 많은 무기질을 흡수할 수 있는 장점이 있으며, 특히 임산부나 성장기의 아이들에게 좋은 식품이다. 여기에 추가하여 굴을 넣음으로써 싱싱한 바다 냄새를 포함하여 영양까지 풍부한 굴떡국이 되는 것이다.

대추징조

대추를 쪄서 부드럽게 한 후 설탕과 조청을 넣고 끓여낸다. 여기에 볶은 참깨를 뿌리면 훌륭한 후식이 되는데, 경상도에서 발달한 음식이다. 참깨에는 리놀렌산과 비타민E가 많아 피부의 건조를 막아 주며 습진이나 무좀, 옻과 같은 피부병에 대한 저항력을 길러준다.

이와 더불어 대추는 따뜻한 성질을 가진 과실로 냉증치료와 내장기능의 회복을 도와준다. 날카로워진 신경완화에 좋고 피를 보(保)하는 식품이다. 따라서 삼계탕, 약밥, 쌍화탕 등과 같이 몸을 보하는 음식에 많이 활용된다.

벌떡게장

바닷게를 큼직하게 토막낸 후 양념장을 부어 만든 것이다. 오래 두고 먹으면 살이 삭아서 물이 되어버리니 오랫동안 보관하지 못한다고 하여 벌떡게장이라는 이름이 붙었다. 마침 게가 살아서 벌떡 일어날 때 먹어야 한다는 말과, 맛좋은 게를 두고 오래 참고 기다리는 것은 벌떡증이 나서 빨리 먹어야 한다는 말을 포함하고 있을 것이다.

10) 제주도

제주도는 화산발생 지역으로 자연적 조건상 쌀의 생산은 여의치 못하며, 주로 콩과 보리를 비롯한 잡곡, 그리고 고구마와 감귤, 자리돔, 옥돔, 전복 등이 많이 생산된다. 제주도의 음식은 섬 지방답게 해초류가 주를 이루며, 바닷고기도 가끔 등장한다.

제주도 지방의 음식은 재료가 가지는 고유의 맛을 살리고, 많은 양을 하지 않으며 제때 만들어 먹는 것이 특징이다. 양념도 많이 하지 않고 부재료 역시 여러 가지를 섞지 않는다. 우리나라에서 가장 남쪽에 위치한 만큼 더운 지방답게 음식의 간이 짜며, 부지런한 사람들의 일상을 표현하기도 한다. 대표 음식으로는 자리물회, 옥돔구이, 고사리국, 양애산적, 미역죽, 닭죽, 돼지족탕, 전복죽, 전복회, 전복김치, 소라회, 고사리전 등이 있다.

자리물회

자리돔은 작고 까만 도미류의 일종으로, 회를 뜨고 물에 섞어 먹을 수 있는 생선을 말한다. 자리돔을 잘 씻어 뼈째 잘게 썬 후, 깻잎과 부추, 풋고추 등을 넣고 된장과 간장으로 양념하여 끓여내도 일품이다.

자리돔은 고소하면서도 비린 맛이 나지 않는 것이 특징이다. 생으로 회를 치기도 하지만, 소금으로 간을 하여 굽는가 하면 젓을 담아도 하나의 음식이 된다.

옥돔구이

예전에도 그랬지만 현재도 옥돔은 제주도에서만 나는 특산물로 비린내가 없고 맛이 담백하며 아주 귀한 생선으로 알아준다. 옥돔구이는 옥돔을 바닷바람에 말린 후 구워서 먹는 음식으로 별미에 속한다.

고사리국

날고사리를 삶아 우려내어 독성을 제거한 다음, 돼지고기를 별도로 삶아 낸다. 고사리는 파와 마늘, 후춧가루를 섞은 양념과 버무려 낸다. 돼지고기는 삶았던 물에 다시 넣고 끓이다가 밀가루를 풀어 걸쭉하게 만드는 데, 다 익으면 소금으로 간을 맞추고 미리 건져낸 고사리를 썰어 넣는다. 양념으로 사용되는 소금은 간수를 제거한 것이어야 요구하는 맛을 정확하게 맞출 수 있다.

고사리는 화산지대에서 잘 자라는 식물로 제주도의 고사리가 유명하다. 이런 고사리에 계란을 풀어 넣고 전을 부쳐 먹기도 한다.

양애산적

양애와 양고기를 양념한 다음 꼬치에 꿰어 구워낸 음식이다. 여기서 말하는 양애는 생강과에 속하는 채소로 '양아'라고도 하는 데, 원래는 양하(蘘荷)가 표준말이며 다년생 다육질(多肉質) 풀로 번식력이 강하다. 꽃은 여름에 피는 종과 가을에 피는 종이 있는데 꽃이삭을 먹을 수 있다

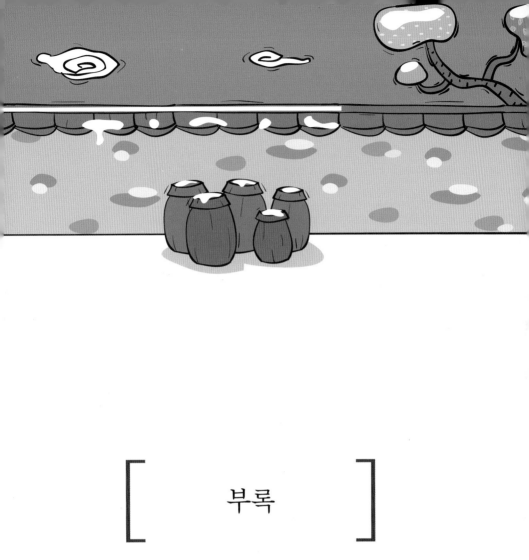

[부록]

1. 세시풍속 한눈에 보기

달	명칭		일자	대표 풍속	대표 음식
정월	설날	음력	1일	차례, 세배, 성묘	가래떡, 떡국, 인절미,
	십이지일	음력	1~12일	유모일, 무모일	
	인일	음력	7일	과거, 동인승하사	
	대보름	음력	15일	줄다리기, 부럼깨기, 송액	오곡밥, 오색나물, 약식
	고마이날	음력	16일	볏가릿대,	
이월	영등일	음력	1일	영등맞이, 활쏘기, 송액	송편, 팥시루떡, 인절미
삼월	삼짇날	음력	3일	화전놀이, 제비맞이, 사냥, 장담기	화전, 쑥떡, 탕평채
사월	한식	양력	동지 후 105일째	성묘, 사초	쑥떡, 애탕, 포
	초파일	음력	8일	탑돌이, 연등, 불공, 방생	설기떡, 비빔국수, 화전
오월	단오	음력	5일	그네, 머리감기, 탈춤, 부채, 부적, 씨름, 물맞이	수리취떡, 인절미, 수단
유월	유두	음력	15일	유두천신, 작업풍장, 고사	유두면, 수단, 규아상, 전병
칠월	칠석	음력	7일	소쇄폭의, 우물제, 호미씻이	증떡, 화채, 백설기, 시루떡
	백중	음력	15일	호미씻이, 장채놀이, 삼삼기,백중놀이, 중천도제	연자밥, 부각, 노각나물
	삼복	양력	하지 후 3경, 4경일, 입추 후 1경일	족탁, 모깃불, 대추나무시집보내기	개장국, 삼계탕, 증편, 냉면, 주악
팔월	추석	음력	15일	차례, 성묘, 벌초, 농악 강강술래, 씨름	송편, 인절미, 화양적, 배숙
구월	양중	음력	9일	등고, 거풍, 서낭제	화전, 밤단자,

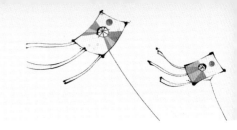

달	명칭		일자	대표 풍속	대표 음식
시월	상달	음력	전체	동제, 안택고사, 김장, 별신굿, 손돌바람, 산신제	시루떡, 백설기, 애탕, 전골냄비, 만두
동짓달	동짓날	양력	22일	책력, 부적	팥죽, 시루떡,
섣달	납일	음력	동지 후 3미일	납제	
	제야	음력	그믐	묵은세배, 뱃고사, 수세, 널뛰기, 설렁탕, 잡귀쫓기	골동반, 인절미, 완자탕, 설렁탕, 벽온단
윤달	공달	음력	전체	수의짓기, 집고치기	

2. 윤달〔閏月〕의 이해

윤달은 양력과 음력에 모두 있지만 양력의 윤달은 2월에 28일까지 있는 대신 29일까지 있는 달을 의미한다. 그러나 단 하루 차이인 관계로 이런 때에 굳이 윤달이라는 단어를 사용하지 않으며, 다만 2월이 29일까지 있는 달 혹은 그런 해를 윤년이라고 한다.

한편 음력에서 말하는 윤달은 어느 특정한 달 전체를 의미하며, 하늘에 있는 달〔月〕을 기준으로 하는 한 달 즉 1삭망월(朔望月)은 29.53059일에서 시작된다. 태양을 기준으로 하는 1년은 365.2422일이므로 똑같은 1년을 비교하면 약 11일에 해당하는 날짜 차이가 생긴다. 따라서 음력은 이를 보완하기 위한 수단으로 3년에 한 달, 또는 8년에 석 달을 보태지 않으면 안 된다. 이렇게 하여 넣어진 달을 윤달이라고 한다. 이것은 태양력에서 윤년이 4년 만에 한 번씩 오지만 100년

에는 25번이 아니라 24번 오는 것과 같은 이치다.

만약 윤달을 넣지 않는다면 음력 5월에 동절기를 맞아 눈이 온다든지 음력 12월에 추석이 오는 등의 혼란이 오게 된다. 윤달을 다른 속어로 썩은 달 또는 공달이라고도 한다. 썩은 달은 그냥 덤으로 얻어져서 쓸모없는 달이라는 뜻도 있지만, 반대로 해석하면 원래의 계획에 없던 달로 귀신도 알지 못하여 어쩌지 못한다는 뜻도 들어 있다. 위 계절에서 보아도 평상시 제대로 해왔던 어떤 일을 예년과 연관지을 수 없는 즉 틀린달[空月]이 되는 것이다.

윤달은 귀신이 사람에게 관여하지 못하는 달이므로 이달에 거사(巨事)를 치르는 예가 많다. 평소에는 여러 가지 귀신들이 관여하며 시비를 거는 바람에 사람의 마음대로 할 수가 없었지만 이달만큼은 예외인 것이다. 따라서 조상의 묘를 손질하는 사초, 묘를 옮기는 이장, 묘를 파헤치는 파묘, 죽은 사람이 입는 옷을 만드는 수의(壽衣)짓기, 집을 옮기거나 수리하는 등의 큰일을 치렀다.

이런 내용은 『동국세시기(東國歲時記)』「12월조」'윤달편'에 장가가고 시집가기에 좋다고 하면서 수의를 만들어도 좋아 꺼리는 일이 없다고 하였다. 절에 가서 탑돌이를 하는 사람들이 많다고 한 것도 적혀 있다. 경기도 광주(廣州)의 봉은사(奉恩寺)에는 윤달을 맞아 탑돌이를 하기 위하여 모여든 장안의 여자들이 앞을 다투었다고 한다.

이들은 탑의 옥개석 위에 돈을 올려놓고 축원하였다. 또 나이가 많은 사람들은 심신이 연약하여지면서 종교에 대한 의지가 강해지는 것과 아울러, 곧 닥칠지 모르는 극락세계에 가는 길을 위하여 더욱 열심

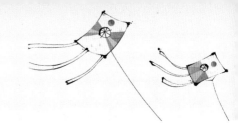

을 내었다.

하지만 최근에 들어서는 귀신이 모르는 달에 즐거운 경사는 치르지 않으려고 한다. 예를 들면 윤달에는 결혼을 하지 않는 풍습이 새롭게 만들어지고 있는 것이다. 이는 자기를 잘 아는 조상신이 찾아와 복을 빌어줄 수가 없기 때문이라는 이유에서다. 그러나 현실차원에서 보면 손(損)없는 날 즉 귀신이 점고를 받으러 가는 날에 결혼을 하는 것이 원칙인데, 귀신이 아무것도 할 수 없어 해코지를 하지 않는 날에 결혼을 하지 않는 것은 사뭇 다른 내용이다.

전라북도 고창에는 오래된 읍성으로 '모양성'이 있는데, 이 성을 도는 성돌기가 전한다. 부녀자들이 돌을 머리에 이고 성벽의 상단부에 올라 줄지어 도는 것으로, 무병장수와 극락세계에 가기 위한 기원이다. 다른 말로 성밟기라고도 하는 데, 다른 고장의 탑돌기와 유사한 것이다.

3. 윷점 64괘

윷점은 윷 알 4개를 세 번 던져서 나오는 수를 열거한 후, 미리 정해진 점괘로 풀이하는 것이다. 처음에 나온 괘가 도이면서, 다음에 나온 괘가 도이고, 다음 세 번째 나온 괘가 도이면 이를 합하여 '도도도'가 된다. 이때 처음의 도는 상괘, 두 번째 도는 중괘, 세 번째 도는 하괘가 된다. 이런 64괘는 주역의 64괘와 같은 숫자이므로 주역에 맞추어 한

단어로 대변하면 '건(乾)'이 된다. 이 뜻은 '아기가 포근하고 안전한 모친의 품안에 드는 것처럼 모든 일이 잘 풀린다.'는 뜻이다.

또 도와 도 그리고 세 번째에 개가 나오면 '도도개'가 되며 이를 점쾌로 '이'라 하고 쥐가 곡간에 들어간다는 뜻으로 풀이를 한다. 이것은 사람이 먹어야할 곡식을 쥐가 먹는다는 뜻이니 차츰 가세(家勢)가 기운다는 것이다. 던져서 나온 수 중에서 윷과 모는 같이 취급하며, 이런 풀이를 전체적으로 요사(要事)라고 부른다.

윷점은 주역점과 토정비결처럼 하나의 신수를 보고 근신하는 차원에서 끝나야 하며, 이것이 마치 자신의 운명을 결정짓고 판가름하는 것으로 해석해서는 안 된다. 누구든지 던질 때마다 매번 달라지는 점쾌는 어느 특정인의 고정된 운명이 아님을 증명하는 것이다. 또한 아래 해석에서 보듯이 서로 상반되게 풀이하는 쾌가 있으니 무조건 믿어서도 안 되는 또 하나의 이유가 된다.

이런 내용을 차례로 적어보면 다음과 같다.

도도도(건,乾)   : (兒見慈母, 아견자모).
도도걸(동인,同人) : (昏夜得燭, 혼야득촉).
도개도(구,姤)   : (大水逆流, 대수역류).
도개걸(둔,遯)   : (飛蛾撲燈, 비아박등).
도걸도(쾌,夬)   : (鶴失羽翼, 학실우익).
도걸걸(혁,革)   : (龍入大海, 용입대해).
도윷도(대과,大過) : (樹木無根, 수목무근).
도윷걸(함,咸)   : (寒者得衣, 한자득의).

도도개(이,履)   : (鼠入倉中, 서입창중)
도도윷(무망,无妄) : (蒼蠅遇春, 창승우춘)
도개개(송,訟)   : (罪中立功, 죄중입공)
도개윷(부,否)   : (金鐵遇火, 금철우화)
도걸개(태,台)   : (飢者得食, 기자득식)
도걸윷(수,隨)   : (龜入筍中, 구입순중)
도윷개(곤,困)   : (死者復生, 사자부생)
도윷윷(췌,萃)   : (貧入得寶, 빈입득보)

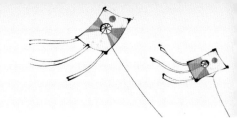

개도도(대유,大有) : (日入雲中, 일입운중).
개도개(규,睽) : (淋天見日, 임천견일)
개도걸(이,離) : (弓失羽箭, 궁실우전).
개도윷(서합,噬嗑) : (鳥無羽翰, 조무우한)
개개도(정,鼎) : (弱馬砧重, 약마태중).
개개개(미제,未濟) : (鶴登于天, 학등우천)
개개걸(여,旅) : (飢鷹得肉, 기응득육).
개개윷(진,晋) : (車無兩輪, 거무양륜)
개걸도(대장,大壯) : (媖兒得乳, 영아득유).
개걸개(귀매,歸妹) : (重病得藥, 중병득약)
개걸걸(풍,豊) : (蝴蝶得花, 호접득화)
개걸윷(진,震) : (弓得羽箭, 궁득우전)
개윷도(항,恒) : (拜見疎賓, 배견소빈).
개윷개(해,解) : (河魚失水, 하어실수)
개윷걸(소과,小過) : (水上生紋, 수상생문).
개윷윷(예,豫) : (龍得如意, 용득여의)
걸도도(소축,小畜) : (大漁入水, 대어입수).
걸도개(중부,中孚) : (炎天贈扇, 염천증선)
걸도걸(가인,家人) : (蟄鷹無爪, 지응무조).
걸도윷(익,益) : (擲珠江中, 척주강중)
걸개도(손,巽) : (龍頭生角, 용두생각).
걸개개(환,渙) : (貧而且賤, 빈이차천)
걸개걸(점,漸) : (貧士得錄, 빈사득록).
걸개윷(관,觀) : (猫兒逢鼠, 묘아봉서)
걸걸도(수,需) : (魚變成龍, 어변성룡).
걸걸개(절,節) : (牛得草豆, 우득초두)
걸걸걸(기제,旣濟) : (樹花成實, 수화성실).
걸걸윷(둔,屯) : (沙門還俗, 사문환속)
걸윷도(정,井) : (行人思家, 행인사가).
걸윷개(감,坎) : (馬無鞭策, 마무편책)
걸윷걸(건,蹇) : (行人得路, 행인득로).
걸윷윷(비,比) : (日照草露, 일조초로)
윷도도(대축,大畜) : (父母得子, 부모득자).
윷도개(손,損) : (有功無償, 유공무상)
윷도걸(분,賁) : (龍入深淵, 용입심연).
윷도윷(이,頤) : (盲者直門, 맹자직문)
윷개도(고,蠱) : (暗中見火, 암중견화).
윷개개(몽,蒙) : (人無手臂, 인무수비)
윷개걸(간,艮) : (利見大人, 이견대인).
윷개윷(박,剝) : (角弓無弦, 각궁무현)
윷걸도(태,泰) : (耳邊生風, 이변생풍).
윷걸개(임,臨) : (稚兒得報, 치아득보)
윷걸걸(명이,明夷) : (得人環失, 득인환실).
윷걸윷(복,復) : (亂而不吉, 난이불길)
윷윷도(승,升) : (生事茫然, 생사망연).
윷윷개(사,師) : (魚呑釣鉤, 어탄조구)
윷윷걸(겸,謙) : (飛鳥遇人, 비조우인).
윷윷윷(곤,坤) : (哥哥得弟, 가가득제)

4. 10간(干) 12지(支)

10간	갑(甲)	을(乙)	병(丙)	정(丁)	무(戊)	기(己)	경(庚)	신(申)	임(壬)	계(癸)	
12지	자(子)	축(丑)	인(寅)	묘(卯)	진(辰)	사(巳)	오(午)	미(未)	신(申)	유(酉)	술(戌)	해(亥)
	쥐	소	범	토끼	용	뱀	말	양	원숭이	닭	개	돼지

5. 12지와 시간

오전	23시~01시	01시~03시	03시~05시	05시~07시	07시~09시	09시~11시
	자시(子時)	축시(丑時)	인시(寅時)	묘시(卯時)	진시(辰時)	사시(巳時)
	3경(更)	4경(更)	5경(更)			
오후	11시~13시	13시~15시	15시~17시	17시~19시	19시~21시	21시~23시
	오시(午時)	미시(未時)	신시(申時)	유시(酉時)	술시(戌時)	해시(亥時)
					1경(更)	2경(更)

자정(子正) : 자시(子時)의 정중앙(中央)

정오(正午) : 오시(午時)의 정중앙(中央)

사 / 진 / 제 / 공 /

강강술래해남우수영보존회 사무국장, 강릉단오제보존회, 경산시청 김미영, 고령문화원 사무국장, 고성농요보존회, 고창군청 조재길, 곡성군청 이경희, 광주 남구문화원 사무국장, 광주우치동물원 홍보실, 구례잔수농악보존회 사무국장, 국악협회장수지부장 한종화, 김제시청 심상민, 김해시청 김미숙, 나비이야기 권명상, 남원문화원 사무국장, 남원시청 문화관광과, 당진시청 고대영, 대전 유성 심재후, 대전 중구문화원 박경덕, 동래구청 이상길, 떡보의 하루 홍보실, 목포대학교 최성환, 무주군청 김진만, 밀양백중놀이보존회 사무국장, 법성포단오보존회 사무국장, 봉산탈춤보존회 김종해, 삼척문화원 김창일, 서산시청 김보성, 서천문화원 이광재, 아침신문 이동팔, 안동문화원 사무국장, 안동시청 공보실, 제주칠머리당영등굿보존회 사무국장, 영월문화원 사무국장, 운현궁 김태훈, 울진군청 손용락, 위도띠뱃놀이보존회, 은율탈춤보존회, 이천쌀문화축제위원회, 익산 문사봉 장해숙, 익산 이강모, 정읍문화원 사무국장, 정읍시청 김병옥, 진도군청 김명현, 창녕군청 김주란, 태안문화원 정지수, 저자 한호철 이상 가나다순

참 / 고 / 서 / 적 /

• 강릉문화재 원형콘텐츠/ 강릉단오제보존회/ 강릉시/ 2008.08.21
• 건강보험/ 국민건강보험공단/ 동방인쇄공사/ 2008년 6월호, 2009년 3월호

- 건강보험/ 국민건강보험공단/ 씨디피애드/ 2010년 5월호, 2011년 2월호
- 건강보험/ 국민건강보험공단/ 천일/ 2012년 8~9월호
- 건강을 가꾸는 사람들/ 건강보험심사평가원/ 신생보훈복지인쇄조합/ 2008.1,7~9월호
- 김해문화/ 김해문화원/ bm디자인/ 2011.01.00
- 날뫼문화/ 대구시 서구문화원/ 아도니스커뮤니케이션즈/ 2011.12.01 11호
- 달력/ 자클린 드 부르그앵/ 정숙현 옮김/ 시공사/ 2003.08.30
- 동국세시기/ 홍석모/ 정승모역/ 풀빛/ 2009.03.30
- 동국세시기/ 홍석모/ 최대림역/ 홍신문화사/ 1989.08.30
- 땅과 사람들/ 대한지적공사/ 대로인쇄/ 2010년 2월호, 2012년 9월호
- 디지털 포스트/ 한국우편사업지원단/ 반디컴/ 2008.06.01
- 문화재/ 한국문화재보호재단/ 디자인소호/ 2011년 2,3월호
- 문화사 산책/ 이경구, 이용재 외/ 신아출판사/ 2009.08.25
- 문화유성/ 유성문화원/ 동인문화사/ 2011년 5~6월호
- 문화재사랑/ 문화재청/ 성우애드컴/ 2007년 4,5,7,8,10,11,12월호
- 문화재사랑/ 문화재청/ 성우애드컴/ 2008년 1,3,5,9월호. 2012년 8월호
- 문화재사랑/ 문화재청/ 동영인쇄/ 2009년 8,9월호, 2010년 6월호, 2011년 8월호
- 밤하늘의 별자리이야기/ 조앤 힌즈/ 승영조 역/ 승산/ 2003.06.23

- 별밤 365일/ 체트 레이모/ 이태형 옮김/ 현암사/ 1994.10.15
- 부산의 민속문화/ 황경숙/ 세종출판사/ 2003.09.15
- 북두칠성의 큰 별을 품은 마을/ 전라문화연구소/ 신아출판사/ 2004.10.01
- 산나물 들나물 대백과/ 이영득/ 황소걸음/ 2010.03.01
- 살기 좋은 땅 살고 싶은 집/ SH공사/ 성우애드컴/ 2010년 6월호, 여름호, 11~12월호
- 세시풍속과 우리 음식/ 조후종/ 한림출판사/ 2002.10.16
- 스산의 숨결/ 서산문화원/ 서산인쇄공사/ 2010년 4,6,7월호
- 스산의 숨결/ 서산문화원/ 서산인쇄공사/ 2011년 7,10월호, 2012년 7월호
- 역법의 원리분석/ 이은성/ 정음사/ 1985.02.01
- 영동문화/ 영동문화원/ 시시울/ 2011.12.26 제27호
- 옛마을 세시 · 절기 풍속/ 김영태/ 이담북스/ 2009.03.20
- 우리문화/ 한국문화연합회/ 태양씨엔피/ 2009년 1,6월호
- 우리가 정말 알아야 할 우리 별자리/ 안상현/ 현암사/ 2000.07.20
- 우리생활 우리예절/ 박남조/ 신아출판사/ 2007.03.30
- 월간문화재/ 문화재보호재단/ 로즈앤북스/ 2008. 9,12월호
- 월간문화재/ 문화재보호재단/ 디자인소호/ 2010년 5월호, 2011년 3월호
- 월간문화재/ 문화재보호재단/ 반디컴/ 2012.06.01 6월호
- 익산의 영농계획/ 익산시 농업기술센터/ 질문자료/ 2011.07.19
- 재미있는 별자리 여행/ 이태형/ 김영사/ 1995.02.20

- 제27회 전국향토문화공모전 수상집/ 한국문화원연합회/ 계문사/ 2012.12.00
- 전라좌도장수굿/ 장수문화원/ 신아출판사/ 2009.09.01
- 전원생활/ 농민신문사/ 벽호문화사/ 2008.02.01 2월호
- 조선 시대세시기Ⅲ/ 국립민속박물관/ 기산칼라/ 2007.05.04
- 주간 농사정보/ 농업진흥청/ 홈페이지/ 2010.01.01~12.31
- 좋은 동네/ 강동문화원/ 아트벤트/ 2011년. 03, 06, 09월호
- 줄다리기/ 국민생활체육줄다리기연합회/ 느낌기획원/ 2011.12.12
- 컬쳐라인/ 경북북부권문화정보센터/ 도서출판 성심/ 2009.06 여름호
- 풀코스 별자리 여행/ 김지현, 김동훈/ 현암사/ 1999.12.24
- 한국의 민속/ 김성배/ 집문당/1995.05.01
- 한국민속과 전통문화/ 김영일, 최재남/ 세종출판사/ 1993.08.20
- 한국민속학/ 김동욱 외4/ 새문사/ 1996.08.30
- 한국세시풍속1/ 김명자/ 민속원/ 2005.02.15
- 한국세시풍속2/ 김명자/ 민속원/ 2007.12.28
- 한국세시풍속기/ 강무학/ 집문당/ 1995.01.15
- 한국세시풍속연구/ 임동권/ 집문당/ 1993.11.10
- 한국의 민속/ 김성배/ 집문당/ 1995.05.01
- 한국전통문화의 이해/ 유광수, 김연호/ MJ미디어/ 2003.03.05
- 한국민속과 전통문화/ 김영일, 최재남/ 세종출판사/ 1993.08.20

저자 | 한 호 철

한호철은 전북 익산출신으로 본명은 한한철이다.

2004년 종합계간지 『문예연구』에 수필로 등단하였으며, 수필집에 『쉬운 일은 나도 할 줄 안다』(2003), 『그 때 우리가 본 것은』(2006), 『내가 시방 뭔 일을 한 겨』(2008), 『눈을 떠야 세상이 보인다』(2013)가 있다. 칼럼집으로 『블루코드』(2012. 공저)가 있으며, 역사와 문화에도 관심을 가져 5년 간 200여 차례의 현장답사와 자료 확인을 거친 후 『익산의 문화재를 찾아서』(2011)를 펴낸바 있다. 또한 『선조들의 삶, 24절기 이야기』(2016)는 본 도서와 더불어 우리나라 각 지방에서 펼쳐지는 민속 문화를 보전하는 귀중한 자료가 되고 있다.

「한국농촌문학상」, 문예연구 「올해의 작가상」을 수상하였다.

사립작은도서관을 운영하는 가운데 1년에 52권의 책을 읽는 'O₂독서' 모임에서 200% 이상을 달성하는 독서마니아이며, 지방지에 칼럼을 게재하면서 글쓰기를 계속하고 있다.

선조들의 삶 I - 세시풍속 이야기

초판 인쇄 | 2016년 7월 10일
초판 발행 | 2016년 7월 10일

저　　자 한호철

책임편집 윤수경

발 행 처 도서출판 지식과교양
등록번호 제 2010-19호
주　　소 서울시 도봉구 쌍문1동 423-43 백상 102호
전　　화 (02) 900-4520 (대표) / 편집부 (02) 996-0041
팩　　스 (02) 996-0043
전자우편 kncbook@hanmail.net

ISBN 978-89-6764-062-0　03380
정가 29,000원